동아시아 지역 거버넌스와 초국적 협력:
현대사적 조명

동아시아 지역 거버넌스와 초국적 협력: 현대사적 조명

초판 1쇄 발행 2019년 1월 25일

지은이 김의영·미우라 히로키 편저

펴낸이 김선기
펴낸곳 (주)푸른길
출판등록 1996년 4월 12일 제16-1292호
주소 (08377) 서울특별시 구로구 디지털로 33길 48 대륭포스트타워 7차 1008호
전화 02-523-2907, 6942-9570~2
팩스 02-523-2951
이메일 purungilbook@naver.com
홈페이지 www.purungil.co.kr

ISBN 978-89-6291-590-7 93340

이 저서는 동북아역사재단의 지원을 받아 수행된 연구임(동북아2016-한일-기획-6-1).
최종보고서를 바탕으로 수정·보완한 것임.

동아시아
지역 거버넌스와
초국적 협력

현대사적 조명

김의영 · 미우라 히로키 편저

푸른길

이 책의 연구는 동아시아 지역질서의 장기적이며 미래 지향적인 비전으로 '초국적 협력(transnational cooperation)'을 어떻게 촉진할 수 있는가라는 문제의식에서 시작됐다. 연구의 초점은 크게 두 가지다. 첫째, 동아시아 지역의 초국적 협력 현상을 이해하고 전망하기 위한 분석적 도구와 이론적 틀로 거버넌스(governance), 특히 지역 거버넌스(regional governance) 모델에 주목한다. 둘째, 동아시아 지역 거버넌스의 형성과 성장, 역동성을 분석하기 위하여 동아시아 현대사에 주목한다.

후술하겠지만, 동아시아 지역 거버넌스에 있어 행위자의 다양성과 다층성, 영향력의 다원성, 협력과 갈등의 복합성에 관한 연구는 다수 존재하나, 대부분 2000년대 이후의 사례나 현상을 다루고 있다. 이 책은 역사적 관점에서 동아시아 지역 거버넌스가 발현되는 모습을 포착하고, 이를 통해 동아시아 지역 거버넌스 모델과 초국적 협력을 위한 보다 장기적이고 현실적인 과제를 도출하고자 한다.

이 책은 2016년 동북아역사재단의 지원을 받아 시작한 장기 공동연구 프로젝트 '동아시아 초국적 협력에 대한 역사적 고찰: 태동, 전개, 과제'의 1년 차 성과에 해당한다. 1년 차 연구는 '초국적 협력의 태동 시기'에 초점을 두고, 전반적으로 1950년대 이후 그리고 각 소주제에 따라 1970~1980년대 이후 나타난 지역적 문제에 대한 거버넌스적 움직임 혹은 초국적 협력의 주요 역사적 사례를 조사·연구하는 것을 목표로 했다. 동아시아 내 소지역 협력과 해양문제와 같은 초국경적 문제에서 나타난 다각적인 협력·교섭 방식의 전개 과정, 비국가행위자로서의 지방정부 간 지역적 네트워크 현상과 중앙성부와의 역동적 관계, 그리고 초국적 사상이나 규범으로서 동아시아 지역 정체성(identity)의 탄생 배경과 확산 과정 등에 대한 연구다. 이 단계에서는 지역 거버넌스에 대한 통합된 이론적 해석을 시도하기보다 각 소주제에서 사료에 근거한 역사적 서술을 중요시하면서 지역 거버넌스 혹은 초국적 협력의 태동 배경을 다각적으로 논의하였다. 2, 3년 차 연구에서는 보다 체계적인 관점에서 지역 거버넌스의 주체, 메커니즘, 발생 원인, 촉진 요인이나 제한 요인, 효과성이나 지향하는 가치 등을 각 소주제에서 상세히 분석할 계획이다.

책의 전체 구성을 요약하면 다음과 같다. 우선 제1장은 총괄적 연구로서 초국적 협력과 지역 거버넌스 개념에 관한 기존 연구를 정리하여 연구의 초점과 방향성 그리고 각 소주제의 개요에 대해서 설명한다. 이어서 제2장에서 제6장에 걸친 5개의 소주제가 본 연구의 주요 내용이다. 상기한 바와 같이 한일 간 해양질서, 소지역의 경제협력, 비정부조직(NGO)의 등장, 지자체 간 교류, 동아시아 정체성의 형성 등 주요 이슈를 대상으로 동아시아 지역 거버넌스의 현대사적 전개 과정을 살펴본다. 마지막으로 제7장에서는 소주제에서 나타난 특징이나 발견된 사실을 종합하는 방식으로 동아시아 지역 거버넌스 태동기의 특징과 향후 연구 과제를 논의한다.

이 책은 일반적으로 '갈등의 역사'와 협력 수준의 후진성이 강조되는 동아시아에서 지역 거버넌스와 초국적 협력의 가능성, 기회, 잠재력을 역사적 관점과 지역의 내부적 시각으로 찾으려 했다는 점에서 의의가 있다. 2000년대 이후 다양한 분야에서 급속히 활성화되면서 동시에 그 한계를 노정하는 동아시아 협력의 현실을 적절하게 파악하고 개선하기 위해서는 이 지역이 걸어온 현대사에 대한 심도 있는 분석이 중요하다고 생각한다.

이 책이 나오기까지 여러 분들의 도움이 있었다. 우선 2016년부터 2017년까지 본 공동연구를 지원해 준 동북아역사재단에 감사한다. 무엇보다도 각자 자신의 분야에서 권위 있는 전문가로서 2016년 본 공동연구 초청에 응해 끝까지 연구 결과를 완성해 준 연구진에게 감사한다. 끝으로 푸른길 출판사의 김선기 대표께도 감사한 마음을 전한다.

2018년 12월

김의영·미우라 히로키

동아시아 지역 거버넌스와 초국적 협력: 현대사적 조명

차 례

제3부 •227

결론: 동아시아 지역 거버넌스의 역사적 조명

제1부

총론: 초국적 협력과 지역 거버넌스

제1장

동아시아 초국적 협력과 지역 거버넌스의 모색

김의영, 미우라 히로키 · 서울대학교

I. 들어가며

동아시아에서 평화와 공존의 지역질서를 실현하기 위해서 그동안 가장 많이 각광을 받은 비전은 지역 주요 국가 간 협력체계의 제도화였다고 할 수 있다. EU나 NAFTA 등의 성공적인 발전을 본받아 동아시아에서도 지역 차원의 제도화 논의가 1990년대에 본격화되었으며, 2005년에는 EAS(East Asia Summit, 동아시아 정상회의), 2008년에는 한중일 정상회의 등의 제도화가 이루어졌다. 그러나 그 이후에도 국가 간의 크고 작은 갈등이 지속적으로 발생한 것도 사실이다. 영토 문제나 과거사 문제, 해양자원이나 에너지 개발을 둘러싼 이해관계의 충돌, 지방 경제권 간의 격차 확대, 이민·이주·관광객 등의 증가에 따른 인권 문제나 치안 문제, 사회 문화적 마찰의 증가 등이 그 예이다. 이 밖에 지역 내 국가들의 공통적인 고민이나 새로운 과제도 나타나고 있다. 예를 들면 고령화 문제나 도시화 문제, 교육이나 소득의 격차 확대, 식품 안전이나 자연재해, 대기, 수질, 토양의 오염 문제 등이 있다. 요컨대, 동아시아에서 국가 간 협력의 제도화만으로는 갈등이나 공통의 문제를 모두 해결할 수 없으며, 이러한 틀이나 차원을 넘어서 좀 더 실효성 있는 협력 방식이나 메커니즘을 필요로 하고 있다. 이러한 맥락에서는 EU나 ASEAN도 마찬가지이다. 국가 간 협력제도의 수립 자체가 완벽한 해법은 아니다. 제도 수립 이후에도 지속적으로 내부적 문제나 갈등을 경험하고 새로운 협력 방식을 모색하면서 지역질서가 진화하는 것이다.

이와 같이 국가 간의 기본적인 협력제도에 기반을 두면서도, 지역 문제의 해결에 효과적으로 대응하기 위한 좀 더 광범위한 틀이나 방식 혹은 비전을 본 연구에서는 '초국적 협력(transnational cooperation)'이라 부르기로 한다. 주권국가 혹은 중앙정부 간의 기본적 관계 개선이나 이에 대한 제도화는 지역 문제의 개선에 중요한 영향을 미칠 수 있으나, 문제의 근본적 혹은 효과적인 해결을 위해서는 더욱 다양한 수준과 성격의 행위자들이 기여를 해야 한다. 또한 중앙정부 간의 교섭이나 제도 디자인에 있어서도 좀 더 창의적이며 실효성 있는 방식에 의해 보완되어야 할 것이다. 환언하면, 세계 어느 지역도 마찬가지이지만, 특히 동아시아에서는 전통적인 국가 간의 갈등 문제와 현대적 '위험 사회(risk society)'의 특징인 다양한 국내외적 과제가 동시에 나타나고 있으므로,[1] 이를 극복하기 위해서는 국가중심주의를 넘어선 초국적 시야를 가져야 한다. 최근의 연구 동향을 보아도 이내영·이신화는 동아시아에서 국가, 지역 연합체, 지방정부, 기업, NGO, 개인 등에 의한 중층적 교류 협력 네트워크를 유익하게 발전시키기 위해서 '제도화된 공동 협력(institutionalized collaboration)'의 필요성을 주장한다.[2] 임현진은 국가주의적 갈등을 극

1) Ulrich Beck. *World Risk Society*. Cambridge: Polity Press, 1999.
2) 이내영·이신화. "동북아 초국가 질서의 역사적 성찰과 제도적 접근." 2011. 이내영·이신화(편). 『동북아 지역질서의 형성과 전개: 역사적 성찰과 정치·경제적 쟁점』 서울: 아연출판부. pp.8-9.

복하여 정부와 민간 차원의 네트워크를 강화시키는 것이 중요하며, 이를 위해서는 대화와 소통의 통로로서 '문화 공동체'와 같은 기반 구축이 필요함을 주장하고 있다.[3] 펨펠(T. J. Pempel)은 경제·사회 분야에서 심화되고 있는 '협력의 기운(ripe for cooperation)'과 안보 분야에서 심화되고 있는 국가 또는 민족주의 중심의 '갈등의 기운(ripe for rivalry)' 속에서 현명한 정치적 선택을 해 나가는 것이 동아시아의 중요한 과제라고 주장한다.[4] 이상의 논의를 볼 때 표현이나 초점의 차이는 있으나 국가 차원과 비국가적 차원을 모두 포함해서 역동적인 협력체계를 구현하는 것이 동아시아가 직면하고 있는 시대적 과제라고 할 수 있다.

II. 지역 거버넌스의 개념과 기존 연구

1. 지역 거버넌스의 개념과 기본적 특징

1990년대 이후 동아시아에서는 정부 간의 다양한 협력이나 교류 채널, 협의체 등이 급속히 제도화되었다. 1994년 ARF(ASEAN Regional Forum, 아세안지역안보포럼) 설립을 비롯해 2002년의 ACD(Asia Cooperation Dialogue, 아시아 협력대화), 2005년의 EAS 등이 그 예이다. 2000년대에 발전한 한중일 세 나라 관계는 2008년에 시작한 3국 간 정상회의를 비롯해 통신, 에너지, 환

---

3) 임현진. "왜 동아시아 공동체인가?: 한국, 중국, 일본 사이의 국가주의적 갈등을 넘어." 임현진·임혜란(편). 『동아시아 협력과 공동체: 국가주의적 갈등을 넘어서』 파주: 나남, 2013. pp.49-50.

4) T. J. Pempel. "Conclusion: The Uneasy Dance of Economics and Security." T. J. Pempel(ed.). *The Economy-Security Nexus in Northeast Asia.* New York: Routledge, 2013.

경, 관광, 교육, 방재, 정보통신기술, 인사 교류 등 다양한 분야에서 약 60개가 넘는 정부 간 채널을 형성했다. 지방정부 차원에서도 1996년 동북아지역지자체연합(NEAR)의 설립, 2004년 동아시아경제교류추진기구(OEAED)의 설립 등을 통해 지역의 중층적 협력제도가 구축되고 있다. 그러나 상기한 바와 같이 이러한 제도화로 인해 지역질서가 분명히 개선되었거나 국가 간 갈등이 완전히 해결되었다고 보기는 어렵다. 지역 내에서는 수시로 갈등이나 마찰이 발생하며, 불안전한 상황이 지속되고 있다.

이러한 현실을 배경으로 연구나 정책 개발의 차원에서는 후술하는 바와 같이 2000년대 중반 이후 단순한 국가 중심적 시각을 넘어 협력과 갈등이 공존하는 현실적인 메커니즘이나 지역질서 형성의 좀 더 심층적 구조를 규명해 이 지역의 지정학적 지형이나 지도를 다시 그리려는(re-mapping) 시도가 잇따라 등장했다. 이 흐름에서는 국가 또는 중앙정부 간 관계의 중요성을 인정하면서도 지역질서를 구성 및 변동시키는 더욱 세부적인 요인으로서 다음과 같은 키워드가 주목받고 있다. 즉 지역질서에 영향을 주는 행위자의 다층성(multilevel), 이들의 이해관계나 활동 범위, 사고방식 등이 기존의 국가적 틀에 제한되지 않는다는 의미로서의 초국성(transnational), 또한 협력과 갈등을 야기하는 이슈나 문제 자체가 기존의 국가적 범위 또는 국경을 초월한다는 의미로서의 초국성, 그리고 갈등과 협력의 정치 역학 또는 행위자 간 상호작용 과정의 복합성(complexity) 등이 주목받고 있다. 지역 내 갈등을 현명하게 극복하고 초국적 협력을 구현하기 위해서는 이와 같이 확대된 시야로 지역의 현실적 동태나 잠재력을 분석하는 것이 중요하다.

학술적 차원에서 이러한 키워드나 다원적인 분석 시각은 이미 1970년대에 본격화되었다. 그 예로 국가를 포함해 다양한 행위자 간의 상호의존성(interdependence)을 핵심적 요인으로 보거나 국가 간 관계를 넘어 국제사회(international society)를 기본적 시각으로 설정하려고 하는 시도, 그리고

'특정한 이슈 영역 내에서 행위자들의 기대가 수렴되는 명시적 또는 묵시적인 원칙, 규범, 규칙 및 정책 결정 과정의 총체'로서의 국제레짐(international regime) 이론 등을 들 수 있다.5) 이후 이러한 관점을 발전시켜 다원적인 정치 역학을 더욱 효과적으로 포착하고 설명하기 위한 창의적인 이론들이 발전했다. 복합적응시스템(complex adaptive system)이나 제도적 상호작용(institutional interplay), 사회구성주의(socal constructivism), 초국적 사회운동(transnational social movement) 등이 대표적 사례이다.6) 동아시아 지역질서에 관한 연구에서도 이와 같은 이론이나 관점을 적용해 지역질서의 다층성이나 초국성에 주목하거나,7) 국제정치를 움직이는 전통적인 요인인 힘

---

5) Robert O. Keohane and Joseph S. Nye Jr., *Power and Interdependence: World Politics in Transition*. Boston: Little, Brown and Company, 1977.; Hedley Bull. *The Anarchical Society: a Study of Order in World Politics*. New York: Columbia University Press, 1977.; Stephen D. Krasner. "Structural Causes and Regime Consequences: Regimes as Intervening Variables." in Stephen D. Krasner(ed.). *International Regimes*. Ithaca: Cornell University Press, 1983. p.2.

6) Jessica T. Mathews. "Power Shift: The Nation-state May Be Obsolete in an Internetted World." *Foreign Affairs*. 76-1, 1997.; Jackie Smith, Charles Chatfield and Ron Pagnucco(eds.). *Transnational Movements and Global Politics*. Syracuse: Syracuse University Press, 1997.; Alexander Wend. *Social Theory of International Politics*. New York: Cambridge University Press, 1999.; Oran R. Young. *Governance in World Affairs*. Ithaca: Cornell University Press, 1999.; Robert Axelrod and Michael D. Cohen. *Harnessing Complexity: Organizational Implications of a Scientific Frontier*. New York: Free Press, 2000.; Joseph S. Nye Jr. and John D. Donahue. *Governance in a Globalizing World*. Washington: Brookings Institution, 2000.; Sanjeev Khagram, James V. Riker and Kathryn Sikkink(eds.). *Restructuring World Politics: Transnational Social Movements, Networks and Norms*. Minneapolis: University of Minnesota Press, 2002.; Ann M. Florini(ed.). *The Third Force: The Rise of Transnational Civil Society*. Tokyo: Japan Center of International Exchange, 2000.

7) 대표적 사례로 다음과 같은 연구가 있다. Richard Higgott. "Introduction: Ideas, Interests and Identity in the Asia-Pacific." *The Pacific Review*. 7-4, 1994.; FuKuo Liu and Philippe Regnier (eds.). *Regionalism in East Asia: Paradigm Shifting?* New York: Routledge Curzon, 2003.; T. J. Pemple. "Introduction: Emerging Webs of Regional Connectedness." in T. J. Pemple (ed.). *Remapping East Asia: the Construction of Region*. Ithaca: Cornel University Press, 2006.; Hidetaka Yoshimatsu. *The Political Economy of Regionalism in East Asia: Integrative Explanation for Dynamics and Challenges*. New York: Palgrave Macmillan, 2008.; Martina Timmermann and Jitsuo Tsuchiyama(eds.). *Institutionalizing Northeast Asia: Regional Steps Towards Global Governance*. Tokyo: UN University, 2008.; Nicholas Thomas(ed.).

(power)과 이익(interest), 정체성의 복합적 관계를 강조하는 연구 흐름이 2000년대에 나타나기 시작했다.[8] 이 흐름은 최근의 국내 연구 동향에도 반영되고 있다.[9] 이러한 학술적 발전 속에서 더욱 광범위하게 논의되면서 구체적인 정책 모델의 수준에까지 이르고 있는 것이 거버넌스 이론이다.

거버넌스는 조종(steering), 조정(coordination), 안내(leading) 등의 어원을 가진 다의적(多義的) 개념이며 각종 수준(조직–지방–국가–지역–지구) 혹은 섹터(기업·시장 섹터, 시민사회 섹터, 정부 섹터 그리고 이들의 통합적 영역 등)에서 다양한 현상(의사결정 방식, 상호작용 과정, 영향력이나 아이디어의 흐름, 협업이나 협력, 네트워크의 형성이나 시너지 효과의 창출 등)에 초점을 두고 있다. 물론, 이와 같은 다의적 성격 때문에 경제학이나 정치학 등 학문 분야 사이에서 또는 연구자와 실무자 사이에서 관점이나 초점, 관심의 차이가 꾸준히 문제 제기되는 것도 사실이다. 또한 정치학 영역 내부에서도 다양한 관리 양식(mode of governing)으로서의 거버넌스(governance)와 정부 중심의 위계적 질서와 근본적으로 차별화된 새로운 관리 양식으로서의 거버넌스(Governance)를 구별할 필요성도 제기되고 있다.[10] 거버넌스 개념 자체를 둘러싼 담론 동향이나 쟁점 등에 대해서는 국내에서도 충분한 기존 연

Governance and Regionalism in Asia. New York: Routledge, 2009.

8) Samuel S. Kim. "Northeast Asia in the Local–Regional–Global Nexus: Multiple Challenges and Contending Explanations." in Samuel S. Kim(ed.). *The International Relations of Northeast Asia.* Lanham: Rowman & Littlefield Publishers, 2004. pp.3–63.; Gilbert Rozman. *Northeast Asia's Stunted Regionalism: Bilateral Distrust in the Shadow of Globalization.* New York: Cambridge University Press, 2004.; Zhiqun Zhu(ed.). *New Dynamics in East Asian Politics: Security, Political Economy, and Society.* New York: Coninuum, 2014.

9) 국내 연구의 대표적 사례로 다음과 같은 연구가 있다. 이제민·차창훈. 『동아시아 거버넌스: 지역·국가·지방에 대한 다층적 접근』 서울: 오름, 2004.; 이용욱·손기영(편). 『동아시아 지역질서의 복합 변환과 한국의 전략』 서울: 아연출판부, 2014.; 하영선·김상배. 『복합세계정치론: 전략과 원리, 그리고 새로운 질서』 파주: 한울아카데미, 2012.

10) 김의영. "동아시아 거버넌스에 대한 문헌연구." 거버넌스연구회(편). 『동아시아 거버넌스』 서울: 대경, 2009. pp.5–6.

구가 있으므로 여기에서는 생략하고,[11] 본 연구에서는 국가 거버넌스와 글로벌 거버넌스(global governance) 사이에 위치하는 '지역 거버넌스'에 주목하고자 한다. 즉, 동아시아에서 초국적 협력이라는 비전 또는 이상을 실현하기 위해서 분석적·실천적 차원에서 지역 거버넌스에 주목하여 이를 유의미하게 구축 및 개선해 가는 과제를 제시하는 방향으로 논의를 전개하고자 한다.

지역 거버넌스 개념의 구체적 정의나 중심적 의미에 관해서는 다음과 같은 견해가 있다. 곽진영은 이를 '세계 정치 경제의 급증하는 상호의존성에 대응하여, 다양한 분야의 이슈를 해결하기 위해 기존의 국가뿐만 아니라 시장 및 사회의 다양한 초국적 행위자들이 참여하는 지역 차원의 사회조정체계'로 규정한다.[12] 한편, 서승원은 좀 더 단순화된 관점에서 '지역적 문제 영역과 관련된 거버넌스'로서 미군기지 문제나 무역 마찰, 역사 인식 등 동아시아 지역 내 구체적 문제에 관해서 '교섭을 통해 형성된 질서'로 이해하고 있다.[13] 이러한 연구에서 지역 거버넌스의 구체적 모델로서 공통적으로 주목하는 것은 유럽에서 발전된 '다층 거버넌스(multilevel governance)'이다. 해외 연구 동향을 봐도 보우(Brian Bow)와 앤더슨(Greg Anderson)에 의한 북미 지역 거버넌스에 대한 연구나,[14] 유럽, 북미, 아태 지역의 거버넌스를 비교한 페인(Anthony Payne)의 연구,[15] 아시아 지역 거버넌스에 대한 토마스(Nicholas

---

11) 거버넌스 개념의 내용이나 쟁점에 대해서는 다음 문헌에서 자세히 정리되고 있다. 김석준 외. 『뉴 거버넌스 연구』서울: 대영문화사, 2000.; 김석준 외. 『거버넌스의 정치학』서울: 법문사, 2002.; 김의영. 『거버넌스의 정치학: 한국정치의 새로운 패러다임 모색』서울: 명인문화사, 2014.

12) 곽진영. "동아시아 거버넌스와 NGO 연대: 일본군 '위안부' 문제 해결을 위한 초국적 연대 사례를 중심으로." 거버넌스연구회, 2009. p.347.

13) 서승원. "동북아시아 지역 거버넌스 시론: 경제유인과 경제제재, 그리고 미일중 관계." 『아세아연구』제46권 1호, 2003. pp.72–74.

14) Brian Bow and Greg Anderson(eds.). *Regional Governance in Post-NAFTA North America: Building without Architecture*. New York: Routledge, 2015.

15) Anthony Payne. "Globalization and Modes of Regionalist Governance." in Jon Pierre(ed.). *Debating Governance*. Oxford: Oxford University Press, 2000.

Thomas)의 연구[16] 등에서 공통적으로 나타나는 논의와 문제의식은 유럽에서 발전된 다층 거버넌스가 다른 지역에서 어떻게 도입되거나 차별화되었는가라는 점이다.

지역 거버넌스로서의 다층 거버넌스는 1990년대 초기 유럽에서 등장한 개념이며 막스(Gary Marks)가 선구적 연구자로 알려져 있다.[17] 이는 '지방, 지역, 국가 및 국제적 수준 등 복수 영역으로 중첩되는 정부기관들이 연쇄적으로 교섭하는 시스템'으로 정의되며,[18] 여기에서 수직적으로 형성되는 행위자 간의 권한 관계가 '다층'을 의미하여, 각 층에서 수평적으로 형성되는 다양한 행위자의 정치 참여와 상호작용이 '거버넌스'를 의미한다.[19] 나아가서 다층 거버넌스는 Type I과 Type II로 구분된다. Type I은 전통적인 '지역통합(regional integration)' 또는 '연방주의(federalism)' 개념과 유사하며, 특정 지역 내 개별 중앙정부 간의 교섭을 중심으로 공통의 규칙이나 절차, 규범 등이 공식적으로 제정되며 이 결과가 각 국내 지방정부나 사적 영역으로 확산해 가는 메커니즘이다. 한편, Type II는 특정한 규칙이나 절차, 규범 등이 개별 중앙정부나 지방정부, NGO나 기업 등의 자발적 실천이나 비공식적인 네트워크 형성을 통해 공유 혹은 수렴해 가는 메커니즘을 의미하며, 주로 개별 이슈마다 나타나는 거버넌스이다.[20] 유럽에서는 Type I과 Type II 거버넌스가 절묘하게 결합되며, 정책적으로 제도화된 반면, 기타 지역에서는 두 가지 유형

---

16) Nicholas Thomas. "Understanding Regional Governance in Asia." in Nicholas Thomas(ed.). *Governance and Regionalism in Asia*. New York: Routledge, 2009.

17) 다층 거버넌스의 개념을 종합적으로 논의한 문헌으로서 Ian Bache and and Matthew Flinders. "Themes and Issues in Multi-level Governance." in Ian Bache and Matthew Flinders(eds.). *Multi-level Governance*. Oxford: Oxford University Press, 2004.가 있다.

18) Gary Marks. "Structural Policy and Multilevel Governance in the EC." in Alan W. Cafruny and Glanda G. Rosenthal(eds.). *The State of the European Community* (vol.2). Boulder: Lynne Rienner Publishers, 1993. p.392.

19) Bache and Flinders. 2004. p.3.

20) Liesbet Hooghe and Gary Marks. "Unraveling the Central State, but How? Types of Multi-level Governance." *American Political Science Review*. 97-2, 2003. pp.233-243.

의 상호관계나 주도 관계가 중요한 연구 주제이며 실천적 과제로서 인식되고 있다.[21]

이와 같이 각 지역에서 어느 정도 상이한 형태로 구축된 다층 거버넌스를 '지역 거버넌스'로 이해할 수 있는데, 이를 좀 더 분석적이고 알기 쉽게 해석하는 맥락에서 보우와 앤더슨은 이 특징을 다음 세 가지로 요약하고 있다.[22] 첫째, '지역성'이다. 다층 거버넌스의 가장 중요한 전제 조건은 그것이 특정 지역을 대상으로 하거나 특정 지역에 영향을 미친다는 것이다. 지역적 범위를 제한하는 틀이나 규칙, 지리적 조건 등이 거버넌스의 구체적 양식이나 제도, 행위자의 참여 조건 등에 내재되고 있는 것이다. 둘째, '행위자'이다. 이미 언급한 바와 같이 지역 거버넌스에는 중앙정부와 지방정부를 비롯한 다양한 국가 및 비국가행위자가 포함된다. 셋째, '과정' 또는 상호작용의 '양식(mode)'이다. 다양한 행위자가 어떠한 양식으로 지역적 문제를 둘러싸고 상호작용하는지가 지역 거버넌스의 구체적이며 본질적인 내용을 구성한다.

이러한 기존 연구의 동향과 앞서 소개한 지역 거버넌스 개념을 둘러싼 국내의 논의를 종합적으로 검토하면 지역 거버넌스의 기본적인 특징을 다음과 같이 재정리할 수 있다. 1) 거버넌스의 주체와 대상으로서 행위자와 이슈의 다층성과 초국성, 2) 거버넌스의 과정과 원칙으로서 행위자 간 이해관계의 조정 방식이나 조정 사항의 이행 방식에 관한 다양성, 3) 거버넌스의 범위로서 지역적 통합성과 연계성이다. 어느 특징에 주목하느냐에 따라 논의의 방향성이나 제시될 함의가 달라지지만, 지역 거버넌스란 이와 같은 특징들의 통합으로서 형성되며 초국적 협력을 촉진하는 기제가 되는 것으로 전망할 수 있다(그림 1-1). 다음에서는 각 특징을 자세히 정리하면서 동아시아 지역 거버넌

---

21) Bow and Anderson, 2015, pp.5–10.; Greg Anderson and Brian Bow, "Conclusion: Without Architecture, but Not Without Structure," Bow and Anderson, 2015, pp.231–249.

22) Bow and Anderson, 2015, pp.10–12.

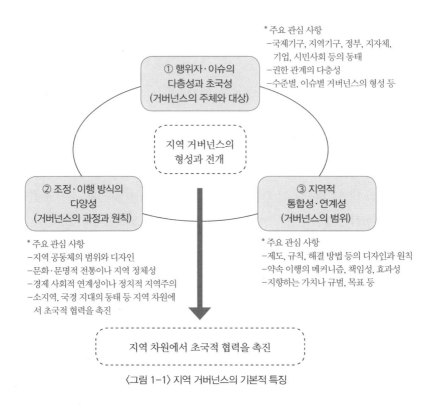

<그림 1-1> 지역 거버넌스의 기본적 특징

스와 관련된 기존 연구들의 초점이나 내용을 이러한 세 가지 맥락에서 재정리해 본다.

2. 행위자·이슈의 다층성·초국성과 기존 연구

지역 거버넌스의 가장 기본적인 특징은 거버넌스를 구성하는 주체가 다양하고, 다층적이라는 점이다. 합리적인 인격체로서 국가 행위자 간의 관계로 지역질서를 단순화시키는 것이 아니라 중앙정부를 중심으로 하면서도 각종 정부 부처나 정당들, 지방정부들 그리고 기업집단이나 NGO, 전문가나 일반 시민 등 다양한 행위자가, 정도나 성격의 차이는 있으나, 영향력을 행사하거나 역할을 수행하는 것으로 보는 것이 거버넌스적 시각이다. 특히 거시적 문제를 다루는 글로벌 거버넌스와 달리 구체적 맥락에서 지역적 문제를 다루기 때문에 지역 거버넌스의 구조나 전개 과정에서는 이와 같은 다양한 이해관계자가 관련된다. 또한 어떤 행위자가 관련되거나 개입하는지는 구체적 이슈마다 달라지기 때문에, 지역 차원의 다층 거버넌스에서는 Type I과 Type II 거버넌스의 구별과 이들의 통합 가능성이 중요한 과제가 된다.[23]

동아시아 지역 거버넌스의 기존 연구에서는 행위자의 다층성에 관해서 두 가지 방향성이 나타나고 있다. 하나는 앞서 소개한 Type I 거버넌스처럼, 중앙정부 간의 교섭을 중심으로 하면서 정책의 방향성이나 목표, 규범 등을 각 정부 부처나 지자체, NGO, 기업 등이 실천하는 다층적 구조에 주목하는 시각이다. 특히 1990년대부터 정부 주도로 활성화된 환경협력이나 2000년대 활성화된 교육 교류, 사회 문화 교류 그리고 국제법이나 국제기구가 개입하는 형태로 발전된 이주노동자 문제나 인간 안보 문제 등에서는 이러한 시각을 바탕으로 행위자들의 관계가 다층적으로 구축되는 현상을 밝힌 연구가 있다.[24] 다른 하나는 중앙정부 간의 협력·갈등 관계가 지역질서의 기본적 성격을 결정해 왔던 동아시아에서 '대안'으로서 나타난 비국가행위자들의 네트워크나 정책 옹호 활동에 주목하는 시각이다. 카젠스타인(Peter J Katzenstein)은 1970~1980년대에 동남아시아를 중심으로 확산된 일본 기업의 생산 네트워크를 비롯해 안보 문제와 달리 시장을 중심으로 확대된 지역질서의 복잡성에 주목했고,[25] 이후 펨펠은 경제 사회 분야의 실질적인 연계성(connected-

---

23) Marks. 1993.

24) 추장민 외. 『동북아 환경협력체계 효율화 방안 연구』 서울: 한국환경정책평가연구원, 2005.; 김재환. 『동북아 공동체』 파주: 집문당, 2005.; 이신화. "동아시아 인간안보와 글로벌 거버넌스."『세계정치』 제5호, 2006.

25) Peter Katzenstein. "Introduction: Asian Regionalism in Comparative Perspective." in Peter Katzenstein and Takashi Shiraishi(eds.). *Network Power: Japan and Asia*. Ithaca: Cornel University Press, 1997.

ness)에 대한 상세한 분석을 통해 동아시아의 지정학적 지도를 다시 그리는 (re-mapping) 연구를 시도했다.[26] 국내에서는 2000년대에 들어 시민단체나 NGO의 네트워크 활동과 초국적 전략에 주목하여 기존의 정부 간 갈등 관계를 타파하기 위한 가능성을 모색하는 연구가 증가했다.[27] 이는 Type I, Type II 모두 정확히 일치하지 않는, 동아시아의 변형적인 지역 거버넌스 유형이라고 할 수 있다. 이 두 시각 외에도 정보화나 인터넷, 자연재해, 식품 안전과 같은 초국적 이슈에서 새로운 행위자의 등장이나 역학 관계의 형성 등 거버넌스적 움직임을 규명한 연구가 있다.[28]

요컨대, 동아시아 지역 거버넌스의 기존 연구에서도 행위자의 다양성이나 다층성이 주목을 받으면서, 이들에 의한 Type I 거버넌스의 보완 아니면 이에 대한 대안적 질서 형성이라는 점이 주요 쟁점으로 나타나고 있다.

3. 조정·이행 방식의 다양성과 기존 연구

거버넌스의 과정이자 본질적 요소가 바로 조정·이행 방식이다. 이는 이해관계에 관한 행위자 간 협상 방식이나 지역적 문제에 관한 각종 기대를 수렴하거나 이를 해결하는 방식 또는 이러한 조정이나 문제 해결의 결과물에 대한 관리 방식 등을 말한다. 이른바 거버넌스의 양식(mode)이나 제도(insti-

---

26) T. J. Pemple. "Introduction: Emerging Webs of Regional Connectedness." in T. J. Pemple(ed.). *Remapping East Asia: the Construction of Region*. Ithaca: Cornel University Press, 2006.

27) 이기호·양미강·임성모. 『동북아 사회문화 교류·협력 활성화를 위한 시민사회의 발전 방안과 모델: 평화, 역사, 지식을 중심으로 한 네트워크』 서울: 경제·인문사회연구회, 2006.; 유현석. "동아시아 지역안보거버넌스의 모색: 다자안보협력, 지역기구, 지구시민사회의 다층적 거버넌스." 『한국과 국제정치』 제23권 제3호, 2007.; 김규륜. 『동북아 지역협력의 새로운 연계』 서울: 통일연구원, 2007.; 곽진영. 2009. pp.345-370.; 김의영. "시민사회와 동아시아 거버넌스: 한국 시민사회의 역할 모색을 위한 예비적 고찰." 거버넌스연구회, 2009. pp.293-316.

28) 김상배 외. 『지식질서와 동아시아: 정보화시대 세계정치의 변환』 파주: 한울, 2008.; 난세키 테루아키(이철희 옮김). 『동아시아의 식품위험과 안전 확보』 수원: 농촌진흥청, 2010.

tution), 도구(instrument), 메커니즘(mechanism) 등으로 이론화된 부분이다. Type I 거버넌스 안에서도 중앙정부 간의 교섭 방법이나 양자 혹은 다자간의 구체적 협력 방식, 법제도나 규칙의 내용, 구속력의 수준, 이행 방법 등에는 사실 아주 다양한 형태가 있으며, 이에 따라 비국가행위자의 역할 또한 달라진다. Type II 거버넌스는 그 개념상 좀 더 다양한 과정이나 수단, 기술 등을 포함한다고 할 수 있다. 그러나 한편에서 이러한 광범위한 과정적 요소는 거버넌스의 원칙(principle)이나 목표(target) 같은 규범적 측면에 의해 어느 정도 제한되기도 한다. 일반적으로 거버넌스란 행위자 간 관계 구성의 모든 형태 또는 문제 해결 방식의 모든 형태를 의미하는 것이 아니라 이러한 원칙이나 목표로 인해 어느 정도 통제된 특정 양식에 주목하거나 목표에 대한 수단의 효과성 또는 정당성을 중요시한다. 예를 들어 국제기구가 실천하고 있는 '좋은 거버넌스(good governance)'나 '거버넌스 지표(governance index)'는 특히 이러한 원칙이나 목표의 측면을 중요시해 이를 세분화 및 계량화함으로써 과정 또는 수단의 측면에서 다양한 방식이나 제도에 대한 개선 방안을 도출하고 있다.29)

유럽의 다층 거버넌스 모델에서 이러한 과정과 원칙은 다음과 같이 나타나고 있다. 2001년에 발표된 『유럽 거버넌스 백서(European Governance: A White Paper)』에서는 거버넌스의 양식 또는 수단적 측면에 관해서 다음과 같은 방식을 강요하고 이에 대한 제도화에 노력하고 있다. 그것은 1) EU 공동체 수준에서 강제력 있는 프레임 구축(framework directives) 방식, 2) 개별 국가

---

29) '좋은 거버넌스'나 '거버넌스 지표'는 주로 '국가 거버넌스'에 초점을 맞춰 이론화되고 있다. 예를 들어 세계은행의 경우, 개별 국가에 대한 거버넌스 지표로서 1) 발언권과 책임성(voice and accountability)의 확보, 2) 정치적 안정과 폭력의 부재(political stability and absence of violence) 실현, 3) 정부의 효율성(government effectiveness) 수준, 4) 규제의 질(regulatory quality) 수준, 5) 법치(rule of law)의 정착, 6) 부패 통제(control of corruption) 노력을 들고 있다. World Bank, "Worldwide Governance Indicators," http://info.worldbank.org/governance/wgi/index.aspx#home (검색일: 2016.10.20.).

간 또는 개별 이슈에 적용된 공동규제(co-regulation) 방식, 3) 지자체나 비국가행위자를 중심으로 정책 성과를 공유 및 학습하면서 창의적인 정책을 지속적으로 만들어 가는 '개방식 정책 조정 방식(이른바 OMC, Open Method Coordination)', 4) 다양한 초국경적 네트워크 주도의 정책 이니셔티브(network-led initiative) 방식, 5) 독립적인 규제 행위자(regulatory agencies)의 설립 방식 등이다.[30] 이러한 수단에 공통적으로 적용되는 거버넌스의 원칙은 1) 제도 운영상의 개방성(openness), 2) 정책사슬(policy chain)에 대한 광범위한 행위자의 참여(participation), 3) 정책 이행 방식이나 관리자의 책임성(accountability), 4) 문제 해결을 위한 제도 자체의 효과성(effectiveness), 5) 각종 제도 간의 일관성(coherence)이다.[31]

동아시아 지역 거버넌스 담론에서는 이와 같은 과정, 수단, 원칙, 목표 등에 대해서 다음과 같은 부분적이고 선구적인 연구는 있으나, 체계적이고 심도 있는 논의는 아직 미흡한 상황이라고 할 수 있다. 초국적 협력의 촉진을 위해서는 특히 지역 거버넌스의 본질적 측면인 구체적 수단이나 원칙 또는 규범적 목표가 명료화 및 공유되어야 할 것이다.

동아시아에 대한 해외 기존 연구 사례로서, 황(Shirlena Huang) 등은 동아시아 내부의 초국적 흐름(transnational flow)을 사람(people), 현상(phenomena) 그리고 행위(practice)의 흐름으로 분류해 다양한 초국경적 이슈를 분석했다. 이들은 결론적으로 초국성이란 사회적 문제의 원인임과 동시에 해결책이기도 하기 때문에 이에 효과적으로 대응하기 위해 지역 내에서 다원적인 관리 레짐(managing regime) 구축의 필요성을 주장했다.[32] 요시미쯔

---

30) European Commission. *European Governance: A White Paper* (COM/2001/0428final). http://eur-lex.europa.eu/legal-content/EN/TXT/?uri=celex:52001DC0428 (검색일: 2016.10.20.).

31) 이 밖에 유럽 거버넌스의 자세한 내용과 동향에 관해서는 다음 문헌 참조. 송병준. 『유럽연합 거버넌스 II』 서울: 높이깊이, 2016.

32) Shirlena Huang, Mile Hayse and Sang Kook Lee. "Managing Transnational Flows in East Asia." in Shirlena Huang, Mile Hayse and sang Kook Lee(eds.). *Managing transnational flows in East*

(Hidetaka Yoshimatsu)는 동아시아의 이와 같은 초국적 동태에 대해서 각국 중앙정부를 중심으로 지방정부와 경제, 사회 영역의 행위자가 개입하는 다층적 정부 간 주의(multilayered inter-govermentalism)라는 비전을 제시했다.[33] 동북아나 동아시아의 지역질서를 다각적으로 분석한 킴(Samuel Kim), 프리드먼과 킴(Edward Friedman and Sung Chull Kim), 소데버그(Marie Soderberg) 등의 연구에서도 역시 지역적 문제 해결을 위해서는 국제-국가-지방 혹은 국제정치와 국내 정치의 다층적 연계성(linkage)을 효과적으로 구축할 필요성을 지적했다.[34] 이러한 연구는 지역 거버넌스의 실질적인 내용이나 과정 또는 메커니즘을 제시한 점에서 유익하지만, 앞에서 소개한 유럽이나 국제기구에서의 논의와 비교하면, 아직 실용성이나 모델로서의 완성도 측면에서는 낮은 수준이라고 할 수 있다. 김원배(Won Bae Kim) 등의 연구는 이러한 맥락을 더 발전시키고 있다. 이들은 동아시아 내부에 존재하는 8개의 초국경적 개발 문제를 비교 분석했으며, 결론적으로 주권국가의 이해관계가 지배적이며, 이에 따라 갈등과 협력의 양면성이 나타나고 있는 상황에서 이를 극복하기 위한 조건으로서 1) 초국적 협력사업의 제도화, 2) 상향적 정치와 하향적 정책 과정의 통합, 3) 문제 해결에 관한 사회적 합의의 확산, 4) 지방정부 차원에서 일관된 정책 마련, 5) 정치지도자 사이에서 리더십과 비전의 공유 등 구체적 거버넌스 방식을 제시했다.[35]

Asia. Paju: Jimoondang, 2012.

33) Hidetaka Yoshimatsu. *The Political Economy of Regionalism in East Asia: Integrative Explanation for Dynamics and Challenges*. New York: Palgrave Macmillan, 2008.

34) Samuel S. Kim. 2004.; Sung Chull Kim. "Multilayered Domestic-regional Linkages." in Edward Friedman and Sung Chull Kim(eds.). *Regional Cooperation and Its Enemies in Northeast Asia: the Impact of Domestic Forces*. New York: Routledge, 2006.; Marie Soderberg, A. "Multilayered Analysis of Japan-South Korea Relations." in Marie Soderberg(ed.). *Changing Power Relations in Northeast Asia: Implications for Relations between Japan and South Korea*. New York: Routledge, 2011.

35) Won Bae Kim and Sang-Chuel Choe. "Conclusions: Towards a Sustainable Regional and Sub-regional Future." in Won Bae Kim et al.(eds.). *Collaborative Regional Development in*

국내의 기존 연구에서도 이와 같은 지역의 협력 방식이나 과정, 메커니즘에 관한 다양한 제안을 볼 수 있으나 구체성이나 현실성에 있어서 역시 한계가 있음을 부정할 수 없다. 조동준은 초국경적 문제의 해결 방법은 외교, 패권, 거버넌스로 구분할 수 있으나 동아시아 지역의 외교적 기술이나 거버넌스에서는 아직 '후진성'이 나타나고 있으며, 지역 내에 존재하는 숙적 관계와 불신을 그 원인으로 지적하고 있다.[36] 그럼에도 불구하고 다음과 같은 협력 방식이나 조정 메커니즘에 관해서는 어느 정도 심도 있게 논의가 전개되고 있다.— '인식 공동체(epistemic community)'의 활성화에 의한 정부 간 조정의 통제나 TrackI(정부), TrackII(전문가), TrackIII(NGO)의 각 수준별 교섭의 효과적 통합,[37] 공공외교(public diplomacy)나 연성 권력(soft power)의 활성화를 위한 국가 간 관계나 교섭 방법의 다원화,[38] 지역의 강제적 법체계가 없는 상황에서 비구속적인 연성법(soft law)의 활용,[39] 시민사회의 네트워크와 연대의 다각화나 사회 문화적 교류의 확대 등.[40] 이러한 방식이나 메커니즘이 동아시아 지역 거버넌스의 형성과 개선을 위해 어떤 역할을 하고, 어느 정도 유

Northeast Asia: Towards A Sustainable Regional and Sub-regional Future. Hong Kong: Chinese University Press, 2011.

36) 조동준. "동아시아 역내문제 해결방식의 특수성." 서울대학교 국제문제연구소(편). 『동아시아의 보편성과 특수성』 서울: 사회평론, 2014. pp.207–245.

37) 설규상. "동북아 안보 다자주의와 인식공동체의 역할." 『동서연구』 제20권 제1호, 2008.; 미우라 히로키. "지식교류와 현대 한일 관계: '합의된 지식'의 다원적 창출에 대해서." 『국제정치논총』 제50집 1호, 2011.; Jae Kwon Cha. "The Role of Epistemic Community in Some Experiences of Multi-level Governance: Two Contrasting Cases of Regional Seas Programs, NOWPAP and MAP." 『아태연구』 제18권 제3호, 2011.

38) 유현석. "동아시아공동체 논의와 한국의 전략: 신아시아 외교의 재조정을 중심으로." 『한국정치외교사논총』 제32집 제2호, 2011.; 김상배·이승주·배영자(편). 『중견국의 공공외교』 서울: 사회평론, 2013.

39) 소병천. "동아시아 환경정보협력체 구축을 위한 연구." 『국제법학논총』 제54권 제2호, 통권 제114호, 2009.; 미우라 히로키. "이주노동자문제와 동아시아 다층 거버넌스: 연성법 관점에 기반한 분석과 함의." 『국제정치논총』 제51집 3호, 2011.

40) 황병덕 외. 『동북아 지역 내 NGO 교류협력 활성화 및 인프라 구축방안』 서울: 통일연구원, 2006.; 김규륜. 2007.; 김의영. 2009b.; 곽진영. 2009.; 임현진. 2013.

익힐지에 대해서는 좀 더 다양한 사례 연구나 역사적 검토가 필요할 것이다.

4. 지역적 통합성·연계성과 기존 연구

세 번째 특징으로서, 지역 거버넌스에는 행위자나 조정 방식의 다층성 또는 다양성에 대해 이를 일정 수준의 지역으로 제한하려는 욕구나 현실적 이유, 정치적 판단이 내재되고 있다. 다시 말해, 글로벌 수준과 국가 수준 사이에서 지역 거버넌스가 형성되고 발전되는 이면에는 반드시 구체적인 '지역 형성'과 관련된 원동력이나 필요성, 의도가 있는 것이다.

거버넌스와 관련해서 '지역'은 주로 다음 세 가지 의미를 가지며, 이에 따라 실천적 과제나 방향성도 어느 정도 달라진다. 첫째, 문화적이고 역사적인 의미로서의 지역이다. 즉, 오랜 세월에 걸쳐서 생활문화를 공유하거나 깊은 상호 교류를 거듭해 온, 이른바 역사적, 지리적, 문화적인 정체성을 공유하는 지역이다. 이러한 지역에서는 협력을 촉진하기 위한 거버넌스가 당위적인 과제로 인식된다. 이를 위한 수단이나 기술적 문제도 물론 중요하지만 그 이상으로 지역 정체성이나 상호 신뢰성의 회복 또는 강화가 협력을 촉진하는 요인으로 인식되는 경향이 있다. 둘째, 경제 사회적 발전의 결과나 국경 구획의 결과, 이주노동자나 관광객 같은 인적 이동의 결과, 대기오염이나 하천오염의 확산 결과 등 현대적인 맥락에서 만들어지거나 인식하게 된 지역이다. 이러한 문제에 기인하는 지역 거버넌스의 경우는 지역적 정체성보다 해당 문제의 실질적 동태를 파악하여 모든 이해관계자들의 협력을 실현하거나 무임승차의 방지, 문제 해결을 위한 창의적 아이디어의 창출 등이 중요한 과제가 된다. 셋째, 거버넌스의 결과로서 정치적으로 만들어진 지역이다. 거버넌스는 결국 인위적인 노력이기 때문에 그 형성 과정이나 조정의 결과에 대해 누가 참여하고, 누구를 배제하는지 등의 문제 또한 선택적이다. 특히 경제, 사회, 문화

등을 포함한 새롭고 광범위한 시스템이나 제도를 도입할 경우 또는 안보 문제와 같이 타협하기 어려운 분야에서 제도를 도입하는 경우에는 정치적 의도나 역학이 지역 형성의 중요한 요인이나 원동력이 될 수 있다.

동아시아 지역 거버넌스 담론에서 지역성을 중요시한 기존 연구는 주로 두 가지로 분류할 수 있다. 하나는 앞서 언급한 첫 번째와 세 번째 '지역'의 의미가 결합된 형태로서 '동아시아 공동체(East Asian community)' 구축을 주장하는 연구이다. 다른 하나는 두 번째 의미의 지역으로서 개별적 분야의 지역 협력이나 동아시아 내 '소지역(sub-region)'이나 국경 지대에 관한 거버넌스의 필요성을 주장하는 연구이다.

지역 공동체는 동아시아 지역 거버넌스와 관련된 국내외 연구 중 양적 측면에서 가장 발전된 분야 또는 주제라고 할 수 있다.[41] 특히 지역 공동체에 대한 관심은 해외보다 국내에서 높은 편이라고 할 수 있다. 그러나 물론, 이것이 지역 거버넌스의 동아시아적 모델로 볼 만큼 질적 측면에서 정교화되었다고 보기 어렵고, 다양한 쟁점을 내포하고 있다. 지역의 의미에 관해서 역시 역사 문화적인 '지역 정체성'을 중요시할지, '지역주의(regionalism)'와 같은 정치적 의도나 경제 사회적 동태를 중요시할지에 관해서 견해 차이가 있으며, 동북아, 동아시아, 아시아 태평양, 유라시아 등 지역의 실질적 범위 설정도 논쟁적이다. '공동체'의 의미에 대해서도 경제학적 혹은 정치학적으로 엄격한 개념

---

41) 대표적 연구나 연구 프로젝트, 기획 연구 등으로서 다음과 같은 사례가 있다. 김재환. 2005.; 백영서 외. 『동아시아의 지역질서: 제국을 넘어 공동체로』 파주: 창비, 2005.; 이승철 외. 『동아시아 공동체: 비전과 전망』 서울: 한양대학교출판부, 2005.; 김영작·김기석. 『21세기 동북아공동체 형성의 과제와 전망』 파주: 한울, 2006.; 문정인 외. 『동북아시아 지역공동체의 모색: 현실과 대안』 파주: 한국학술정보, 2007.; 동아시아공동체연구회. 『동아시아공동체와 한국의 미래: 동북아를 넘어 동아시아로』 서울: 이매진. 2008.; 하영선. 『동아시아 공동체: 신화와 현실』 동아시아연구원.; 동북아역사재단(편). 『동아시아 공동체 논의의 현황과 전망』 서울: 동북아역사재단. 2008.; 한승조. 『아시아 태평양공동체와 한국: 새 시대의 도래는 우리가 앞당길 수 있다』 파주: 나남, 2011.; 유현석. 『동아시아 지역주의: 평화, 번영, 인간안보의 지역적 모색』 서울: 집문당, 2012.; 임현진·임혜란. 2013.; 한양대학교 아태지역연구센터(편). 『유라시아경제연합: 지역통합의 현실과 전망: 신화와 현실』 파주: 한울아카데미, 2015.

동아시아 지역 거버넌스와 초국적 협력: 현대사적 조명

정의를 부여하는 경우도 있으며, 추상적 차원에서 평화나 공존, 상호 교류와 유사한 것으로 이해하는 경우도 있다.

한편, 개별적 이슈나 소지역에 관해서는 구체적 맥락에서 심도 있는 연구가 진행되고 있다. 특히 산업이나 무역 구조에 따라 형성된 지역적 연계성이나 산업 연관성에 대한 연구,[42] 중–러–북한 국경 지역의 협력,[43] 환동해·환황해 지역의 협력[44] 등에 관해서 거버넌스나 초국적 협력과 깊이 관련된 요인이나 동태가 밝혀지고 있다. 이러한 연구에 대해서는 분야별 또는 소지역 내에서 구현된 협력체계나 동태를 거버넌스 이론의 관점에서 재해석·체계화하거나 좀 더 거시적인 동아시아 지역 거버넌스와의 관련성을 규명하는 등의 발전을 기대할 수 있다.

III. 동아시아 지역 거버넌스의 쟁점과 과제

1. 지역 거버넌스의 역동성과 통합적 모델의 탐구

지역 거버넌스를 비교 분석한 페인(Payne)은 각종 수준의 정부와 기업, 시

---

42) Pempel, 2006.

43) 동북아역사재단, 『동아시아 평화와 초국경 협력: 남북한, 중–러 변경지역을 중심으로』 서울: 동북아역사재단, 2013.; 김천규 외. 『동북아 평화번영을 위한 두만강유역 초국경협력 실천전략 연구』 안양: 국토연구원, 2014.

44) 김수한 외. 『황해에서의 초국경협력과 평화: 한중일 역사·문화교류와 국가전략』 인천: 인천발전연구원, 2013.; 조동오·주현희. "한·중 황해 거버넌스에 관한 고찰." 『해양환경안전학회지』 제19권 제2호, 통권 제55호, 2013.; 김재윤 외. 『환동해 관계망의 역동성』 서울: 경희대학교출판문화원, 2016.

민사회가 결합된 유럽의 다층 거버넌스와 비교해 동아시아를 포함한 아태지역을 '전 거버넌스(pre-governance) 상태'로 그 성격을 규정하고 있다.[45] 확실히 유럽에서는 위의 세 가지 특징 모두가 적절하게 결합되며 구체적인 정책이나 모델이 발전되고 있는 것이 사실이지만, 동아시아에서는 아직 그러한 실천 수준에 도달하지 못한 것도 부정할 수 없다. 그러나 앞에서 살펴보았듯이 각 특징에 관해서 다양한 선구적 연구가 존재하며 지역 거버넌스의 잠재성을 증명하고 있다. 이러한 기존 연구 모두가 '거버넌스'라는 이론 체계로 수렴되는 것은 아니지만, 실질적인 내용면에서는 동아시아형 지역 거버넌스를 창조하는 데 충분한 실천 사례나 시사점을 제시하고 있다고 할 수 있다.

이러한 맥락에서 김의영은 동아시아 지역 거버넌스의 연구 과제로서 안보, 시민사회, 인권, 경제, 환경, 정보통신기술 등 다양한 사례에서 지역 거버넌스가 나타나기도 하고 변질되기도 하는데, 왜 이와 같은 다양성이 나타나는지에 대한 좀 더 체계적 연구의 필요성을 제기하고 있다.[46] 아시아 지역 거버넌스의 동향을 분석한 토마스 또한 거버넌스에 대한 표면적인 찬반론을 넘어 그 궁극적 목표를 단계별로 명료화하는 것이 필요하며, 이를 위해서는 현행 거버넌스를 만든 기존 노력이나 지식을 주목할 것을 지적한다.[47] 종합해 보면, 동아시아 지역 거버넌스를 적절하게 이해하고 발전시키기 위한 학술적 과제를 다음과 같이 정리할 수 있다. 첫째, 지역 거버넌스의 각 특징에 대한 기존 연구 내용이나 의미 있는 발견을 서로 연계하여 체계적 모델을 제시하는 것이다. 둘째, 동아시아에 존재하는 기존 사례에 대한 좀 더 심도 있는 연구, 특히 역사적 관점을 중요시한 연구를 통해 이 지역의 현실적 맥락에서 적절한 거버넌스 모델을 모색하는 것이다.

---

45) Payne. 2000. pp.214-215.
46) 김의영. 2009a. pp.22-24.
47) Thomas. 2009. pp.22-23.

첫 번째 과제는 관련된 광범위한 기존 연구를 연계하여 체계화하는 노력을 요한다. 이를 위해서는 위에서 소개한 다양한 기존 연구의 흐름을 파악하는 것이 중요하다. 상기한 바와 같이 2000년대에 들어 다층성, 복합성, 초국성 등을 공통의 키워드로 한 연구가 나타나고 있는데, 이 흐름의 전체적 특징으로서 주체, 과정, 범위 등 지역 거버넌스의 각 기본적 특징에 대한 서술적 연구에서 이들을 결합시켜 역동성을 규명하는 연구로의 이행을 지적할 수 있다. 즉, 다양한 행위자에 주목해야 할 필요성이나 효과적인 협력 메커니즘의 필요성 그리고 지역협력의 중요성 등에 대해서는 충분히 공감대가 형성되었으며, 기초적 연구도 이미 상당히 이루어졌다. 최근에는 이러한 기반을 바탕으로 행위자의 다층성과 협력 방식의 다양성을 결합하는 것과 같이 좀 더 세부적이며 현실적 측면에 주목해 거버넌스의 역동성이나 실천적 모델을 논의하는 경향이 나타나고 있는 것이다.

요컨대, 기존 연구의 흐름은 세 가지 기본적 특징에서 출발하여, 이들 사이에 존재하는 네 가지 영역에 주목하면서 지역 거버넌스의 역동성을 분석하는 과제에 도전하고 있다고 할 수 있다(그림 1-2).

첫 번째 영역은 거버넌스의 다층적인 주체와 다양한 과정이 결합된 현상으로서, 다층 거버넌스에서 가장 주목받는 연구 주제이다. 다층 거버넌스에서는 경우에 따라 중앙정부 간에 갈등이 나타난 상황에서도 지방정부나 시민사회 간에서 협력 관계가 유지될 수 있으며, 수준 간의 상호작용에 의해 협력과 갈등 방식에 변화가 생길 수 있다. 또한 중앙정부 간의 교섭 방식과 지방정부, 시민사회 행위자 간의 교섭 방식이 다를 수 있으며, 지역적 문제를 효과적으로 해결하기 위한 협력 방식의 창의적 조합이 있을 수 있다. 이 영역에서 주목할 만한 학술적 쟁점을 정리하면 다음과 같다.

• 동아시아에서 나타나고 있는 지자체, NGO, 기업 등 수준별 협력이나 이슈별 협력의 촉진은 전체적인 지역 거버넌스의 발전에 대해 어떠한 경로나

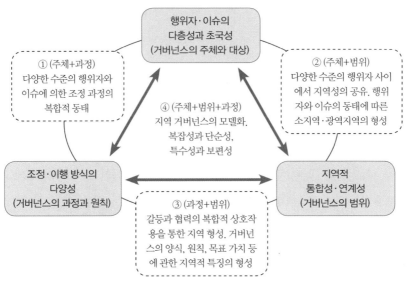

<그림 1-2> 지역 거버넌스의 역동성에 관한 네 가지 영역과 주요 쟁점

메커니즘으로 영향을 미칠 것인가? 이러한 다원적 상황에서 동아시아 다층 거버넌스를 이끄는 주요 원동력이나 메커니즘은 무엇인가?

• 동아시아 지역에서는 Type I과 Type II 다층 거버넌스가 어떠한 관계로 전개되고 있는가? 유럽과 같은 양자의 조화 관계는 가능하며 바람직한가? 전통적으로 초국적 문제인 해양 관리나 국경 지대의 관리 방식에 관해서 동아시아에서는 어떠한 협력 방식이나 교섭 방식이 공유 및 발전되어 왔는가?

• 동아시아 다층 거버넌스의 일반적 원칙이나 현실적 평가 지표로서 어떤 것이 적합하며, 근본적으로 지향하는 가치나 규범은 무엇인가?

두 번째 영역은 거버넌스의 주체와 범위가 결합된 현상이다. 즉, 다양한 행위자 간의 연계성이나 동태가 지역 형성에 영향을 미치거나 반대로, 지역 형성의 논리나 원동력, 정치적 의도가 행위자의 동태에 영향을 미치는 현상이

동아시아 지역 거버넌스와 초국적 협력: 현대사적 조명

다. 또한 분야별, 이슈별로 구성된 행위자 간의 현실적인 연계성과 동아시아 혹은 동북아 수준의 지역 공동체 형성과의 관계성도 이 영역에서 주목할 만한 동태이다. 주요 쟁점을 재정리하면 다음과 같다.

- 다양한 행위자가 개입하는 개별적인 소지역협력의 촉진은 일반적 수준의 동아시아 공동체 구축에 어떠한 영향을 미칠 것인가?
- 현행 동아시아 다층 거버넌스의 현실은 동북아나 동아시아 등 구체적으로 어떠한 지역 범위와 친화적인가? 또는 특정 국가 간에서 다층 거버넌스나 경제 사회적 연계성을 전략적으로 강화함으로써 새로운 '지역'을 만들게 될 것인가?
- 지역 정체성의 회복이나 지역 통합에 대한 정치적 비전을 강조하는 것은 수준별로 분리되며 갈등과 협력이 공존하는 동아시아 다층 거버넌스의 발전에 어떠한 영향을 미칠 것인가?

세 번째 영역은 거버넌스의 지역적 범위와 조정·이행 과정이 결합된 현상이다. 즉, 정체성이나 정치적 의도와 같은 지역 형성의 논리나 원동력이 조정·이행 방식이나 과정, 성과에 영향을 미치거나 반대로, 실질적인 거버넌스의 메커니즘이나 조정·이행의 성과가 지역 형성에 영향을 미치는 현상이다. 주요 쟁점을 재정리하면 다음과 같다.

- 지역 정체성의 회복이나 정치적 비전의 형성은 지역 거버넌스의 방법론적 발전과 관련이 있는가? 지역 정체성이나 상호 신뢰, 지역 범위에 대한 정치적 의도의 일치는 정책 조정이나 협력 방식의 개선, 강화 등에 어떠한 영향을 미치는가?
- 동아시아에서 부분적으로 나타나고 있는 인식공동체나 연성법체계, 공공외교전략 등은 지역의 정체성 회복이나 지역주의의 발전에 기여하는가? 반대로, 특정한 지역 정체성 또는 지역적 연계성의 강화는 기존의 인식공

동체나 NGO 네트워크, 지방 도시 간 네트워크에 어떠한 영향을 미칠 것인가?
- 동아시아에서 지역 공동체를 안정적으로 유지 및 발전시키기 위한 약속 이행 방식은 무엇이며 이에 대한 책임성과 효율성의 확보 방법은 무엇인가?

네 번째 영역은 주체, 과정, 범위가 모두 결합된 현상으로서, 지역 거버넌스의 본질적인 역동성이 나타나는 영역이다. 위의 세 가지 영역에서 일어나는 역동성은 결국 이 통합적인 수준에서 재해석 또는 보완되는 것이 중요하며, 지역 거버넌스 연구의 중요한 목표 지점이라고 할 수 있다. 통합적인 분석을 통해 동아시아 지역의 특수성이나 보편성, 현실적인 모델화나 실천 방안 등을 모색하며, 동시에 이와 같은 복합적 현상을 설명하거나 유익하게 통제할 수 있는 창의적인 관점이나 요인의 발견이 기대되는 영역이다.
- 동아시아 지역 거버넌스의 통합적인 특징이나 모델이란 무엇인가?
- 다양한 요인과 역동성의 통합으로 인해 지역 거버넌스의 성격이란 결국 불확실성이나 예측 불가능성이 높은 복잡 시스템(complex system)으로 발전할 것인가? 아니면 이를 통제하는 단순화된 요인을 발견할 수 있을 것인가? 또는 유럽의 경험처럼, 정책적으로 추진 가능한 수준으로 재구성할 수 있을 것인가?
- 동아시아에서 통합적인 지역 거버넌스의 발전이나 이를 위한 노력은 글로벌 거버넌스나 각국의 국가 거버넌스에 어떠한 영향을 미칠 것인가?

2. 동아시아 지역 거버넌스에 대한 역사적 조명

동아시아 지역 거버넌스의 발전을 위한 두 번째 학술적 과제이자 본 연구에서 다루고자 하는 것은 동아시아 내부의 관련 사례를 역사적 관점에서 심도 있게 분석하여 현실적이면서 지역 고유의 맥락에서 적절한 거버넌스 모델을 모색하는 것이다. 기존 연구의 흐름이 거버넌스의 서술적이고 표면적 분석에서 역동성의 분석이나 통합적 모델 구축으로 발전하고 있으나, 동시에 다음과 같은 약점도 나타나고 있다. 즉, 대부분의 기존 연구가 1990년대 혹은 2000년대 이후 나타난 최근의 동향이나 사례만을 분석 대상으로 하거나 20세기 이전의 제국주의적 지역질서를 대상으로 역사적 교훈을 규명하는 방식으로, 연구 대상 시기에 관해서 양극화 현상이 나타나고 있다. 동아시아 지역 거버넌스의 현실적 모델이나 고유성을 규명하기 위해서는 이 중간에 위치한 현대사적 연속성에 관한 충분한 연구와 사례의 발굴이 필요하지만 이에 대한 연구가 상당히 미흡한 상태인 것이다. 물론, 냉전 시스템의 종식이나 경제 사회적 발전과 대규모 금융 위기, 정보통신기술의 발달 등이 1990년대 이후 동아시아 지역에 초국적인 교류와 협력의 공간을 마련한 것은 부정할 수 없다. 실제로 현재 주목받고 있는 대부분의 지역협력제도나 정부 간, 시민사회 간의 네트워크 등이 1990년대 이후나 2000년대에 본격화된 것이다. 다만, 1990년대 이전의 현대사에서 이들이 나타난 배경이나 당시의 특징, 제한적인 상황에서 등장한 선구적 시도, 우여곡절의 준비 단계 등 역사적 사실을 규명하는 것은 동아시아의 특수성이나 거버넌스의 장기적 비전을 도출하는 데 유의미한 교훈을 줄 것이다. 또한 더욱 중요한 것으로서, 동아시아의 현대사를 살펴봄으로써 아직 주목 받지 못한 거버넌스 관련 사례를 찾을 수 있을 것이다. 국경 지대에 관한 관리의 문제나 소지역의 등장, 해양·지하자원과 같은 공공재에 관한 협력 등은 1940년대에서 1950년대에 동아시아에서 각국이 독립한 직후부터 표면화했으며, 국제적 혹은 초국적 상호작용이나 협력 방식의 모색도 이때부터 시작됐다. 이와 같은 특정 문제의 역사적 전개 과정을 살펴보고, 내외부적 환경 변화 속에서 나타나거나 지속된 거버넌스적 움직임을 규명하는 것은 유럽이나 기타 지역의 모델과 비교할 수 있는 동아시아형 모델을 모색하는 데 설득력 있는 사례가 될 것이다.

이내영·이신화도 이와 같은 역사적 맥락에 주목하면서 다음과 같이 지적하고 있다. '지역 다자 협력을 증진하는 초국가적 질서를 형성하는 것은 지난한 일이지만 불가능한 것은 아니다. (중략) 역사적 성찰을 통해 지역 평화와 안전 및 번영이 자국의 평화로운 발전과 안보 이익에 부합한다는 인식하에 교류 협력 관계를 활성화하고, 이를 제도화하는 방향을 적극 모색해야 한다.'48) 이와 같이 기존 연구의 흐름을 고려할 때, 위에서 정리한 다양한 학술적 쟁점에 대해 역사적 관점에서 접근하는 것은 동아시아 지역 거버넌스와 초국적 협력의 가능성을 유의미하게 탐구하기 위해서 꼭 필요한 과제라고 할 수 있다.

---

48) 이내영·이신화. 2011. p.19.

· 참고문헌 ·

곽진영. "동아시아 거버넌스와 NGO 연대: 일본군 '위안부' 문제 해결을 위한 초국적
　　연대 사례를 중심으로." 거버넌스연구회(편).『동아시아 거버넌스』대경, 2009.

권민학 외.『동북아 지역통합과정에 관한 다차원적 분석』경희대학교출판국, 2005.

거버넌스연구회(편).『동아시아 거버넌스』대경, 2009.

김규륜(편).『동북아 지역협력의 새로운 연계』통일연구원, 2007.

김상배 외.『지식질서와 동아시아: 정보화시대 세계정치의 변환』한울, 2008.

김상배·이승주·배영자(편).『중견국의 공공외교』사회평론, 2013.

김석준 외.『뉴 거버넌스 연구』대영문화사, 2000.

_____.『거버넌스의 정치학』법문사, 2002.

김수한 외.『황해에서의 초국경협력과 평화: 한중일 역사·문화교류와 국가전략』인
　　천발전연구원, 2013.

김영작·김기석 외.『21세기 동북아공동체 형성의 과제와 전망』한울, 2006.

김의영. "동아시아 거버넌스에 대한 문헌연구." 거버넌스연구회(편).『동아시아 거버
　　넌스』대경, 2009a.

_____. "시민사회와 동아시아 거버넌스: 한국 시민사회의 역할 모색을 위한 예비적
　　고찰." 거버넌스연구회(편).『동아시아 거버넌스』대경, 2009b.

_____.『거버넌스의 정치학: 한국정치의 새로운 패러다임 모색』명인문화사, 2014.

김재윤 외.『환동해 관계망의 역동성』경희대학교출판문화원, 2016.

김재환.『동북아 공동체』집문당, 2005.

김천규 외.『동북아 평화번영을 위한 두만강유역 초국경협력 실천전략 연구』국토연
　　구원, 2014.

난세키 테루아키(이철희 옮김).『동아시아의 식품위험과 안전 확보』농촌진흥청,
　　2010.

동북아역사재단(편).『동아시아 공동체 논의의 현황과 전망』동북아역사재단, 2009.

_____.『동아시아 평화와 초국경 협력: 남북한, 중-러 변경지역을 중심으로』동북아
　　역사재단, 2013.

동아시아공동체연구회.『동아시아공동체와 한국의 미래: 동북아를 넘어 동아시아

로』이매진, 2008.

미우라 히로키. "지식교류와 현대 한일 관계: '합의된 지식'의 다원적 창출에 대해서."
『국제정치논총』제50집 1호, 2010.

_____. "이주노동자문제와 동아시아 다층 거버넌스: 연성법 관점에 기반한 분석과
함의."『국제정치논총』제51집 3호, 2011.

문정인 외.『동북아시아 지역공동체의 모색: 현실과 대안』한국학술정보, 2007.

백영서 외.『동아시아의 지역질서: 제국을 넘어 공동체로』창비, 2005.

소병천. "동아시아 환경정보협력체 구축을 위한 연구."『국제법학논총』제54권 제2
호, 통권 제114호, 2009.

서승원. "동북아시아 지역 거버넌스 시론: 경제유인과 경제제재, 그리고 미일중 관
계."『아세아연구』제46권 1호, 2003.

박창건. "동아시아 지역 거버넌스로서 일본형 FTA."『국제정치논총』제52집 제4호,
2012.

설규상. "동북아 안보 다자주의와 인식공동체의 역할."『동서연구』제20권 제1호,
2008.

송병준.『유럽연합 거버넌스 II』높이깊이, 2016.

양기웅(편).『동아시아 협력의 역사, 이론, 전략』소화, 1999.

유현석. "동아시아 지역안보 거버넌스의 모색: 다자안보협력, 지역기구, 지구시민사
회의 다층적 거버넌스."『한국과 국제정치』제23권 제3호, 통권 제58호, 2007.

_____. "동아시아공동체 논의와 한국의 전략: 신아시아 외교의 재조정을 중심으로."
『한국정치외교사논총』제32집 제2호, 2011.

_____.『동아시아 지역주의: 평화, 변영, 인간안보의 지역적 모색』집문당, 2012.

이기호·양미강·임성모.『동북아 사회문화 교류·협력 활성화를 위한 시민사회의 발
전 방안과 모델: 평화, 역사, 지식을 중심으로 한 네트워크』경제·인문사회연
구회, 2006.

이내영·이신화. "동북아 초국가 질서의 역사적 성찰과 제도적 접근." 이내영·이신화
(편).『동북아 지역질서의 형성과 전개: 역사적 성찰과 정치·경제적 쟁점』아
연출판부, 2011.

이승철 외.『동아시아 공동체: 비전과 전망』한양대학교 출판부, 2005.

이신화. "동아시아 인간안보와 글로벌 거버넌스."『세계정치』제5호, 2006.

이제민·차창훈.『동아시아 거버넌스: 지역·국가·지방에 대한 다층적 접근』오름, 2004.

이용욱·손기영(편).『동아시아 지역질서의 복합 변환과 한국의 전략』아연출판부, 2014.

임현진. "왜 동아시아 공동체인가?: 한국, 중국, 일본 사이의 국가주의적 갈등을 넘어." 임현진·임혜란(편).『동아시아 협력과 공동체: 국가주의적 갈등을 넘어서』나남, 2013.

조동오·주현희. "한·중 황해 거버넌스에 관한 고찰."『해양환경안전학회지』제19권 제2호, 통권 제55호, 2013.

조동준. "동아시아 역내문제 해결방식의 특수성." 서울대학교 국제문제연구소(편). 『동아시아의 보편성과 특수성』사회평론, 2014.

추장민 외.『동북아 환경협력체계 효율화 방안 연구』한국환경정책평가연구원, 2005.

하영선(편).『동아시아 공동체: 신화와 현실』동아시아연구원, 2008.

하영선·김상배(편).『복합세계정치론: 전략과 원리, 그리고 새로운 질서』한울아카데미, 2012.

한양대학교 아태지역연구센터(편).『유라시아경제연합: 지역통합의 현실과 전망: 신화와 현실』한울아카데미, 2015.

한승조.『아시아태평양공동체와 한국: 새 시대의 도래는 우리가 앞당길 수 있다』나남, 2011.

황병덕 외.『동북아 지역 내 NGO 교류협력 활성화 및 인프라 구축방안』통일연구원, 2006.

Anderson, Greg and Brian Bow. "Conclusion: Without Architecture, but Not Without Structure." Brian Bow and Greg Anderson(eds.) *Regional Governance in Post-NAFTA North America: Building without Architecture*. Routledge, 2015.

Axelrod, Robert and Michael D. Cohen. *Harnessing Complexity: Organizational Implications of a Scientific Frontier*. Free Press, 2000.

Bache, Ian and Matthew Flinders. "Themes and Issues in Multi-level Governance." Ian Bache and Matthew Flinders(eds.). *Multi-level Governance*.

Oxford University Press, 2004.

Beck, Ulrich. *World Risk Society.* Polity Press, 1999.

Bow, Brian and Greg Anderson(eds.). *Regional Governance in Post-NAFTA North America: Building without Architecture.* New York: Routledge, 2015.

Bull, Hedley. *The Anarchical Society: a Study of Order in World Politics.* Columbia University Press, 1977.

Cha, Jae Kwon. "The Role of Epistemic Community in Some Experiences of Multi-level Governance: Two Contrasting Cases of Regional Seas Programs, NOWPAP and MAP." 『아태연구』 제18권 제3호, 2011.

European Commission. *European Governance: A White Paper* (COM/2001/0428 final). http://eur-lex.europa.eu/legal-content/EN/TXT/?uri=celex:52001DC 0428. (검색일: 2016.10.20.).

Florini, Ann M.(ed.). *The Third Force: The Rise of Transnational Civil Society.* Japan Center of International Exchange, 2000.

Higgott, Richard. "Introduction: Ideas, Interests and Identity in the Asia-Pacific." *The Pacific Review.* 7(4), 1994.

Hooghe, Liesbet and Gary Marks. "Unraveling the Central State, but How? Types of Multi-level Governance." *American Political Science Review.* 97-2, 2003.

Huang, Shirlena, Mile Hayse and Sang Kook Lee. "Managing Transnational Flows in East Asia." Shirlena Huang, Mile Hayse and Sang Kook Lee(eds.). *Managing Transnational Flows in East Asia.* Jimoondang, 2012.

Katzenstein, Peter. "Introduction: Asian Regionalism in Comparative Perspective." Peter Katzenstein and Takashi Shiraishi(eds.). *Network Power: Japan and Asia.* Cornel University Press, 1997.

Keohane, Robert O. and Joseph S. Nye Jr. *Power and Interdependence: World Politics in Transition.* Little, Brown and Company, 1977.

Khagram, Sanjeev, James V. Riker and Kathryn Sikkink(eds.). *Restructuring World Politics: Transnational Social Movements, Networks and Norms.* Minneapolis: University of Minnesota Press, 2002.

Kim, Samuel S. "Northeast Asia in the Local-Regional-Global Nexus: Multiple Challenges and Contending Explanations." Samuel S. Kim(ed.). *The International Relations of Northeast Asia*. Rowman & Littlefield Publishers, 2004.

Kim, Sung Chull. "Multilayered Domestic-regional Linkages." Edward Friedman and Sung Chull Kim(eds.). *Regional Cooperation and Its Enemies in Northeast Asia: the Impact of Domestic Forces*. Routledge, 2006.

Kim, Won Bae and Sang-Chuel Choe. "Conclusions: Towards a Sustainable Regional and Sub-regional Future." Won Bae Kim et al.(eds.). *Collaborative Regional Development in Northeast Asia: Towards A Sustainable Regional and Sub-regional Future*. Chinese University Press, 2011.

Krasner, Stephen D. "Structural Causes and Regime Consequences: Regimes as Intervening Variables." Stephen D. Krasner(ed.). *International Regimes*. Cornell University Press, 1983.

Liu, FuKuo and Philippe Regnier(eds.). *Regionalism in East Asia: Paradigm Shifting?*. Routledge Curzon, 2003.

Marks, Gary. "Structural Policy and Multilevel Governance in the EC." in Alan W. Cafruny and Glanda G. Rosenthal(eds.). *The State of the European Community* (vol.2). Boulder: Lynne Rienner Publishers, 1993.

Mathews, Jessica T. "Power Shift: The Nation-state May Be Obsolete in an Internetted World." *Foreign Affairs*. 76(1), 1997.

Nye Jr., Joseph S. and John D. Donahue. *Governance in a Globalizing World*. Brookings Institution, 2000.

Payne, Anthony. "Globalization and Modes of Regionalist Governance." in Jon Pierre(ed.). *Debating Governance*. Oxford: Oxford University Press, 2000.

Pemple, T. J. "Introduction: Emerging Webs of Regional Connectedness." T. J. Pemple(ed.). *Remapping East Asia: the Construction of Region*. Cornel University Press, 2006.

_____. "Conclusion: The Uneasy Dance of Economics and Security." T. J. Pempel(ed.). *The Economy-Security Nexus in Northeast Asia*. New York: Routledge, 2013.

Rozman, Gilbert. *Northeast Asia's Stunted Regionalism: Bilateral Distrust in the Shadow of Globalization*. Cambridge University Press, 2004.

Smith, Jackie, Charles Chatfield and Ron Pagnucco(eds.). *Transnational Movements and Global Politics*. Syracuse University Press, 1997.

Soderberg, Marie. "A Multilayered Analysis of Japan-South Korea Relations." Marie Soderberg(ed.). *Changing Power Relations in Northeast Asia: Implications for Relations between Japan and South Korea*. Routledge, 2011.

Timmermann, Martina and Jitsuo Tsuchiyama(eds.). *Institutionalizing Northeast Asia: Regional Steps Towards Global Governance*. UN University, 2008.

Thomas, Nicholas. "Understanding Regional Governance in Asia." in Nicholas Thomas(ed.). *Governance and Regionalism in Asia*. New York: Routledge, 2009.

Wendt, Alexander. *Social Theory of International Politics*. Cambridge University Press, 1999.

World Bank. "Worldwide Governance Indicators." http://info.worldbank.org/governance/wgi/index.aspx#home. (검색일: 2016.10.20.).

Yoshimatsu, Hidetaka. *The Political Economy of Regionalism in East Asia: Integrative Explanation for Dynamics and Challenges*. Palgrave Macmillan, 2008.

Young, Oran R. *Governance in World Affairs*. Cornell University Press, 1999.

Zhu, Zhiqun(ed.). *New Dynamics in East Asian Politics: Security, Political Economy, and Society*. Coninuum, 2014.

제2부

사례 연구: 초국적 이슈, 행위자, 규범

· 제2장 ·

동아시아 해양 질서의 태동

최희식 · 국민대학교

I. 들어가며

한국 사회에서 독도와 센카쿠 문제는 누구의 땅인지 영유권을 핵심에 놓고 분석되고 있다. 그러나 이들 영토가 어느 나라의 것이냐에 따라 어업 경계선 및 해양자원의 배타적 이용 권리 경계가 달라지게 된다. 따라서 이 문제는 영유권 문제와 더불어 어업 및 대륙붕 경계 획정 문제가 연결되어 있는 것이다.

실제 1950년대와 1960년대에 걸친 영해 영역을 둘러싼 국제적 논쟁, 1964년의 대륙붕조약 및 영해 관련 조약 등 국제 해양 질서의 변동은 이러한 변화를 자국 영해에 내재화하기 위한 양자 간 교섭에 동인을 부여하여 왔다. 그 과정에서 영유권 문제를 어떻게 처리할 것인가, 그리고 그러한 영유권 문제의 잠정적 조치에 따라 어업협정과 대륙붕 문제(및 해양자원 개발 문제)를 어떻게 할 것인가에 대한 교섭이 이루어졌다. 그리고 이러한 양자 간 교섭에 의한 제도 설계가 다른 양자 간 교섭에도 영향을 미치면서, 해양·영토 문제를 해결하기 위한 특정한 방식과 제도가 동북아시아에 정착되어 갔다.

본 연구는 먼저 다양한 1차자료를 이용하여 독도와 센카쿠 영유권 문제가 어떻게 잠정적으로 타결을 보았는지 살펴볼 것이다. 잠정적 결론은, 한일 양국이 독도 영유권 분쟁의 회피, 즉 전략적 가치가 낮은 독도 문제보다 한일 관계의 긴밀화라는 높은 전략적 가치를 선택하였다는 것이다. 이는 1972년 중일 국교 정상화 내 중일 영토분쟁에서 쓰였던 다나아게(棚あげ) 방식과 유사하다.

이러한 영유권 문제의 보류는 한일어업협정과 중일어업협정, 그리고 대륙붕 경계 획정과 자원의 이용 문제에 긍정적 영향을 미쳤다. 한일어업협정과 중일어업협정은 독도와 센카쿠를 어업협정에서 배제시키며 체결되었다. 독도의 경우는 중간수역을 설치하는 형태로, 센카쿠의 경우는 아예 센카쿠 주변을 어업협정 대상에서 제외하는 방식으로 체결되었다. 즉 독도 주변과 센카쿠 주변에 대한 양국의 어업 활동을 공히 인정하였던 것이다. 대륙붕 경계 획정 또한 영유권 문제와 비슷하게, 한일대륙붕협정을 통해 양국이 공통으로 주장하는 영역(영유권 중첩 영역)에 대해 공동 개발을 합의하는 데 이르렀다. 중일 사이에도 대륙붕 경계 획정을 보류한 채 1970년대 이후 공동 개발을 논의하기 시작했다.

이렇듯 독도와 센카쿠 문제를 통해 드러난 동아시아 해양 질서는 영유권 문제와 자원의 이용 문제를 분리시켜 갈등이 극단적인 형태로 나아가지 않도록 관리하려는 노력의 산물이었다. 본 연구는 이러한 '보이지 않는' 동아시아 해양 질서의 태동 과정(1960~1980년대)을 살펴보고자 한다. 먼저, 샌프란시스코강화조약, 대륙붕 및 영해 관련 국제조약인 1964년 제네바협약 등 양자 간의 해양 질서를 규정하고 있는 기본적 구조에 대해 그 내용을 알아보고, 그것이 양자 간 해양 질서에 어떤 영향을 미쳤는지 알아볼 것이다. 다음으로 영유권 문제에 있어 독도와 센카쿠 영유권 문제가 어떤 방식으로 잠정 타결되었는지 알아볼 것이다. 마지막으로 영유권의 향방에 따라 달라지는 어업 문제와 대륙붕 및 해양 지하지원 개발 문제에 있어 어떤 방식이 구상되고 채택되었는지 알아본다.

II. 동아시아 해양 질서의 토대

동아시아 해양영토 문제에는 독도 영유권 문제, 센카쿠 영유권 문제, 북방영토 영유권 문제, 남중국해 영유권 문제가 존재한다. 이들 중 대부분은 일본과 관련되어 있다. 제2차 세계대전 종결 후, 일본 제국주의 청산 과정에서 일본의 영토 확정 문제가 핵심적 과제였다. 그 결과물이 샌프란시스코강화조약이었다. 만약 일본의 영토를 명확하게 확정할 수 있었던 샌프란시스코강화조약에서 이에 대한 규정을 분명히 했다면 동아시아 해양영토 문제는 상당 부분 해결되었을 것이다. 하지만 샌프란시스코강화조약은 독도, 센카쿠, 북방영토 문제에 있어 명확한 결론을 제시하지 못하고 체결되었다. 결국 샌프란시스코강화조약은 현대 동아시아 해양 문제의 근원이 된 것이다. 또한 1964년 발효된 UN 대륙붕조약, 영해 및 접속수역에 관한 조약은 영해 12해리, 대륙붕에 대한 독점적 권리를 인정한 국제규약으로 동아시아 해양 질서에 중요한 전제 조건이 되었다. 이들 조약은 상호 영유권을 주장하는 영역에 대해 상호 합의에 의한 처리 규정을 두어 양자 간 외교적 합의에 따른 다양한 해결 방식의 길을 열어두었다. 한일, 중일 양자 관계에 외교 교섭의 가능성을 열어둔 것이다. 이렇듯 동아시아 해양 질서는 샌프란시스코강화조약과 1964년 UN조약이라는 구조적 제약하에 전개될 수밖에 없었다. 이하에서는 각각을 자세하게 분석해 보고자 한다.

1. 샌프란시스코강화조약의 영토 조항: 영유권 문제의 비확정

샌프란시스코강화조약에서 독도와 관련해 최초의 초안이 마련된 것은 1947년 3월 19일이었다. 여기에서는 '일본은 이로써 한국과, 제주도, 거문도, 울릉도 및 독도를 포함한 한국의 모든 해안 소도들에 대한 모든 권리와 권원을 포기한다.'라고 기술되어 독도를 명백히 한국 영토로 하고 있다. 사실 그 이전에 연합국에서 준비한 「구 일본 영토 처리 합의서」(1947년) 및 영국 정부의 강화조약 초안에서도 독도가 한국 영토로 상정되었다.

그러나 이후 1949년 12월 8일의 초안에는 독도 영유권이 일본에 있는 것으로 상정되어 '일본의 영토는 혼슈, 규슈, 시코쿠, 그리고 홋카이도의 네 개 주요 일본의 본도와 내해의 도서들, 대마도, 다케시마 …… 일본해에 위치한 모든 다른 도서들을 포함한 모든 부속 소도들로 구성된다.'라고 기술되었다. 이후 다시 일본이 포기해야 하는 한국 영토로 기술되었다가, 다시 일본 영토로 기술되는 등 혼란을 보이다가, 결국 독도 문구를 삭제하는 쪽으로 일단락되었다. 이는 미국 국무성과 영연방 일본평화조약 실무반 사이에 '일본으로부터 분리된 영토는 평화조약에 언급될 필요가 없다.'라는 합의에 기초한 것이다.[1]

이에 한국 정부는 일본의 영토 포기 조항에 독도를 삽입할 것을 요청하였으나 받아들여지지 않았다. 이는 일본 정부의 로비, 일본 점령군 최고사령부 정치고문 시볼드(William J. Sebald)의 개입, 군사 전략상의 고려 등에 의한 것이었다. 실제 해방 후 미군은 독도를 공군 폭파 연습장으로 이용하였다. 1951년 당시 한미동맹 체결 의사가 없던 미국은 독도를 일본 영토로 포함시켜 오키나와같이 미국이 자유롭게 사용할 수 있는 지역으로 삼고자 했을 것이다.

---

1) 이석우, 『일본의 영토분쟁과 샌프란시스코평화조약』, 인하대학교 출판부, 2003, pp.53-74.

당시 미국 정부는 독도가 일본 주권에 속한다는 결론을 내렸지만, 다른 연합국의 인식과 반드시 일치하지 않고 한일 간 분쟁에 연루되는 것을 우려하여 공식적으로 중립을 지키고, 국제사법재판소 제소에 의한 해결을 주장했다.[2] 1951년 뉴질랜드는 향후 영토분쟁의 소지를 없애기 위해 일본 영토의 경계를 명확히 할 필요가 있다고 제언했지만 미국은 계속적으로 이어지는 선으로 일본의 영토를 에워싸는 방식은 일본인들에게 심리적으로 부정적인 영향을 미칠 수 있다는 이유로 이를 거절하였다.[3]

이러한 영토 문제를 미해결 상태로 방치하려는 미국의 노력은 센카쿠 문제에도 나타났다. 샌프란시스코강화조약을 분석한 이석우 교수는 다음과 같은 결론에 도달했다고 언급하고 있다.[4]

첫째, 센카쿠섬이라는 용어 자체와 그에 상응하는 중국식 및 서구식 표기는 샌프란시스코평화조약에 별도로 명시되어 있지 않다. 둘째, 샌프란시스코평화조약의 문안 작성자는 센카쿠섬을 일본, 중국, 또는 대만의 영토에 포함하지 않았다. 셋째, 샌프란시스코평화조약 제 3조는 미국이 유일의 행정권한을 가진 유엔의 신탁통치제도하에 위치하게 될 영역들에 대해 명확히 규정하고 있지 않다. 이는 오키나와 제도의 경계가 그 이전에 법적으로 명확히 획정되지 않아, 오키나와 제도의 영역에 대한 정확한 경계 획정 자체가 이해당사국들 간에 분쟁의 대상이 되었기 때문이다. 그리고 넷째, 동 조약의 초안 및 관련 문건들, 특히 초기의 초안들은 일본이 센카쿠섬을 포함하고 있는 오키나와 제도 북위 29도의 이남 지역에 대한

---

2) 김영수. "한일회담과 독도 영유권: 샌프란시스코강화조약과 한일회담 기본관계조약을 중심으로." 『한국정치학회보』 42집 4호, 2008.; 정병준. "한일 독도영유권 논쟁과 미국의 역할." 『역사와 현실』 60호, 2006.
3) 이석우. 2003. p.65.
4) 이석우. 2003. p.82-83.

모든 권한 및 권원을 포기했다는 강한 암시를 시사하고 있다.

이러한 이석우 교수의 분석은 샌프란시스코강화조약에서 독도뿐만 아니라 센카쿠 문제 또한 미해결의 상태로 방치되었다는 점을 강조하고 있다. 오히려 미국은 극동 안보에 중요한 역할을 담당할 오키나와의 시정권 획득을 주요 목표로 했을 뿐이다. 실제 센카쿠 관련 영토 조항은 일본이 포기해야 하는 영토로 대만과 팽호도를 명시할 뿐이며, 오키나와 제도에 대해서는 '일본은 북위 29도 이남의 남서 제도(오키나와 제도를 포함) (중략)에 대해, 미국이 유일의 행정권한을 가진 유엔의 신탁통치제도하에 위치하게 하는 미국의 어떠한 제안에도 동의한다. (중략) 미국은 상기 도서들의 영해를 포함하여 영토 및 주민들에 대한 행정, 입법 그리고 사법상의 전권을 행사할 권리를 가진다.'라고 규정하고 있다.[5]

이러한 영토 문제의 비확정은 북방 영토 문제에도 나타났다. 샌프란시스코 강화조약 제 2조 (C)에는 '일본은 쿠릴섬과 일본이 1905년 9월 5일 포츠담조약의 결과로 주권을 획득한 사할린의 일부와 그에 인접하는 도서에 대한 모든 권리, 권원 및 청구권을 포기한다.'라고 기술되어 있지만, 쿠릴섬에 대한 개념 정의에 대해서는 연합국 간에 어떠한 합의도 이루어지지 않았다. 즉 최종 조약상에 쿠릴섬에 대한 명확한 개념 규정이 없었다는 것이다. 실제 북방 영토 영유권 문제가 미해결 상태로 남았다는 것은 1955년 일소 국교 정상화 과정에 잘 나타났다. 일본과 소련은 1955년 10월 일소 공동성명을 통해 하보마이와 시코탄의 두 개 섬을 반환하는 것으로 합의했다. 그러나 미국은 이를 시행할 경우 오키나와를 영원히 지배하겠다고 협박하며 일본을 압박했다. 북방 영토 영유권 문제의 미해결 상황을 이용하여 소련과 일본의 접근을 차단

---

5) 이석우. 2003. pp.82-83.

하고자 하는 미국의 전략이 잘 드러난 것이다. 결국 두 개 섬 반환 합의는 실질적으로 무효화되면서 일본과 소련의 국교 정상화만이 달성됐을 뿐이다.[6]

이는 위에서 살펴본 대로 독도를 공군 연습장으로 사용하고자 했으며, 오키나와의 시정권을 확보하여 동북아 반공망 구축의 기지를 만들려고 했던 미국의 이익이 투영된 결과였다. 하라 교수는 이와 별도로 동아시아 반공라인에 위치한 이들 섬을 의도적으로 미해결 상태로 방치하여 관련국에 대한 영향력을 확보하려 했던 미국의 의도가 반영된 것으로 해석하고 있다.[7]

이렇듯 샌프란시스코강화조약에서 일본의 영토 조항이 불명확하게 방치되면서 독도와 센카쿠 제도를 둘러싼 영유권 분쟁은 불가피하게 된 것이다.

2. 영해 및 대륙붕 관련 유엔조약(제네바협약)

동아시아 해양 질서와 관련해 구조적 제약을 부여하는 것은 국제 해양 질서이다. 국제적으로는 공해 자유의 원칙이 오랜 시간 국제 해양 질서를 규정해왔다. 그러나 1945년 9월, '대륙붕의 지하 및 해저 천연자원에 관한 미국의 정책'과 '공개수역 연안어업에 관한 미국의 정책'에 의해 200해리에 있어 주권적 권리를 선언한, 이른바 트루먼선언을 계기로 전관수역과 주변 해역에 대한 주권적 권리를 확장하려는 움직임이 나타나기 시작했다. 1952년에는 칠레, 에콰도르, 페루 등이 200해리 영해를 독자적으로 선언하기까지 이르렀다. 이에 국제사회는 영해와 대륙붕에 대한 질서를 확립하기 위해 1954년 제네바에서 제1차 유엔해양법회의를 개최하기에 이르렀다.

그 결과 1958년에는 '유엔 영해 및 접속수역에 관한 조약'이 만들어져 1964

---

6) 五百旗頭眞(編), 『戰後日本外交史』 有斐閣, 2010, p.85.
7) 原貴美惠, 『サンフランシスコ講和條約の盲点 : アジア太平洋地域の冷戰と戰後未解決の諸問題』 溪水社, 2005.

년 발효되었다. 다만 영해에 대한 각 국가의 의견 대립이 심해서 영해의 폭에 대한 규정은 채택되지 못했다. 1960년 제2차 유엔해양법회의에서는 미국과 캐나다가 6해리 영해, 그 밖의 6해리 어업 전관수역을 설정하는 안을 공동으로 발의하였으나 부결되었다. 그러나 1960년대에 국제적으로 12해리를 지지하는 국가가 늘어났다. 물론 200해리를 주장하는 국가도 증가했지만, 대체적으로 1950년대와 1960년대 유엔해양법회의를 거치면서 12해리가 정착되어 갔다.

이러한 영해를 둘러싼 국제적 흐름은 후술하겠지만, 이승만 대통령이 선포한 평화선의 존재 근거를 약화시켰고, 12해리 영해 및 전관수역으로 양국이 타협하는 배경이 되었다.

더불어 '유엔 대륙붕에 관한 조약'도 1958년 합의되어 1964년 발효되었다. 여기에서는 수심 200미터까지의 지하자원, 혹은 수심 200미터 이상이라도 천연자원 개발이 가능한 한도까지의 해저를 대륙붕으로 정의하고 연안국의 주권적 권리가 인정되었다. 동시에 관할권 중복의 가능성이 있는 경우, 어떤 방식을 취할지도 기술되었다. 즉, 복수의 국가가 대륙붕에 접해 있는 경우, 대륙붕 경계 획정은 특별한 합의가 존재하지 않는 경우에 마주 보고 있을 때는

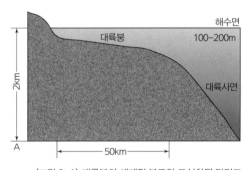

〈그림 2-1〉 대륙붕의 세계적 분포와 모식화된 단면도

출처: 네이버 백과사전 http://terms.naver.com/entry.nhn?docId=978404&cid=42456&category
Id=42456

중간선, 인접해 있을 때는 등거리선에 의해 획정하도록 규정되었다. 물론 양자 간의 합의에 의해 대륙붕 경계 획정을 할 수 있는 여지를 남겨 두었다는 점에 주의할 필요가 있다.

뒤에서 다루겠지만, 한국과 일본, 중국과 일본은 동중국해 대륙붕을 놓고 각자 다른 주장을 하면서 영유권 문제로 대립하였다. 결국, 양국은 유엔대륙붕조약에서 규정한 상호 합의에 의한 대륙붕 경계 획정을 시도하였고, 안정적 양자 관계의 관리를 위해 공동 개발 구상에 안착하게 되었다.

III. 영유권 문제의 보류 및 관리

한일 그리고 중일 양국이 모두 영유권을 주장하는 섬이 존재하는 상황에서, 그 섬이 존재하는 동해와 동중국해에서 안정적인 해양 질서를 구축하는 것은 어려운 일이다. 그 섬의 영유권이 어느 나라에 귀속되느냐에 따라 그 섬이 양국 영유권의 기점이 되며 이에 따라 어업 활동과 해양 지하자원 개발의 독점적 권리가 달라지기 때문이다. 다음에서는 분쟁 지역의 해양 질서 구축에 있어 가장 중요한 영유권 문제가 한일과 중일 사이에 어떻게 처리되었는지 살펴보고자 한다.

1. 독도 영유권 문제[8]

역사적으로 독도 영유권 문제에 있어 중요한 사건 세 가지가 존재한다. 첫

---

8) 이 부분은 다음의 논문 중 일부를 발췌하여 윤문한 것이다. 최희식, "한일회담에서의 독도영유권문제: 한국 외교문서의 분석과 그 현대적 의미," 『국가전략』 15-4호, 2009.

번째는 1905년, 일본의 독도 편입이다. 1905년 1월 일본 정부는 '무인도 소속에 관한 건'을 결정하였다. 그 결정문 요지는 다음과 같다. (1) 오키시마(隱岐島) 서북에 있는 다케시마(竹島)는 다른 나라가 점령하였다고 인정할 만한 사정이 없고, 1903년 이래 일본인이 이 섬에 이주하여 어업에 종사한 것이 명백하므로 국제법상 점령한 사실이 있는 것으로 인정한다. (2) 따라서 이 섬을 다케시마로 명명하고 일본 영토로 편입한다. 일본의 독도 편입이 러일전쟁을 기점으로 한반도 식민화 정책 추구와 시기적으로 일치한다는 면에서 '독도=일본 제국주의'라는 등식으로 한국 국민에게 인식되는 구조가 형성되었다. 한국 국민이 독도 영유권 문제에 대해 '과잉 대응'하고 있는 것처럼 보이는 것은 이러한 요인 때문이다.

동시에 일본 정부의 독도 편입은 국제법상 독도 영유권 분쟁의 시작점이 되었다. 일본 정부는 위와 같은 조치를 통해 독도가 무주지(無主地)임을 주장하였지만, 조선제국은 이보다 5년 빠른 1900년 10월, 칙령 제41호 '울릉도를 울도로 개칭하고 도감을 군수로 개정한 건'을 제정하여 울릉도의 관할구역으로 울릉도와 죽도 및 석도(石島)를 규정하였다. 물론 석도가 독도인가에 대한 논쟁은 존재하지만, 조선제국이 울릉도에서의 일본인 벌목 작업을 규제하기 위하여 울릉도에 대한 편제작업을 시도하는 과정에서 울릉도 주변에 대한 상세한 조사를 행했던 바, 석도가 독도일 가능성이 높다고 하겠다. 결국 영토 개념이 불명확했던 동양적 국제 질서를 대체하며 등장한 국제법의 논리에 입각하면, 1900년과 1905년 한일 양국 정부의 독도 편입에 대한 해석 여부를 둘러싼 논쟁이 진정한 의미의 근대적 영유권 분쟁의 시작점이라고 할 수 있다.

두 번째는 패전국 일본의 영토 처리 등을 규정한 샌프란시스코강화조약의 체결이다. 1945년 조선의 해방, 즉 일본 제국주의의 패망으로 독도 영유권 문제가 본격적으로 한일 양국에 정치 문제화되기 시작했다. 미국은 초기에 독도를 일본 영토에서 제외시키는 것에 합의했던 것으로 보인다. 예를 들면,

1945년 9월 맥아더(Douglas MacArthur) 사령관은 일본의 어로 활동을 일본 본토 주변의 일정 해역에 한정하는 조치, 이른바 '맥아더 라인(MacArthur Line)'을 선포하여 독도를 일본 어로 활동 지역에서 제외하였다. 또한 1946년 1월에 발표된 연합국 최고사령부 지령 677호 '약간의 주변 지역을 정치상 행정상 일본으로부터 분리하는 데 대한 각서'에서도 독도가 일본 영토에서 제외되었다.[9] 이러한 내용은 앞에서 살펴보았듯이 샌프란시스코강화조약 검토 초기 과정에서도 이어졌지만, 결국 독도는 미해결 상태로 방치되었다.

앞의 두 사건에는 공통점이 존재한다. 그것은 한국이 배제된 일방적 선언 혹은 교섭이었다는 것이다. 1905년, 일본의 독도 편입은 당시 소국으로서 서양의 국제법적 질서를 알지 못한 조선제국의 허점을 이용한 측면이 많다. 샌프란시스코강화조약은 독도 문제의 당사자인 한국이 배제된 채 교섭이 이루어졌다는 측면에서 독도 영유권 문제에 중대한 결점을 가지고 있다.

반면 1965년 '분쟁 해결에 관한 교환 공문'은 명백히 동일 주권국가로서 독도 문제를 당사자 간에 해결하려던 노력의 일환으로서 정치적인 함의가 매우 크다. 어찌 보면, 한일 관계 역사상 처음으로 대등한 국가 간에 평화적인 방식으로 독도 영유권 문제를 해결하려고 했던 첫 번째 시도일 것이다. 따라서, 교환 공문 교섭 과정은 독도 영유권 문제가 한일 양국에 의해 어떻게 처리되었는지를 가장 선명하게 보여 주는 것으로 해석할 수 있다.

일본 정부는 1965년 6월 17일에 1차 시안을 제시하였다(한국 외교문서 1965A, 374-375; 일본 외교문서 1966, 221-224).[10] 제1차 시안은 '분쟁 해결에 관한 의정서'라는 이름으로 5조 10개항에 이르는 장문의 문서였다. 그것은 '양국 간 분쟁은 평화적으로 해결하며, 그 분쟁에 대해 양국 간 합의가 안

---

9) 구선희. "해방 후 연합국의 독도 영토 처리에 관한 한일 독도연구 쟁점과 향후 전망." 『한국사학보』 28호, 2007.

10) 한국 외교문서. 『제7차 한일회담 본회의 및 수석대표 회담』 1965A. p.363. 일본 외교문서. 『竹島問題』 File No. 910, 1966. p.226.

되는 경우 상대국이 분쟁의 중재를 요청하면 60일 이내 3인으로 구성된 중재위원회에 결정을 위탁하며, 중재위원회의 결정에 양국 정부가 복종해야 한다.'라는 것을 주된 내용으로 하고 있다.

그러나 독도 영유권 문제에 대한 한국의 강경한 입장을 전해 들은 일본은 다음 날, 18일 2차 시안을 제시하는데, '분쟁 해결에 관한 교환 공문'으로 이름이 바뀌면서 동시에 독도 문구가 삭제되었다. 그 외에는 분쟁 처리 절차에 시간적 구속과 법적 구속 및 상대국의 중재 요구에 대한 의무적 승낙을 명시하는 등 1차 시안과 거의 같았다(한국 외교문서 1965A, 399-370; 일본 외교문서 1966, 230-232).

이에 한국 대표단은 18일 '본국 정부의 승인을 조건으로' 다음과 같은 시안을 제시하며 일본에 대항하였다.

(전략) 양국 정부는 달리 규정이 있는 경우를 제외하고. 양국 간의 분쟁으로서 외교상의 경로를 통하여 해결할 수 없었던 것은 양국 정부가 합의하는 제 3국 조정에 의하여 그 해결을 도모하는 것으로 한다.

한국 측 시안의 특징은 양국 간 분쟁에 독도 문제를 제외하고, 법적 구속력을 명기하지 않은 채 양국 정부의 합의를 전제로 한 제 3국 조정안을 제시했다는 점이다. 실질적으로 문제가 된 것은 분쟁과 그 처리에 관련된 표현이었다. 한국 정부가 '양국 간에 일어날 분쟁'이라는 표현을 주장한 반면, 일본은 이 표현이 독도 문제를 제외시키려는 의도가 다분하다고 판단하여 '양국 간 분쟁'이라는 표현을 주장하였다. 또한 한국은 강제성이 없는 '조정'에만 한정할 것을 주장한 반면, 일본은 '조정 또는 중재'를 요구하였다.[11]

---

11) 일본 외교문서. 1966. p.239-245.

이에 따라 교섭은 교착 상태에 빠져, 22일 예정이었던 언론 발표 시간까지 타협을 이룰지 불투명한 상황이었다. 결국 최종 판단은 이동원 장관과 사토 수상의 회담에서 이루어졌다. 즉 일본 측 요구인 '양국 간 분쟁', 한국 측 요구인 '조정' 문구를 수락하는 형태로 타협을 이루어, 다음과 같은 조항에 합의하였다.[12]

달리 규정이 있는 경우를 제외하고, 양국 간의 분쟁은 우선 외교상의 경로를 통하여 해결하기로 하며, 이에 의하여 해결할 수 없을 경우에는 양국 정부가 합의하는 절차에 따라, 조정에 의해 해결을 도모하기로 한다.

'분쟁 해결에 관한 교환 공문'으로 한국은 독도 영유권 문제를 '영원히 미해결의 문제로' 남게 할 수 있었다. 즉 독도에 대한 한국의 실효적 지배라는 현상을 타개할 수 있는 방법이 일본의 의도와는 달리 교환 공문에 의해 원천 봉쇄된 것이다. 먼저, '양국 간의 분쟁은 우선 외교상의 경로를 통하여 해결하기로 하며'라는 조항에 의해 일본은 독도에 대한 한국의 실효적 지배를 군사적 행동에 의해 변경할 수 없게 되었다. 또한 '양국 정부가 합의하는 조정에 의하여 그 해결을 도모하기로 한다.'라는 조항에 의해, 한국 측 합의 없이는 조정 자체가 불가능하게 되었다. 여기에서 말하는 '조정'에 국제사법재판소 제소도 포함된다는 것은 어렵사리 추론할 수 있다.

반면 일본으로서도 '분쟁 해결에 관한 교환 공문'에 의해 독도 영유권 문제를 해결할 수 있는 실마리를 마련했다는 논리를 전개할 수 있고, 이를 통해 국회 대책을 마련할 수 있었다. 실제 시이나 외상은 1965년 10월 29일 중의원 '일본국과 대한민국 간의 조약 및 협정 등에 관한 특별위원회'에서 다음과 같

12) 한국 외교문서. 『이동원 외무부 장관 일본방문 1965』 1965B. p.401. 일본 외교문서. 1966. p.246-249.

이 답변하였다.

다케시마 문제에 대해서는 (중략) 日韓 간에 매우 중요한 분쟁 문제입니다. 이번의 분쟁 처리에 관한 교환 공문에 있어 다케시마는 이 분쟁에서 제외되었다고 명기되어 있지 않기에 낭연히 양국의 분쟁 문제가 됩니다. 한국 측이 어떠한 설명을 하더라도 이러한 사실에는 변함이 없습니다. (중략) (교환 공문에서) 조정에 맡긴다고 말한 이상, 어떠한 조정도 (한국이) 인정하지 않는 것은 조약 위반입니다. 따라서 이 日韓조약이 효력을 발생하면, 적당한 기회에 이 문제 해결을 위해 양국 간에 절충을 하고자 합니다.

이처럼 '한일회담에서의 잠정적 타결 방식'이란 일본 정부가 한국의 실효 지배를 용인하고 독도 주변을 실질적으로 공동 이용하는 방식을 취하면서, 독도 문제가 양국 사이에 긴장 요인이 되지 않도록 양국이 최대한 자제하는 방식을 의미한다. 물론 '분쟁 해결에 관한 교환 공문'과 이동원-사토 회담에 대한 해석 여부에 따라 한일회담 당시 일본이 한국의 실효 지배에 대해 '잠정적'으로 용인했다고 봐야 하는지, '영구적'으로 용인했다고 봐야 하는지에 대한 해석은 달라질 수 있다. 그러나 적어도 당시 한일 지도자는 '모호성'을 통해 한국의 실효 지배를 암묵적으로 인정했다고 해석할 수 있다. 즉 '독도 밀약'의 존재 여부와 관계없이, 한일 정책 결정자들 사이에는 독도 문제가 한일 관계에 악영향을 미치지 않도록 '관리하는 방식'이 공유되었다고 볼 수 있다. 이와 같은 사정을 암시적으로 전달하는 것은 '분쟁 해결에 관한 교환 공문'의 최후 교섭자였던 이동원 장관과 사토 총리 회담에 대한 다음과 같은 기록이다.[13]

---

13) 일본 외교문서. 1966. p.247.

사토 총리는 일본안은 최종적인 양보안으로 이를 수용할 것을 요구했다. 이에 이동원 장관도 그럼 어쩔 수 없다, 일본 측의 최종안을 수용하는 것으로 하지만 한 가지 요구가 있다. 한국 측 대표단이 귀국 후 위 건(교환 공문의 양국 간 분쟁)에는 독도가 포함되어 있지 않다는 취지의 발언을 해도 일본 측이 공식적으로 반론하지 않기를 바란다. 우리의 목숨이 걸린 것이다. 다만 일본 국회에서 (양국 간 분쟁에) 독도가 포함되었다는 취지의 답변을 삼가해 달라고 요구할 생각은 없다. 이것에 대해 총리는 양해한다는 취지의 답변을 했다.

위 회담 내용을 어떻게 해석할 것인가는 한일회담 내 독도 영유권 문제가 어떠한 형식으로 타결을 보았는지에 대한 분석에 중요한 포인트가 된다. 위 발언은 일본이 한국의 독도 실효 지배를 암묵적으로 용인하되, 다만 양국이 각자 독도를 자국 영토라고 주장하는 것에 이의를 제기하지 않는다는 암묵적 합의가 존재하지 않는 한 이루어질 수 없는 약속이기 때문이다.

2. 센카쿠 영유권 문제

60년대 후반부터 중국이 센카쿠 제도의 영유권을 주장하면서 중일 국교 정상화 당시 영유권 문제가 하나의 의제가 되었다. 사실 그 이전에는 센카쿠 문제가 양국의 외교 이슈가 된 적은 없었다. 그러나 1969년 UN의 극동경제위원회(ECAFE)가 동중국해 주변 조사를 통해 이 지역에 상당한 양의 석유와 가스가 매장되어 있다는 보고서를 발표하면서 센카쿠 문제에 대한 양국의 인식을 제고하게 되었다. 또한 그 해 11월에 미국과 일본이 오키나와 반환에 합의함에 따라 오키나와에 근접한 센카쿠 제도를 어떻게 해야 하는지에 대한 양국의 인식이 제고되었다.

중일 국교 정상화 당시, 일본 정부는 한일회담의 경우처럼, 센카쿠 문제를 정식 의제로 채택할 의사가 없었다. 하지만, 다나카 가쿠에이(田中角榮) 수상의 독단으로 센카쿠 영유권 문제를 논의하게 되었다고 한다.[14] 실제, 1972년 9월 중일 국교 정상화 제3차 정상협의에서 다나카 수상이 예정에도 없이 센카쿠 제도에 대한 중국의 의견을 묻자, 저우언라이(周恩來)는 "센카쿠 제도 문제에 관해서 이번에는 대화하고 싶지 않다. 지금 이것을 얘기하는 것은 좋지 않다. 석유가 나오기 때문에 이것이 문제가 되었다. 석유가 나오지 않으면 대만도 미국도 문제 삼지 않을 것이다."라고 말하며 영유권 문제를 당분간 보류하자는 자세를 취했다. 저우언라이가 센카쿠 문제에 대한 언급을 끝내고 바로 이어서 한 말은 "국교 정상화 후, 몇 개월 후 대사를 교환할 것인가?"라는 질문이었다.[15] 중국은 센카쿠 영유권 문제보다 국교 정상화의 조기 실현을 염원했던 것이다.

여기에서 중국은 센카쿠 문제보다 중소 분쟁에 따른 중국의 대외 전략 변화에 더 많은 신경을 썼다는 것을 알 수 있다. 즉 중국은 소련의 위협에 대응하기 위해 미국과 화해를 추구하고, 일본과의 국교 정상화를 서둘렀다. 특히 중국은 일본과의 국교 정상화에서 반패권 조항에 노력을 기울였다. 이는 명백히 소련을 의식한 조항으로, 중국의 적극적 요구에 의해 '양국 어느 쪽도 아시아 태평양 지역에서 패권을 추구해서는 안 되며, 패권을 확립하려고 하는 다른 어떤 국가 혹은 국가들의 시도에 대해서도 반대한다.'라는 데 합의했다. 일본 또한 전후 처리에 있어 가장 중요했던 중국과의 관계 정상화를 통해 중국 문제가 국내화되는 현상을 막고자 하였다.[16] 동시에 중국과의 경제 관계는 통상국가를 표방하는 일본에 있어 최대 현안 중 하나였다. 이렇듯 중일 양국

---

14) 服部龍二, 『日中国交正常化』 中央公論社, 2011, p.171.

15) 石井明他編, 『記録と検証: 日中国交正常化・日中友好条約締結交渉』 岩波書店, 2003, p.68.

16) 모리 카즈코(조진구 옮김), 『중일관계: 전후에서 신시대로』 리북, 2006. p.105-108.

은 센카쿠 영유권 문제보다 중일 관계의 발전을 우선했다.

결국 센카쿠 영유권 문제는 중일 국교 정상화 교섭에서 큰 논의가 이루어지지 않았다. 그러나 1978년 4월에 중국 어선 100척이 센카쿠 제도 주변에서 어업 활동을 벌이고, 이후 일본의 우익단체가 센카쿠 제도에 상륙해 등대를 설치하는 등 중일 마찰이 발생하자, 불가피하게 센카쿠 문제는 중일평화조약 체결 교섭에서 중요한 의제가 되었다.

그러나 중국은 처음부터 센카쿠 문제와 평화조약 체결 문제를 분리시키려고 했다. 1974년 10월 3일 덩샤오핑은 일중우호협회 중앙본부 대표단 등 방중한 일본 인사와의 회담에서 1) 여러 장애를 극복하고 한시라도 빨리 평화조약을 성립시키고 싶다, 2) 교섭은 실무협정의 성립 후에 개시해도 좋고, 실무협정과 병행해서 진행해도 좋다, 3) 센카쿠 영유권 문제는 보류하는 게 좋다는 의견을 피력했다. 화국봉 정치국 위원 또한 일본 인사와의 회담에서 센카쿠 문제는 평화조약 체결 이후에 천천히 논의할 방침이라고 표명했다.[17]

이러한 중국의 입장이 공식적으로 표명된 것은 1979년이었다. 1979년 10월 기자회견에서 덩샤오핑은 "센카쿠 제도를 중국에서는 댜오위다오라고 부른다. 이름부터가 다르다. 분명히 센카쿠 영유권 문제에 관해서는 중일 쌍방의 주장이 어긋나고 있다. 국교 정상화 당시, 양국은 이를 다루지 않을 것을 약속했다. 이번 평화우호조약 교섭에서도 마찬가지로 다루지 않는 것에 합의했다. (중략) 이러한 문제는 일시적으로 보류해도 상관없다. 다음 세대는 우리 세대보다 훨씬 지혜가 있을 것이다. 모두가 받아들일 수 있는 좋은 해결 방법이 나올 것이다."라고 말하며 영유권 보류론을 재확인하였다.[18]

이처럼 중일 양국은 중일 관계에 높은 전략적 가치를 두고 중일 관계의 발전을 위해 센카쿠 제도의 영유권 문제를 보류했다. 이러한 전략적 판단은

---

17) 李恩民, 『日中平和友好条約交渉の政治過程』御茶の水書房, 2005. p.140.

18) 霞山会編, 『日中関係基本資料集一九四九年——九九七年』霞山会, 1998. p.27.

1979년 8월 10일 덩샤오핑과 일본 교섭대표단의 회담에서 덩샤오핑이 한 다음과 같은 발언에서 확인할 수 있다.[19]

당면한 국제 정세 속에서 중국은 일본의 원조를 필요로 하고 있다. 동시에 일본도 중국으로부터 몇 가지의 원조를 필요로 하고 있을 것이다. 양국 간에 문제가 없는 것이 아니다. 예를 들면 일본이 말하는 센카쿠 제도, 중국에서는 댜오위다오라고 부르는데, 이 문제도 있고 대륙붕 문제도 존재하고 있다. 일본에서는 일부 사람들이 이 문제를 이용하여 조약의 조인을 방해하고 있다. 중국에서 조인을 방해했던 사람이 있는데, 예를 들어 우리들 중에서 미국에 유학하고 미국 국적 상태에서 화교 중 대만에도 이 섬을 지키고 싶다는 사람이 있다. 이러한 문제에 관해서는 지금 파고들지 않는 편이 좋다. 평화우호조약의 정신에 입각해 몇 년간 옆으로 미뤄 둬도 상관없다. 몇 년이 흘러도 이 문제가 해결되지 않는다 하더라도 우호적인 교류가 되지 않는다고는 말할 수 없고, 이 조약을 집행할 수 없다는 것도 아니다. (중략) 양국 간에는 분명히 문제가 존재하며 양국의 정치체제가 달라 처해 있는 상황도 다르다. 따라서 모든 문제에서 의견이 일치하는 것은 불가능하다. 그러나 동시에 양국 간에는 공통점도 많다. 요컨대 양국은 소이를 남겨두고 대동으로 가는 것이 중요하다.

특히 일본의 소노다 외상은 1978년 4월에 중국 어선 100척이 센카쿠 제도 주변에서 어업 활동을 벌인 것에 대해 우려를 표명했는데, 이에 대해 덩샤오핑은 "나도 한말씀 드리고 싶다. 이러한 문제를 옆으로 제치고 우리 세대는 문제 해결 방법을 찾지 못했지만, 우리의 다음 세대, 그 후의 세대는 반드시 해

---

19) 石井明他 編, 2003, p.321.

결 방법을 찾을 것이다."라며 다시 한 번 센카쿠 문제 해결을 차세대에 넘기는 보류론을 천명하였다.[20]

물론 덩샤오핑이 중국 어선이 센카쿠 주변에 들어가는 것을 막겠다고 약속한 것인지 불분명하지만, 소노다 외상은 귀국 후 다음과 같이 말하면서 중국이 센카쿠 전관수역에 들어오지 않는다는 것을 약속한 것처럼 발언했다.[21]

나는 비장한 마음으로 센카쿠 열도에 대한 일본의 입장을 설명했으며, 이러한 문제가 없도록 해 주길 바란다고 말했다. 이에 덩샤오핑 부총리는 그 사건은 우발적인 것이며 중국 정부가 그것으로 문제를 일으키진 않도록 하겠다고 말했다. 나는 최후의 관문을 통과했던 것이다.

이는 앞에서 살펴본 바와 같이 자국의 입맛에 맞게 양면 해석을 했다는 평가가 가능할 것이다. 즉 중국은 센카쿠 전관수역의 조업 활동에 대해 자제의 뉘앙스만을 풍기면서 센카쿠가 분쟁 지역이라는 여지를 남겼으며, 일본은 센카쿠 전관수역에서 중국의 조업 활동을 막겠다는 약속을 받은 것처럼 국내 여론을 설득했다.

이렇듯 중일 양국은 센카쿠 제도의 보류론에 대하여 서로 다른 인식을 갖고 있었다. 일본은 중국이 먼저 보류론을 주장했다는 점을 강조하며 이로써 일본의 실효 지배가 인정받았다고 판단했지만, 중국은 센카쿠 제도에 대해 중국의 영유권을 주장했기 때문에 이 지역이 분쟁 상태에 있는 것을 확인했다고 인식했다.[22]

---

20) 石井明他 編. 2003. p.321.
21) 손기섭. "중일 해양영토분쟁." 진창수(편) 『동북아 영토분쟁과 일본의 외교정책』 세종연구소. 2008. p.110에서 재인용.
22) 손기섭. 2008. p.113.

Ⅳ. 영유권과 자원 이용의 분리:
어업과 대륙붕 그리고 해양자원

이렇듯 한일, 중일 양국은 독도와 센카쿠 영유권 문제에 있어 보류 방식을 취했다. 즉 이 섬들이 어느 나라에 귀속하는지 확정하지 않고 자기 입맛대로 해석하는 전략적 모호성을 취했다. 그러나 일본과 중국은 각각 독도와 센카쿠에 대해 분쟁 지역임을 확인하는 입장에 머물렀으며, 한국과 일본의 실효적 지배를 변경하려고 시도하지 않았다. 이는 앞서 살펴보았듯이 독도와 센카쿠보다는 한일 관계 그리고 중일 관계의 발전을 우선했기 때문이다. 이러한 입장은 자원 이용 문제, 즉 어업 문제 및 대륙붕 개발 문제에도 비슷하게 나타났다. 여기에서는 어업협정과 대륙붕협정 부분으로 나누어 살펴보도록 한다.

1. 어업협정: 공동 관리의 추구

앞에서 살펴보았듯이 한일 양국은 '분쟁 해결에 관한 교환 공문'의 형태로 독도 문제를 타협하였다. 이에 대해 일본 정부는 독도가 분쟁 지역에 해당한다는 해석을 내리고 있고, 한국 정부는 독도가 분쟁 지역이 아님을 확인했다는 다른 해석을 내리고 있다. 어찌 보면, 한일회담에서 독도 문제는 한일합방의 무효 문제처럼, 의도적으로 양면 해석이 가능한 '전략적 모호성'을 남김으로써 양자의 갈등을 회피하는 방식을 택했다고 볼 수 있다. 이와 같은 전략적 판단은 1965년 타결된 한일어업협정에도 나타났다. 즉 양국은 독도 주변에 전관수역을 설정하지 않고 독도를 공동 규제수역에 두어, 독도 영유권 문제와 어업 문제를 분리시켰다.

이승만 정권은 어업자원 보호 및 대북 방위를 목표로 1952년 1월 평화선을 선포하며, 이를 침범하는 일본 어선을 나포하였다. 초기의 평화선 책정 단계에서는 일본의 반발을 의식해 독도를 제외시켰으나 외무부의 주도하에 일본과의 영토분쟁을 차단하려는 의도로 독도를 포함하게 되었다. 이처럼 평화선의 전략적 목표는 한국 어업 보호(및 어업자원 보호)와 대북 국방상의 안보 및 독도의 확보에 있었다.[23]

반면 일본 정부는 '공해 자유의 원칙'에 따라 3해리 전관수역을 주장하며, 전관수역 밖의 수역에는 자원 보호를 위해 공동 규제를 실시할 것을 주장했다. 그러나 이승만 정부가 평화선을 침범한 일본 어선을 나포함에 따라, 한일 어업협정을 둘러싼 교섭은 진전 없이 나포 문제를 둘러싸고 정지와 재개를 거듭했다.

박정희 정권 수립 후 한일 양국의 어업정책은 조금씩 변화하기 시작했다. 1962년 12월 일본은 기존의 3해리 전관수역 주장에서 12해리 전관수역으로 전환하였다. 이는 1960년 제2차 유엔해양법회의에서 12해리 전관수역안이 채택되지 못했으나, 2/3의 다수파를 점유하게 된 사실에 근거한 것이었다. 일본은 이 회의에서 12해리 전관수역을 수용하면서도, 전관수역 외측 6해리에 대한 어업권 보장을 주장하는 안을 제출한 바 있는데, 일본의 정책 전환은 이러한 자국 제출안에 기초한 것이었다.[24]

한국 또한 1963년 7월 40해리 전관수역 및 그 바깥에 공동 규제수역의 설정, 자원 조사 및 어업분쟁 해결을 위한 어업공동위원회 설치 등을 제안했다. 평화선에 대한 언급은 없었지만, 기존 평화선보다는 축소된 형태였다.[25] 실

23) 박진희. 『한일회담: 제1공화국의 대일정책과 한일회담 전개과정』 선인, 2008. pp.124–128. 조윤수. "평화선과 한일 어업협상." 『일본연구논총』 28호, 2008.
24) 남기정. "한일회담시기 한일 양국의 국제사회 인식: 어업 및 평화선을 둘러싼 국제법 논쟁을 중심으로." 『세계정치』 10호, 2008. p.146. 片岡千賀之. 「日中韓漁業関係史1」 『長崎大学水産学部研究報告』 87号, 2006. p.18.
25) 남기정. 2008. p.148.

제 40해리는 당시 국제적으로 인정받기 시작한 12해리를 넘어선 것으로, 독도를 포함한 수역이었다. 여전히 한국은 독도를 둘러싼 영토분쟁에 종지부를 찍을 생각을 가지고 있었던 것이다.

청구권 문제가 결착 국면에 이르면서, 어업협정 또한 청구권 문제와 연계되며 마무리 국면으로 접어들었다. 이에 따라 외무부는 1963년에 이미 평화선을 포기할 입장을 결정한 것으로 보인다. 예를 들어 1963년 5월 10일 외무부가 작성한 '평화선에 관한 공보방안 건의'에서 다음과 같이 언급하고 있다.[26]

국내 여론은 한일 현안 중 특히 어업 평화선 문제에 반드시 동조적이라 보기 어렵다. 이 기회에 공보방안을 우선 시행해 정부 입장에 대한 국민의 이해 내지 지지를 촉진하는 게 필요하다. 유력 일간지로 하여금 특파원을 평화선 해역 및 남해안 농어촌에 파견해 '평화선의 완벽한 수호는 원래가 불가능하며, 경제적인 관점에서 볼 때 평화선의 존치가 반드시 유리한 것도 아니다. 농어촌의 발전은 평화선의 수호가 전제조건이 아니고 농어촌의 근대화 시장개척 등이 기본 전제다.'와 같은 내용의 결론을 갖거나 그러한 결론으로 유도되는 '기사'를 수회에 걸쳐 쓰게 한다. 적당한 단계에서 학자 저명인사로 하여금 평화선은 국제법상 난점이 많다는 취지의 내용을 발표케 한다.

하지만 대북 방위선으로서 평화선을 강력 옹호하던 국방부, 한국 어업 보호를 우선하던 농림부의 반대에 부딪쳐 의견을 일치시키지 못하였다. 그러다가 중앙정보부의 중재 노력을 배경으로, 박정희 대통령은 평화선을 양보하는 대신, 일본의 한국 어업 지원을 약속받아 이를 상쇄하려 했다. 이에 따라 1964

<hr />

26) 남기정. 2008. pp.151-152에서 재인용.

년 12월 어업위원회에서 12해리 전관수역 및 이에 따른 평화선 철폐가 합의되었다.

한국 정부가 12해리 전관수역을 수용하면서, 교섭은 한국 어업 지원 및 일본 어업 활동 규제에 논의가 집중되었다. 1964년 3월 한국 정부는 일본에 정부차관 형식으로 공여 기간 3년, 이자 3.5%, 3년 거치 후 7년간 균등상환 조건의 1억 1천만 달러 규모의 어업협력금을 요구했다. 일본은 처음에 청구권 금액에 어업협력금이 포함되어 있다며 이를 거절하다가 민간차관 형식으로 7천만 달러를 제안했다.

동시에 일본은 어업 보호를 요구하는 한국 측 주장에 대해 전관수역 밖에 공동 규제수역을 설치하는 것, 그리고 일본의 어획량을 제한하는 것에 난색을 표했다. 하지만 일본은 공동 규제수역의 설정, 공동 규제수역에서 기국주의에 의한 단속 및 일본 어업량을 15만 톤으로 제한하는 것을 제안하며 타협의 자세를 보였다.[27] 결국 양국은 1965년 6월 일본 측 주장을 상당히 수용한 형태로, 12해리 전관수역, 공동 규제수역, 공동 규제수역에 있어 기국주의 단속, 이를 달성하기 위한 어업공동위원회 설치, 공동 규제수역 외곽의 공동 자원조사수역 설치에 합의하며 어업협정에 서명했다. 반면, 한국이 12해리 전관수역을 수용하는 대가로, 일본은 어업협력금액으로 한국에 9천만 달러(영세어민용 4천만 달러는 정부차관 형식, 이자는 5%, 그 외 5천만 달러는 민간차관 형식, 이자는 5.75%)를 공여키로 합의했다.

이렇듯 한일어업협정에서 한국은 평화선을 포기하고 12해리 전관수역을 수용했다. 따라서 독도 주변은 공동 규제수역으로 편입되었다. 하지만 앞에서 살펴본 독도 영유권 문제처럼 사실상 독도는 어업협정에서 제외되었다. 1965년 12월 18일 한일어업협정이 발효된 날 한국 정부는 독도 주변 12해리

---

27) 片岡千賀之. 2006. p.18.

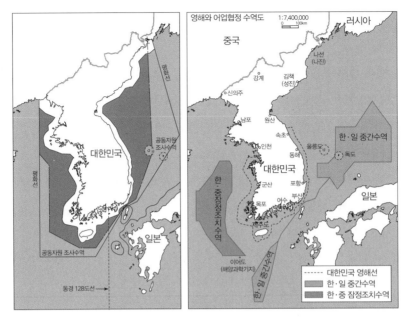

〈그림 2-2〉 1965년 한일어업협정과 1998년 한일어업협정
출처: 동북아역사재단 http://contents.nahf.or.kr/japanese/item/level.
do?levelId=eddok_003j_0030_0030

에 전관수역을 선포했다. 일본 정부는 이에 반발하였지만 큰 문제가 되지 않았다. 독도는 한일의 전략적 판단에 의해 공백지대로 남았던 것이다.

이러한 타협은 중일 간에도 비슷하게 나타났다. 미중의 대립 속에서 중국과 일본은 어업협정을 체결하기 힘든 상황이었다. 더욱이 중국은 한국전쟁 와중에 중국 연해에 어업금지구역을 설정하였고, 이를 모르고 조업한 일본 어선이 나포되는 사건이 종종 발생하였다. 따라서 중일어업협정은 안정적 조업관리를 위해 민간 협정의 형태로 시작되었다. 일본의 대일본수산회 등으로 이루어진 일중어업협의회, 중국의 중국어업협회는 1955년 협의를 시작해서 4월에 협정을 조인하였다. 이 과정에서 일본은 공해 자유 원칙에 근거하여 어업금지구역보다 좁은 범위에서 자원보호구역을 설정할 것, 자국 어선에 대해 자주적 규제를 실시할 것을 요구하였다. 반면 중국은 어업금지구역은 정부

동아시아 지역 거버넌스와 초국적 협력: 현대사적 조명

가 정한 것이기에 민간 협정의 대상이 될 수 없으며, 자국 어선에 대해 자주적 규제를 하면 일본의 월등한 어업능력으로 인해 일본이 독점할 가능성이 높다며, 공동 어업구역을 만들어 공동 관리할 것을 제안하였다.

일본은 다시금 어업금지구역 외각에 6개의 공동 규제수역을 설정할 것을 제안했다. 중국 또한 양보하여 8개의 어업구역으로 나누어 어선에 대한 규제를 강화할 것을 제안했다. 결국 양자는 규제수역을 6개로 만들고 어업 시기와 어업량을 결정하는 공동 관리방식에 합의하였다.[28]

이 협정은 1956년과 1957년에 2회 연장되었고, 1963년에는 2차 민간 어업 협정으로 계승되었다. 이후 몇 차례의 수정을 거쳤으나, 기본적으로 공동 관리방식은 유지되었다. 이러한 방식은 1975년 체결된 중일어업협정에도 계승되었다. 또한 센카쿠 영유권의 보류 원칙에 입각해 중일어업협정이 체결되었다. 1977년 4월 30일 참의원의 농림수산위원회에서 일본 정부가 왜 센카쿠 제도에 전관수역을 설정하지 않았는가라는 질문에 대해 스즈키 젠코(鈴木善幸) 국무대신은 다음과 같이 말하고 있다.[29]

서일본(영해)은 극히 안정적으로 질서 있는 조업이 확보되어 있고, 이 안정된 어업 질서를 이후에도 유지해 간다는 기본적인 생각을 가지고 있습니다. 따라서 중국이 200해리의 전관수역을 설정해 오지 않는 한 우리 쪽에서 먼저 이것을 한다는 것은 현시점에서 생각하고 있지도 않으며, 그러한 입장에서 이 지역을 (어업협정의) 적용에서 제외해 간다는 생각을 가지고 있습니다.

결국, 중일어업협정에서 센카쿠 제도 주변을 제외했던 것은 중일 국교 정

---

28) 片岡千賀之, 2006, p.21.
29) 1977년 4월 30일 참의원 농림수산위원회 http://kokkai.ndl.go.jp/(검색일: 2013.10.1.).

상화에서 영유권 보류론에 입각해 상호 자제할 수 있다는 신념이 있었기 때문이다. 실제로, 1972년 9월 27일 중일 국교 정상화 교섭 제3차 정상협의에서 저우런라이는 "(어업문제는) 여태까지 중일 간에 외교관계가 없었음에도 불구하고 동해(동중국해), 황해의 어획이 중일 간에 잘 되고 있다."라고 말함으로써 상호 자제로 어업 문제를 관리할 수 있다는 신념을 드러냈다.[30]

또한 앞에서 보았듯이, 1978년 4월에 중국 어선 100척이 센카쿠 제도 주변에서 어업 활동을 벌인 것에 대해 일본의 소노다 외상이 우려를 표명하자 덩샤오핑이 자제를 약속한 바 있다. 이는 센카쿠 주변의 어업 활동을 안정적으로 관리하면서도 센카쿠 전관수역에는 들어가지 않을 것을 암묵적으로 약속한 것으로, 한일어업협정에서 독도 주변 해역이 공동 관리수역으로 지정되었지만 한국의 전관수역 선포로 일본이 독도 전관수역에서 어업 활동을 자제한 것과 유사하다.

2. 대륙붕 경계 획정 문제: 공동 개발의 추구

이러한 타협적 형태는 1974년 서명하고 1978년에 발표된 한일대륙붕협정에서도 나타났다. 1969년 UN의 극동경제위원회(ECAFE)는 동중국해 주변 조사를 통해 이 지역에 상당한 양의 석유와 가스가 매장되어 있다는 보고서를 발표하였다. 한국은 이에 발빠르게 대응하여 1970년 1월 1일 한반도 주변 대륙붕에 존재하는 해양자원 개발을 위하여 '해저광물자원개발법'을 제정하였다. 5월의 시행령에서는 7개의 해저개발광구를 설정하여 서구 석유회사들과 개발 계약을 체결하였다.[31]

---

30) 石井明他. 2003. p.65.
31) 신창훈. "대한민국의 대륙붕선언의 기원과 1974년 한일대륙붕공동 개발협정의 의의." 『서울국제법연구』 13-2호, 2006. p.62.

이러한 한국 정부의 선제적 공세에 당황한 일본은 6월에 대륙붕 경계 획정을 위한 정부 간 협의를 요청하였다. 여기에서 한국은 육지영토의 자연 연장 원칙, 일본은 등거리선(중간선) 원칙을 주장하며 합의에 이르지 못했다. 그후 1972년 9월 제6차 한일 각료회담에서 '자원 개발의 긴급성과 양국의 공동 이익 추구라는 대국적 견지에서 관할권 주장이 중첩되는 구역을 공동 개발하자는 데' 원칙적 합의를 이루었다. 그리고 10월부터 9차에 이르는 교섭(실무자 회의 4차, 실무자 소위원회 5차)을 거쳐 1974년 1월 한일대륙붕협정에 서명하게 되었다. 일본은 한일대륙붕협정에 대한 중국의 격렬한 반대에 직면하여 그 비준을 늦추다가 결국 1977년 6월에서야 국회 비준을 받게 되었고, 1978년 6월 발효되었다.[32]

이 과정에서 특이한 점은 공동 개발을 민간 영역에서 제안했다는 점이다. 1970년 8월 제4회 한일협력위원회에서 일본 측 대표인 야쓰기 가즈오(矢次一夫)가 처음으로 공동 개발을 제안하였다. 그리고 1970년 11월 제5회 한일 협력위원회에서 야쓰기(矢次)는 '영유권 문제를 언급할 필요는 없다, 다투지 않고 해결하지 않고'라고 말하며, 대륙붕의 경계 획정 보류를 제안했다. 그 후에 개최된 한일과 대만에 의한 한일협력위원회 3자 연락위원회는 해양 공동 개발에 관한 제1회 특별위원회를 열어 보류 방식을 재확인하였고, 정치 분쟁을 일으키는 영유권 문제는 보류하고 센카쿠를 포함하는 동중국해 주변의 해양 지하자원을 공동 개발할 것에 합의했다. 다만 '센카쿠 쪽은 중국을 자극할 것을 예상하여 잠시 지켜보는 것으로 하고, 먼저 하나의 모델로서 한일이 위치한 지역을 중심으로 (공동 개발을) 진행'하는 것으로 하였다. 또한 각 대표는 각자의 정부에 진정서를 제출하여 협력을 얻을 수 있도록 노력하고, 협력할 수 있는 전망이 설 때 정식으로 외교 채널을 통해 정부 간 협정을 체결하는

---

32) 박창건. "국제 해양레짐의 변화에서 한일대륙붕협정의 재조명: 동(북)아시아의 미시-지역주의 관점으로." 『한국정치학회보』 45-1호, 2011. pp.283-290.

것이 바람직하다는 입장을 피력했다.[33]

공동 개발을 처음 제안한 야쓰기는 자원의 확보를 제일 중요한 이유로 들었다. 그는 '일본도 연간 3억 달러분의 석유를 중동에서 수입하고 있는 상황에 있어서, 일본의 발 밑에서 연간 1억 달러의 석유가 채굴 가능하다는 기대 때문'에 공동 개발을 역설했다. 야쓰기가 지적한 또 다른 이유는 한일 간 우호의 상징으로서 공동 개발을 실시하자는 것이었다. 이 구상은 한일 양국의 정치지도자들에게 영향을 미쳤다. 특히 한국의 입장에서는 1972년부터 시작된 제3차 경제개발 5개년계획의 중점 사업인 중화학공업 육성을 위해 에너지 자원을 확보할 필요가 있었는데, 한일대륙붕 공동 개발은 잠재적 에너지 자원으로 이용할 수 있는 정치적 도구였다. 일본의 입장에서도 대륙붕의 공동 개발로 자원을 저렴한 가격에 안정적으로 확보할 수 있을 것으로 기대했다. 1973년의 오일 쇼크도 한국과 일본이 공동 개발에 합의하게 된 중요한 요인으로 작용했다.[34]

이렇게 체결된 한일대륙붕협정은 대륙붕 경계 획정이 이루어질 때까지의 '잠정적 협정'이다. 실제 협정 28조에 '이 협정의 어느 규정에도 공동 개발구역의 전부나 어느 일부분에 대한 주권적 문제를 결정한 것, 또는 대륙붕 경계 획정에 대한 각 당사국의 입장을 침해한 것으로 간주되어서는 안 된다.'라고 규정하고 있어, 이 협정이 양국의 대륙붕 경계에 대한 상호 주장을 보류하고 있음을 보여 주고 있다. 동시에 이 협정은 50년(2028년)의 유효기간을 설정하여, 종료 3년 전부터 당사국의 서면 통지에 의해 종료가 가능하다. 물론 31조 4항에 당사국이 개발의 가능성이 없다고 판단하는 경우 협정의 개정 및 종료를 위한 협의를 개시할 수 있게 되어 있지만, 이 협의에서 합의가 이루어지지 않는 경우 50년 유효기간 동안 효력을 유지한다고 되어 있어 사실상 중도의

---

33) 안도 준코. "한일대륙붕협정 연구." 국민대학교 박사논문, 2015. p.157.
34) 안도 준코. 2015. p.168.

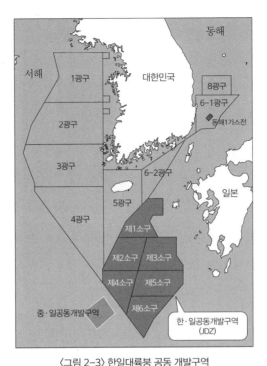

〈그림 2-3〉 한일대륙붕 공동 개발구역

출처: 네이버 백과사전 http://terms.naver.com/entry.nhn?docId=938171&cid=43667
&categoryId=43667

협정 파기는 불가능하다. '50년의 평화' 혹은 '50년의 보류'가 확보된 것이다.

이처럼 한일대륙붕협정 또한 독도 영유권 문제를 보류하고 주변을 공동 규제수역으로 설정한 어업협정 방식과 유사하게, 해양 경계 문제를 보류하고 공동 개발방식을 취한 것이다. 물론 중국의 강한 반발과 석유 탐사 결과 경제성이 없다는 판단에 의해 공동 개발은 지금까지 이루어지고 있지 않지만, 양자 관계를 약화시킬 수 있는 해양영토 문제를 실리적 관점에서 '분쟁의 관리'를 추구했다는 점에 주목해야 한다.

중국과 일본 또한 동중국해 대륙붕 문제에 있어 센카쿠 제도 영유권 문제 보류론 원칙에 입각해 공동 개발을 시도했다. 1977년 5월 13일 참의원 본회의에서 후쿠다 야스오(福田康夫) 국무대신은 다음과 같이 언급하며 한일대

룩붕협정과 같은 공동 개발을 모색하고 있었음을 분명히 했다.[35]

센카쿠 제도 주변에도 많은 매장량이 언급되고 있는데 그 개발을 서둘러야 한다는 말이시지만 이 주변도 대륙붕 등으로 여러 나라와 문제가 얽혀 있는 지대입니다. 그들의 관계를 조정하는 게 시급하다고 생각합니다. 우선 한일대륙붕(공동 개발구역)이 가장 가까운 지역에 있어서 한일 양국만이 관계되는 대상 지역에서 개발을 진행한다는 것은 매우 빠르며 또한 자연스러운 것이라는 입장에서, 우선 한일대륙붕(공동 개발구역) 그 후에 동중국해 전역을 대상으로 하여 관계 국가와의 조정을 도모해 가는 것이 타당하다는 견해입니다. 또한 그렇게 한일대륙붕(공동 개발)을 선행하면 센카쿠 제도 등 주변 지역의 석유 개발에 지장은 없냐는 이야기로 이어지는데, 이에 대해서 중일 관계에 신중한 배려를 하며 이 협정을 진행했다는 것 또한 이후에도 같은 생각으로 중국에 대처할 것이라는 설명을 드립니다.

이처럼 일본은 1974년에 체결된 한일대륙붕협정과 같이 중일 공동 개발도 하나의 선택지로 생각했던 것이다. 중국도 이러한 공동 개발론에 적극적이었다.[36] 1978년 중국 정부는 일본에 공동 개발을 공식 제안했지만 1979년 일본 정부가 센카쿠 제도 주변을 공동 개발지역에서 제외해야 한다는 주장을 하여 좌절했다고 한다.[37]

그러나 공동 개발 논의는 준정부기관 사이에서 지속적으로 이루어졌다.

---

35) 1977년 5월 13일 참의원 본회의 http://kokkai.ndl.go.jp/(검색일: 2013.10.1.).
36) 이정태. "중일 해양영토분쟁과 중국의 대응." 『대한정치학회보』 13-2호, 2005.
37) Zhao li Guo. "Seabed Petroleum in the East China Sea: Geological Prospects and the Search for Cooperation." (Woodrow Wilson International Center for Scholars, 2005) (http://www.wilsoncenter.org/sites/default/files/Asia_petroleum.pdf). p.31.

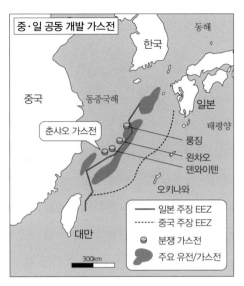

〈그림 2-4〉 2008년 중일 가스유전 공동 개발구역

출처: 연합뉴스 2008년 6월 20일

1985년 일본 석유자원개발회사(JAPEX)는 중국에 공동 개발 구상을 제안했
다. 동시에 일본의 제국석유주식회사는 중국의 공영기업인 중국 국영 석유공
사(CNOOC)에 동중국해 해양지질 공동 조사를 제안했다. 이에 CNOOC는
센카쿠 제도에 대한 영유권을 보류하고 주변 해역을 공동 개발하자고 역제안
하며, 그 범위를 센카쿠 제도 남부로 한정시켰다. 이후 센카쿠 영유권 문제를
어떻게 할 것인지, 공동 개발의 범위를 어떻게 할 것인지를 놓고 의견 대립을
좁히지 못하다가 결국 실패로 끝났다.[38] 하지만 공동 개발 구상과 그 구체적
인 협력 흐름은 2000년대에도 지속되었다. 그리고 마침내 2008년 중일 양국
정부는 가스유전 공동 개발을 합의하게 되었다. 1990년대부터 2008년 공동
개발 합의에 이르는 상황에 대해서는 이후 연구 과제로 미루고자 한다.

---

38) 三好正弘, 「日中間の排他的経済水域と大陸棚の問題」 栗林忠男, 『海の国際秩序と海洋政策』
  東信堂, 2006, pp.271-273.

V. 나가며: 동아시아 해양 질서의 특징

1950~1960년대 영해 영역을 둘러싼 국제적 논쟁, 1964년의 대륙붕조약 등 국제 해양 질서의 변동은 이러한 변화를 자국 영해에 내재화하기 위한 양자 간 교섭에 동인을 부여하여 왔다. 그 과정에서 영유권 문제를 어떻게 처리할 것인가, 그리고 그러한 영유권 문제의 잠정적 조치에 따라 어업협정과 대륙붕 문제(및 해양자원 개발 문제)를 어떻게 할 것인가에 대한 교섭이 이루어졌다. 그리고 이러한 양자 간 교섭에 의한 제도 설계가 다른 양자 간 교섭에도 영향을 미치면서, 해양·영토 문제를 해결하기 위한 특정한 방식과 제도가 동북아시아에 정착되어갔다. 한일 국교 정상화와 중일 국교 정상화 이후, 독도와 센카쿠 제도의 해양·영토 문제가 어떻게 관리되어 왔는지는 〈표 2-1〉에 요약돼 있다.

〈표 2-1〉을 통해 한일 및 중일의 정책결정자는 전략적 가치가 낮은 독도 또는 센카쿠 제도보다는 한일 관계 및 중일 관계를 우선시하며 '평화적 관리 방식'이라고 할 수 있는 암묵적 합의에 도달했다는 것이 확인된다. 이것은 일본 정부와 중국 정부가 독도의 경우 한국의 실효 지배를, 센카쿠 제도의 경우 일본의 실효 지배를 암묵적으로 용인하고, 혹은 한국과 일본의 실효 지배라는 현상을 변경하고자 하는 실제의 행동을 취하지 않고, 섬을 둘러싼 분쟁이

〈표 2-1〉 2010년 이전, 해양

종류	독도	센카쿠 제도
영유권 문제	한국의 실효 지배 양국, 자국의 고유 영토라고 주장	일본의 실효 지배 양국, 자국의 고유 영토라고 주장
어업 문제	1965년의 한일 舊어업협정으로 공동 규제수역	1975년의 중일 舊어업협정에서는 센카쿠 제도 배제
대륙붕 문제 및 이와 연관된 해양지원 개발문제	동중국해, 1978년 한일대륙붕협정으로 공동 개발방식 합의	일본 주장의 중간선과 중국 주장의 대륙붕 연장론 주장이 대립. 1970년대 이후 공동 개발 논의

동아시아 지역 거버넌스와 초국적 협력: 현대사적 조명

양국 간 관계에 악영향을 미치지 않도록 관리했다는 것을 의미한다. 동시에 분쟁의 섬 주변을 공동수역 혹은 잠정수역으로 설정하여 조화로운 어업 질서를 구축하려 했다. 대륙붕 문제는 경계를 확정하지 않고 해양자원에 대해서는 공동 개발을 시도해 왔다. 즉, 영유권 문제와 연관된 어업 문제와 대륙붕 및 해양자원 이용 문제를 공동 이용에 가까운 방식으로 관리하여, 독도와 센카쿠 제도 문제가 양국 간의 긴장 요인이 되지 않도록 양국이 최대한 자제해 왔다. 이러한 평화적 관리 방식은 비록 '잠정적' 조치에 불과하지만, 영유권 문제와 이해관계의 조정 문제를 분리한 영토분쟁의 관리 방식으로 근대적 의미의 영토분쟁을 상호의존성의 탈근대성으로 풀려고 하는 노력의 일환으로 볼 수 있다.

물론 이러한 평화적 관리 방식이 양국 간 갈등을 완전히 봉쇄하지는 못했다. 특히 1994년 유엔해양법조약이 비준되면서 국제 해양 질서의 변동은 독도와 센카쿠 문제를 둘러싼 갈등을 증폭시켰다. 12해리 전관수역과 대륙붕에 대한 주권적 권리를 200해리 EEZ에 결합한 이 조약으로 기존의 어업협정과 영해 경계 획정 문제는 재구축될 수밖에 없었고, 이러한 국제 해양 질서의 변화를 국내 영해에 내재화하는 과정에서 마찰은 불가피했다.[39]

또한 이러한 갈등은 평화적 관리 방식이 국내적 합의에 이르지 못했다는 것을 반증한다. 자국 고유의 영토임을 주장하며, 어업이나 EEZ 및 해양자원 이용에 있어 배타적 권리를 주장하는 목소리가 주류인 상황에서 평화적 관리 방식은 도전을 받아 왔다. 특히 냉전 붕괴 이후 한국의 민주화, 천안문 사태 이후 중국의 정치 발전, 1992년 정권 교체 등 일본의 정치 변동으로 삼국 모두 국민 여론에 민감해지면서 각국 정부 또한 행동 반경이 좁아져 갈등을 유발하곤 했다.

---

39) 구민교. "지속가능한 동북아시아 해양질서의 모색: 우리나라의 해양정책과 그 정책적 함의를 중심으로." 『국제지역연구』 20-2호, 2011. pp.7-9.

하지만 이러한 갈등이 관리되어 왔다는 것은 '또 하나의 진실'이다. 즉 독도와 센카쿠 문제를 둘러싸고 갈등이 주기적으로 반복된 것은 사실이나, 이를 관리하려는 관계국의 노력으로 갈등이 수습되는 '갈등과 관리의 반복'이 지속적으로 전개되었던 것이다. 다른 각도에서 보자면, 이러한 '갈등과 관리의 반복'은 평화적 관리 방식이 정착되었다는 반증이기도 하다. 만약 평화적 관리 방식이 없었다면, 자국의 고유 영토라며 배타적 권리를 강경하게 주장하는 한중일 삼국은 갈등을 넘어 무력 충돌 심지어 국지적 무력분쟁으로까지 격화되었을 것이 명약관화하기 때문이다.

그런 의미에서 평화적 관리 방식은 완전한 해양 영토분쟁의 '해결'이 아니라 '제도화된 분쟁', '불안전한 평화'가 공존하는 시스템이라고 할 수 있다. 즉 양자 간 관계가 악화되었을 때, 분쟁이 격화될 수 있지만 전쟁과 무력 충돌이라는 극단적 상황이 배제된 일정 범위 내의 갈등인 것이다. 반면 양자 간 관계가 호전되었을 때 해양 영토분쟁은 평화적 상황을 맞이하지만 이 또한 영구적인 것이 아니며 여러 원인으로 분쟁 상황에 빠질 수 있다.

이러한 '평화적 관리 방식'에는 또 한 가지 주목할 점이 존재한다. 즉 한일 간의 제도 설계가 중일 간의 제도 설계에 영향을 미쳤고, 반대의 경우도 나타났다. 예를 들어, 외교 문서상 증명하기 힘든 것이긴 하지만, 1965년 한일 간의 독도 영유권 문제 보류 방식이 1972년 중일 국교 정상화에 일정 정도 영향을 미쳤을 확률이 존재한다. 또한 1965년의 한일어업협정이 1975년의 중일 어업협정과 비슷한 방식을 취했다는 점에서, 상호 영향을 미쳤을 것이라는 게 쉽게 짐작된다. 공동 개발을 규정한 1975년의 한일대륙붕협정을 의식하며 1970년대 후반 중일평화우호조약 체결과 더불어 중일 공동 개발 논의가 중국과 일본 양국에서 대두된 것 또한 좋은 예일 것이다.

이러한 사실들은 국제 해양 질서의 변동에 따라 그 질서를 자국 영해에 내재화하는 과정에서, 어업협정과 대륙붕 경계 획정(그와 연관된 해양자원 개발 문제)에 대한 어떤 국가와의 제도 설계가 정책적 일관성 관점에서 다른 국가와의 교섭에도 그대로 적용되기 때문일 것이다. 이는 국제 해양 질서의 변동이 양자 간 해양 질서를 재편해야 하는 압력으로 작용하고, 여기에서 설계된 제도가 다른 양자 관계에도 적용되면서 다자화되어 간 것이다. 평화적 관리 방식은 이러한 '양자 관계의 다자화' 현상으로 동북아시아 해양 질서 속에 정착되어 갔다.

　동아시아 해양 질서의 또 다른 특징은 리버럴리즘과 리얼리즘의 교묘한 조합으로 이루어졌다는 점이다. 한국과 일본이 독도 영유권에 대해 양면 해석이 가능한 형태로 양립했던 것은 북한, 소련 등 공산주의 위협에 대응하기 위한 양국의 협력을 구축하기 위해서였다. 한일대륙붕협정에 의해 공동 개발에 합의한 것 또한 같은 맥락에 위치해 있다. 중국과 일본 또한 소련의 위협이라는 외생적 변수에 대응하기 위해, 혹은 통상국가 이익 추구를 위해 양자 관계를 우선시했다. 그 과정에서 센카쿠 문제 및 어업 그리고 대륙붕 문제에 대해 타협하였던 것이다. 즉 리얼리즘적 전략성이 리버럴리즘적 제도 설계로 귀결되는 경향을 보였다. '리버럴리즘의 덫에 빠진 리얼리즘'의 양상을 보인 것이다. 하지만 자유주의적 제도 설계는 어디까지나 리얼리즘적 전략성에 제한을 받을 수밖에 없었다. 따라서 공동 이용 혹은 공동 개발이라는 상호 이익 추구는 사실 '단독 개발의 저지'라는 매우 소극적 양태를 띨 수밖에 없었다. 한일대륙붕협정에도 불구하고 일본의 소극적 태도로 공동 개발이 이루어지지 않는 것은 대표적인 예이다. 기실 중국은 한일대륙붕협정이 무효임을 천명하고 있기에 중국과의 관계를 고려했을 때 공동 개발은 허울 좋은 명분에 불과해진 것이다. '리얼리즘의 덫에 빠진 리버럴리즘'의 양상도 존재할 수밖에 없었던 것이다.

관련 연표

시기	내용
1945년 9월 28일	트루먼선언
1946년 1월 29일	맥아더 라인 선포
1952년 1월 18일	이승만 대통령, 평화선 선포
1952년 4월 28일	샌프란시스코강화조약 체결
1955년 4월	중일 제1차 민간어업협정 체결, 1956년과 1957년 연장
1958년 4월	제네바협약 체결
1963년 11월	중일 제2차 민간어업협정 체결
1965년 6월 22일	한일기본조약 체결
1965년 6월 28일	한일어업협정[구(舊)어업협정] 체결. 그 해 12월부터 발효됨 독도는 공동 규제수역으로 편입하게 됨
1968년 6월	ECAFE, 동중국해에 대량으로 석유가 매장됐을 가능성 확인
1969년 4월 1일	한국, 해저광물자원개발법 제정
1969년 11월 21일	미일 정상회담에서 오키나와 반환 합의
1970년 8월 4일	야쓰기, 한일대륙붕 공동 개발 제안
1970년 11월 4일	한일대륙붕 1차 실무자급 예비 교섭
1970년 12월 4일	중국, 센카쿠 영유권 주장
1972년 9월 5일	제6차 한일 정기각료회의 대륙붕 공동 개발 원칙 합의
1972년 9월 29일	중일 공동성명으로 중일 국교 정상화를 선언
1973년 12월	제3차 유엔해양법회의 개시
1974년 1월 30일	한일대륙붕협정 체결
1975년 8월 15일	중일어업협정 체결
1977년 5월	일본은 자국 연안으로부터 200해리까지의 모든 자원에 대해 독점적 권리를 행사할 수 있는 배타적 경제수역(EEZ) 선포
1978년 4월	100척의 중국 어선 센카쿠에서 조업
1978년 8월	일본 우익단체 '일본청년사'가 등대 설치
1978년 8월 12일	중일평화우호조약 체결
1978년	중국, 일본에 동중국해 대륙붕 공동 개발 제안. 1979년 일본 정부 거절
1982년 12월 10일	유엔해양법협약(UNCLOS) 채택

동아시아 지역 거버넌스와 초국적 협력: 현대사적 조명

· 참고문헌 ·

구민교. "지속가능한 동북아시아 해양질서의 모색: 우리나라의 해양정책과 그 정책
　　적 함의를 중심으로." 『국제지역연구』 20-2호, 2011.
구선희. "해방 후 연합국의 독도 영토 처리에 관한 한일 독도연구 쟁점과 향후 전망."
　　『한국사학보』 28호, 2007.
김영수. "한일회담과 독도 영유권: 샌프란시스코강화조약과 한일회담 기본관계조약
　　을 중심으로." 『한국정치학회보』 42집 4호, 2008.
남기정. "한일회담시기 한일 양국의 국제사회 인식: 어업 및 평화선을 둘러싼 국제법
　　논쟁을 중심으로." 『세계정치』 10호, 2008.
모리 카즈코(조진구 옮김). 『중일 관계: 전후에서 신시대로』 리북, 2006.
박진희. 『한일회담: 제1공화국의 대일정책과 한일회담 전개과정』 선인, 2008.
박창건. "국제 해양레짐의 변화에서 한일대륙붕협정의 재조명: 동(북)아시아의 미
　　시-지역주의 관점으로." 『한국정치학회보』 45-1, 2011.
손기섭. "중일 해양영토분쟁." 진창수(편). 『동북아 영토분쟁과 일본의 외교정책』 세
　　종연구소, 2008.
안도 준코. "한일대륙붕협정 연구." 국민대학교 박사논문, 2015.
이석우. 『일본의 영토분쟁과 샌프란시스코평화조약』 인하대학교 출판부, 2003.
이정태. "중일 해양영토분쟁과 중국의 대응." 『대한정치학회보』 13-2호, 2005.
일본 외교문서. 『竹島問題』 File No.910, 1966.
정병준. "한일 독도영유권 논쟁과 미국의 역할." 『역사와 현실』 60호, 2006.
조윤수. "평화선과 한일 어업협상." 『일본연구논총』 28호, 2008.
최희식. "한일회담에서의 독도영유권문제: 한국 외교문서의 분석과 그 현대적 의미."
　　『국가전략』 15-4호, 2009.
한국 외교문서. 『제7차 한일회담 본회의 및 수석대표 회담』 1965A.
한국 외교문서. 『이동원 외무부 장관 일본방문 1965』 1965B.
Zhao li Guo. "Seabed Petroleum in the East China Sea: Geological Prospects
　　and the Search for Cooperation." Woodrow Wilson International Center
　　for Scholars (http://www.wilsoncenter.org/sites/default/files/Asia_

petroleum.pdf), 2005.

李恩民.『日中平和友好条約交渉の政治過程』御茶の水書房, 2005.

服部龍二.『日中国交正常化』中央公論社, 2011.

三好正弘.「日中間の排他的経済水域と大陸棚の問題」栗林忠男.『海の国際秩序
　　　と海洋政策』東信堂, 2006.

石井明他編.『記録と検証: 日中国交正常化・日中友好条約締結交渉』岩波書店,
　　　2003.

原貴美恵.『サンフランシスコ講和條約の盲点: アジア太平洋地域の冷戰と戰後未
　　　解決の諸問題』溪水社, 2005.

片岡千賀之.「日中韓漁業関係史1」『長崎大学水産学部研究報告』87号, 2006.

霞山会編.『日中関係基本資料集一九四九年──一九九七年』霞山会, 1998.

五百旗頭真(編).『戰後日本外交史』有斐閣, 2010.

제3장

동아시아 지역협력의 국제정치적 이해: 초국경 소지역협력 이론화의 과제들

신범식 · 서울대학교

I. 들어가며

동아시아에서 지역협력의 제도화 또는 지역통합은 불가능한 것일까? 동아시아 지역협력 및 통합에 대한 인식적 비관론이나 낙관론 뒤에는 모두 주권원칙에 기반한 근대 국제관계의 조직 원리에 근거한 근대 국가체제의 공고함에 대한 인식과 더불어 여러 어려움에도 불구하고 역내 경제협력을 통한 통합 및 새로운 광역 단위의 형성 그리고 중층적 거버넌스를 구축해 나가고 있는 유럽이 가지는 동아시아 지역과의 이질성에 대한 판단이 자리 잡고 있다. 한편에서는 일종의 근대 체제의 노년기를 보내고 있는 유럽이 동아시아의 미래라는 사고가 있는가 하면, 다른 한편에는 근대의 장년기를 맞고 있는 동아시아의 역내 경제협력과 통합은 요원하며, 특히 국가 간 경쟁을 해결하는 일은 차치하고라도 국가 간 발전 격차와 통합의 기초가 될 공통의 문화적 기반의 부재 등에 근거한 비관론도 존재한다. 전반적으로 동아시아에는 지역협력에 대한 '인식론적 비관주의'가 팽배해 있는 것이 사실이다.

하지만 이 같은 인식론적 비관주의를 그냥 수용하기에 앞서 낮은 수준에서라도 동아시아의 지역협력이 진행되고 있다면 그것을 가능하게 만드는 허용적 조건 또는 촉진 요인이 무엇이고, 그것을 제약하는 요인이 무엇인지 살펴보는 일은 중요하다. 국가 간의 역사 인식 문제나 안보 문제 등과 관련하여 끊임없이 갈등과 반목이 빚어지는 상황과 더불어 동아시아에서는 지속적으로 다양한 소지역협력이 시도되어 왔으며, 경우에 따라서는 적지 않은 성과를 거두고 있다는 평가도 있다.[1] 그간 동북아 지역정치에 대한 연구는 이 같은 역내 소지역협력의 존재에 대하여 충분히 주목하지 못한 것이 사실이고, 그에 대한 이론적 해명도 본격적으로 이루어지지 않고 있다는 점은 반성할 필요가 있다.

동아시아에서 소지역협력의 틀 속에서 지역협력을 촉진하려는 정책적 시도가 있었던 것은 싱가포르의 고촉통 전 총리에 의해서였다. 1989년 당시 싱가포르 고 부총리는 인접한 말레이시아와 인도네시아의 저렴한 노동력과 넓은 토지 및 자원을 싱가포르의 자본력과 연결시키기 위하여 싱가포르와 말레이시아 조호르(Johor Bahru), 인도네시아 리아우 제도(Riau Islands)를 연결하는 '시조리 성장삼각지대(SIJORI Growth Triangle)' 소지역협력틀을 제안하였다. 특히 이 '성장삼각지대'라는 용어는 고 전 총리가 처음 사용한 것으로 알려져 있다. 시조리 성장삼각지대는 1990년대에 소지역협력에 있어서 상당한 경제적 성과를 거둔 것으로 알려지고 있으며, 이 소지역협력 모델의 성공적 결과에 힘입어 성장삼각지대 협력틀은 동남아시아 전역으로 빠르게 확

---

[1] 이 같은 논의에 대해서는 다음과 같은 연구들을 참조해 볼 수 있다. Glenn D. Hook and Ian Kearns (eds.), *Subregionalism and World Order*. Hampshire: Macmillan Press Ltd., 1999.; Yamamoto Yoshinobu(eds.), *Globalsim, Regionalism and Nationalism: Asia in Search of Its Role in the 21th Century*. Oxford: Blackwell Publishers, 1999.; Katsuhiro Sasuga. *Microregionalism and Governance in East Asia*. London: Routledge, 2005.

산되어 아세안(ASEAN) 내에서 다양한 소지역협력의 모델로 자리 잡게 되었다.[2] 현재 아세안 내에는 시조리 성장삼각지대 외에도 북아세안 성장삼각지대(말레이시아 북부−인도네시아 북수마트라−남부 태국), 동아세안 성장삼각지대(필리핀 민다나오, 술루, 팔라완−브루나이−말레이시아 사바, 사라와크, 라부안), 대메콩강 개발협력지대(캄보디아−라오스−베트남−미얀마−태국−중국 등) 등과 같은 다양한 소지역협력들이 중첩적으로 시도되고 있다. 또한 소지역협력의 기제는 아세안을 넘어 동아시아 지역 전체로 확산되었는데, 대중국 소지역협력지구, 남중국 소지역협력지구, 양자강 삼각주 소지역협력지구, 환동해/일본해 소지역협력지구 그리고 두만강 유역 소지역협력지구[3] 등과 같은 다양한 사례에서 발견되고 있을 만큼 적지 않은 시도가 이루어져 왔다.[4]

이처럼 동아시아에서 진행되고 있는 다양한 소지역협력에 대하여 여러 각도에서 조망이 시도되고 있지만,[5] 이 같은 연구들이 보여 주는 사례 탐구의 수준을 넘어 이론적 해명을 시도하는 노력은 여러 가지 이유로 인해 여의치 않았던 것이 사실이다. 따라서 이 글은 동아시아에서 주목할 만한 지역협력의 사례로 다양한 소지역협력에 초점을 맞추어 그것을 가능하게 만든 조건을 살피고, 그 조건들을 바탕으로 동아시아의 지역협력을 촉진시킬 조건이 무엇인지 이론구성(theory-building)의 관점에서 탐구하는 대작업의 일환으로 시도되고 있는 연구라 하겠다.

---

2) Dajin Peng, "Subregional Economic Zones and Integration in East Asia," *Political Science Quarterly*, 117−4, 2002, pp.613−41.

3) 신범식, "북−중−러 접경지대를 둘러싼 초국경 소지역 개발협력과 동북아시아 지역정치," 『국제정치논총』 제53집 3호, 2013.

4) Wang Jen-hwan, "Governance of a Cross-Border Economic Region: Taiwan and Southern China," in Glenn Drover et al.(eds.), *Regionalism and Subregionalism in East Asia: The Dynamics of China*, Nova Science Publishers, 2001, pp.111−28.

5) 김학준(편), 『동아시아 평화와 초국경 협력: 남북한, 중·러 변경지역을 중심으로』 동북아역사재단, 2013.

이를 위하여 이 글은 우선 기존 국제정치이론의 자산들 가운데 동아시아의 낮은 수준의 지역협력, 특히 경제협력에 대해서 설명할 수 있는 이론적 자산이 있는가를 검토할 것이고, 다음으로 이론구성을 위한 소재로서 동아시아에서 진행되고 있는 소지역협력의 현황을 검토하고, 이로부터 제기되는 이론화를 위한 논점을 추출하는 방식으로 논의를 전개할 것이다.

II. 지역협력을 설명하는 국제정치 이론틀

일반적으로 국제적 협력, 특히 국제 경제협력을 설명하는 이론적 틀로는 자유주의 계열의 국제정치이론들이 자주 거론된다. 특히 지역의 협력과 통합을 설명하는 시도는 기능주의(D. Mitrany) 및 신기능주의(E. Haas) 통합이론, 복합적 상호의존론(R. Keohane & J. Nye), 그리고 레짐이론(O. Young)과 자유주의적 제도주의(R. Keohane, S. Krasner) 등으로 불리는 일단의 자유주의적 국제정치이론들에 의해서 주로 이루어져 왔다. 그런데 이들 이론가들이 가지는 다양한 설명틀의 차이에도 불구하고 자유주의 계열의 이론들은 확산(spill-over) 효과에 대한 기대와 하위정치(low politics)의 협력이 상위정치(high politics)의 협력을 이끌고 공고화한다는 설명의 논리적 흐름을 수용하고 유지하려는 공통적 특징을 가지고 있다고 할 수 있다.

한편 자유주의적 패러다임과 틀을 달리하는 이론적 시각들도 존재한다. 단순화의 위험에도 불구하고 요약해 보자면, 유럽 통합을 정부들 사이에서 추동되는 협상을 통한 노력의 결과로 설명하려는 정부 간 협상주의(A. Moravcsik)를 비롯하여 안보 문제 및 패권국 존재 그리고 강대국 관계를 중심으로 하는 국제정치의 틀이 경제적 협력을 규정한다고 보는 패권안정이론(R. Gilpin,

C. Kindleberger 등)과 다양한 현실주의적 시각에 기반한 국제적 또는 경제적 협력을 설명하려는 시도 또한 적지 않은 지지세력을 확보하고 있는 것도 사실이다. 동시에 현실주의 입장에서 국가의 생존 전략으로서 외적 균형 및 내적 균형으로 대별되던 균형 전략을 넘어 새로운 전략으로서 '제도적 균형'(institutional balancing)에 주목하는 논의도 제한적이기는 하나 지역협력의 이유를 설명하려는 시도로 볼 수 있다. 이들은 모두 역내 국가들이 지역협력에 나서는 현실주의적 동기를 설명하는 데 일정한 기여를 하고 있다 할 것이다. 대체로 이 같은 현실주의적 시각들은 자유주의적 시각들이 견지하는 논리와는 반대로 상위정치에서의 변화가 하위정치에서의 협력을 가능하게 만드는 조건이 될 수 있다는 입장을 견지하고 있다 할 것이다.

그러나 이 같은 현실주의적 시각과 자유주의적 시각 중 어느 한 시각에만 의존하는 설명틀은 동아시아의 지역협력을 설명하는 데 분명한 한계를 보이는 것이 사실이다. 더구나 탈냉전 이후에 동아시아 지역에서 관찰되었던 소위 '아시아 패러독스'[6]라 불린 안보와 경제의 협력 경향성의 디커플링 현상은 중대한 이론적 도전으로 인식되었다. 즉 안보적 경쟁성의 강화에도 불구하고 경제적 협력은 지속되거나 발전되는 일견 모순적인 현상의 출현은 자유주의와 현실주의의 한 틀에서만 설명하려는 데 일정한 한계를 드러내었던 것이다. 중국의 부상 이후 급변하는 세계 및 지역 정세 속에서 지역협력을 설명하고 추동하는 요인에 대한 탐구는 이론적이면서 동시에 실천적인 성격을 지닌 과제로 인식되고 있다.

따라서 자유주의적 설명과 현실주의적 설명을 복합적으로 엮어 낼 필요성

---

6) '아시아 패러독스'는 아시아에서 경제적 상호작용이 급속히 증대되고 있음에도 불구하고, 이러한 경제적 상호작용의 증대가 정치적 또는 안보적 협력으로 연결되지 않고 영토분쟁, 세력권 다툼과 같은 경쟁과 갈등적 관계가 동시에 증대되는 현상을 지칭한다. 이 같은 아시아 패러독스는 아시아 지역에서 역내 안보적 및 경제적 협력 기재의 부재 또는 그 출현의 어려움을 설명하는 이유로 자주 언론에 등장하고 있는 것이 사실이다.

에 근거하여 이 같은 이론적 해명을 시도하려는 노력들이 나타나고 있다. 이 같은 노력들 가운데 최근 나이(J. Nye)가 지적하는 바와 같이 복합화된 설명의 필요성을 강조하고 있는 것은 국제정치와 지역정치의 관계 및 지역협력의 이론적 해명을 위해서 시사하는 바가 크다. 그것은 탈냉전 이후 국제정치의 변화를 설명하는데, 세력전이(power transition)와 세력균형(power balance) 그리고 세력분산(power diffusion)을 개념적으로 구분하고, 이 상이한 현상 가운데 어떤 연결고리가 보이는지를 관찰하는 것이 중요하다고 지적한다. 이 같은 시도는 현실주의와 자유주의 중 어떤 한 시각을 채택하는 것이 아니라 그 설명틀이 담아내지 못하는 회색지대 혹은 새로운 협력의 현상들을 설명하려는 시도와 연결될 수 있을 것으로 보인다.

우선, 세력전이(power transition: A. Organski, G. Modelski)와 관련해 협력의 측면을 강조하는 설명 시도를 보자. 주도적 강대국인 미국으로부터 부상하는 강대국인 중국으로의 세력전이가 동아시아 질서 변동의 가장 중요한 축을 이루고 있다는 세력전이론자들의 설명은 동아시아 국제정치를 설명하는 강력한 틀로 자리 잡고 있는 것이 사실이며, 이는 지역정치를 설명하는 중요한 틀임에 틀림없다. 하지만 미-중 간의 세력전이 양상은 전통적인 현실주의 세력전이론이 제시했던 것과는 다소 차이를 보인다는 지적도 존재한다. 즉 전통적인 세력전이론자들이 예측한 바 패권국과 도전국 사이의 최종적 세력전이 전쟁의 필연성을 부정하면서 '평화적 충돌(peaceful clash)'이 가능하다는 수정된 세력전이론과 같은 주장들이 있다. 군사력의 중요성이 여전히 존재하지만 경제적으로 깊이 연루되어 있는 미국과 중국은 깊은 상호의존 관계에 들어가 있고, 기후 변화와 환경 등의 이슈에서는 기후 변화 거버넌스의 개선 등과 같은 거시적 협력의 틀을 구축해 가고 있다. 따라서 군사적 충돌로 생존의 조건이나 상호의존적 경제 관계에서 얻어지는 호혜적인 경제 이익을 완전히 포기하기는 피차 어려운 것이 현실이다. 이런 측면이 동아시아에서 경쟁적 안보 의제가 첨예화되어가는 상황하에서도 경제적 협력을 지속하는 역설적 상황을 설명해 주는 틀로서 세력전이론의 수정은 가능할 수도 있을 것이다. 하지만 한국과 같은 중간국들의 입장에서 볼 때에 미국과 중국의 관리적 경쟁체제하에서 또는 미국과 러시아가 대립하는 구도 아래에서 동아시아 국가들과의 자유로운 경제협력 추구에는 여러 가지 제약과 한계가 노정되고 있는 것도 사실이다.

둘째, 세력균형(power balance)론과 관련하여 협력의 가능성을 강조하는 설명 시도이다. 사실 동아시아에서 미-중 간의 세력전이 못지않게 주목하여야 할 것은 미국과 중국은 물론 러시아와 일본이 '내적 밸런싱'과 '외적 밸런싱' 그리고 '제도적 밸런싱' 전략을 모두 동원하는 균형화 전략을 구사하고 있다는 점이다. 이런 노력이 효과를 거두어 동아시아에서 역내 균형이 달성될 경우 제한적인 범위에서나마 지역 경제협력이 추구될 수 있는 가능성은 커질 수 있다. 이 같은 세력균형의 논리는 강대국 간의 세력균형을 설명하는 데에 적용되는 것이 기본적이다. 특히 지구적 패권을 다투는 미국과 중국이 동아시아의 지역적 정치 구도 속에서 경쟁 구도를 강력하게 형성하는 가운데 양국 중 어느 일방이 한쪽을 완전히 압도하지 못하는 상황이 지속되는 경우에 그 중간에 있는 일본이나 러시아와 같은 강대국들이 어떤 균형자적 역할을 할 것인가와 같은 문제는 매우 중요하다. 동시에 한국과 같은 중견국의 역할과 관련해서도 균형이라는 주제는 재조명될 필요가 있다. 이 같은 세력균형에 대한 다른 측면에서의 접근은 동아시아에서 일본과 러시아 그리고 한국과 같은 소위 '중간국가'라 불릴 수 있는 행위자들 사이의 협력 여하에 따라서 패권국이 이니셔티브를 취하지 않는 지역협력의 기반 혹은 구도가 나타날 수 있다는 논리의 출현을 가능하게 할 수도 있다. 바로 이 같은 사고가 발현되는 지점이 세력균형론적 설명의 다양한 변이가 가능해질 수 있는 부분이다.

한편 '제도적 균형화론7)'은 세력균형론 중에서도 특히 지역협력과 직접적인 연관성을 가진다. 지구적 및 지역적 경쟁을 벌이는 미국과 중국이 지역포괄경제협력체(RCEP), 아태자유무역지대(FTAAP), 환태평양경제협력체(TPP) 등과 같은 지역협력 아키텍처를 설계하는 권력을 경쟁적으로 추구하면서 현실주의가 주목하는 경쟁을 벌이고 있는 것이 사실이지만, 자기편을 모으는 경쟁적 방식으로 제도적 균형화 전략을 추구하는 강대국의 정책이 결과적으로는 지역 경제협력체의 형성을 자극하고 나아가 역내 경제협력 및 지역협력을 촉진하는 결과를 가져올 수 있다는 점에서 동아시아 지역의 경제협력을 설명하는 현실주의적 설명틀이 이로부터 유추될 수도 있을 것이다. 물론 이 때에 대립적인 진영논리가 작동하는 경제블록의 논리를 견제하고 포괄적인 협력체를 구축하는 흐름을 강화해 가는 것이 중요한 과제가 될 것이라는 점은 추가적으로 지적될 필요가 있다.

결국 동아시아 지역질서의 양상은 1990년대에 형성된 미국 주도의 단극적 질서가 점진적으로 이완되면서 단다극적 특성을 보이다가 2010년대에 들어서 양극적 질서의 특징을 띠는 방향으로 변화하고 있으며, 이 같은 지역적 정치 구도의 변화가 지역협력의 동학을 설명하려는 다양한 설명틀을 모색하게 한다고 할 수 있다.

시기적으로 보아 크게 1990년대 미국 중심의 단극적 질서는 지역의 질서와 안정에 긍정적 기대를 제공하였고, 패권 안정론적 전망에 기초하여 역내 다양한 협력 모티브들을 분출시켰다. 동아시아에서 나타났던 다양한 소지역협력의 모티브들은 이 시기 빠른 속도로 현실화되기 시작하였다. 하지만 2000년대 9.11 이후 미국 리더십의 급속한 침식과 중국의 부상 그리고 러시아의 회복은 강대국들 간의 세력균형의 논리를 점차 강화해 나가게 된 배경이 되는데, 이는 안보적 부담을 역내 경제협력을 향한 시도들과 연계시키려는 행

---

7) Kai He, *Institutional Balancing in the Asia Pacific: Economic Interdependence and China's Rise.* Routledge, 2009.

태로 연결되는 양상을 보여 주었다. 그리고 2010년대에 들어서 세계경제 위기 이후 중국의 부상이 가시화되면서 그리고 우크라이나 사태 이후 러시아의 '공세적 방어' 전략이 현실화되면서 동아시아의 지역질서에는 점차 강대국 중심의 세력균형 논리가 강화되었고, 강대국 간 경쟁이 동아시아 역내 경제협력의 한계를 설명하는 주요한 논리 구조의 중심축이 되고 있다.

셋째, 세력분산(power diffusion: J. Nye)의 측면을 발전시켜 설명하려는 시도이다.[8] 전술한 바와 같이 세력전이론이나 세력균형론과 관련된 설명들은 주로 강대국 중심의 설명틀이라는 한계를 가지고 있다. 이 같은 강대국 중심의 설명들은 동아시아 지역협력의 동학을 설명하기에 충분치 않다. 한편 세력분산(power diffusion)은 이런 한계를 극복하는 데에 있어서 일정한 유용성을 가지는 것으로 보이는데, 그것은 크게 두 측면에서 고려해 볼 필요가 있다. 하나는 세력의 위계에서 상부에 위치하지 못한 비강대국들의 활동이 지역질서에 미칠 수 있는 가능성이 커지고 있다는 측면이다. 중견국 한국의 역할 등을 논하는 중견국 외교론 등이 이런 세력분산의 관점에서 더 힘을 얻을 수 있는 설명틀의 대표적인 사례가 될 수 있을 것이다. 또 다른 하나는 도시 간 네트워크에 대한 연구에서 보이듯이 국가 이외의 비국가행위자들과 지방이나 도시와 같은 다양한 수준의 행위자들이 (상대적) 자율성을 가지고 활동할 수 있는 영역과 이슈가 확대되고 있는 측면이다. 바로 이 같은 부분이 동아시아 역내 경제적 협력을 지속하게 만드는 요인에 대한 연구를 좀 더 정교하고 실제적으로 만들 수 있는 지점이 될 수 있다.

특히 소지역협력에 대한 논의는 동아시아의 역내 경제협력을 설명하는 매우 중요한 논리를 구성하고 있다. 소지역협력이란 광역지역 전체의 통합보

---

8) Joseph S. Nye. "The Twenty-First Century Will Not Be a 'Post-American' World." *International Studies Quarterly*. 56, 2012. pp.215-17.; Joseph S. Nye. "The Future of American Power." *Foreign Affairs*. 89-6, 2010. pp.2-12.

다 국가 간 공동 이해관계로 연결되어 있는 특정 지역만을 제한적으로 개방하고 경제적 연결고리를 강화함으로써 상호 이익을 도모하는 상호작용에 초점을 두는 국지적 통합(local integration)의 개발협력 방식을 말한다.[9] 소지역협력의 개념은 역사적으로 새로운 것은 아니다. 전형적인 국민국가의 형태가 형성되기 이전의 전근대 시기에는 다양한 형태의 소지역주의(micro-regionalism)라 불릴 수 있을 법한 유사한 패턴의 지역협력이 다수 존재했던 것이 사실이다. 예를 들면, 19세기 후반 독일의 통일과 그에 따른 근대국가의 건설을 복잡하게 상호 연결된 한자(Hansa)들 간의 경제적 지역화가 정치적 영역으로 파급(spill-over)되면서 이루어진 것으로 보는 견해도 존재한다.[10] 한자동맹체의 발전 이외에도 지중해의 환지중해협력의 다양한 사례들이 동아시아에 적용 가능하다는 주장도 제기되고 있는 현실이다.[11]

소지역협력을 일컫는 용어도 소지역경제지대(subregional economic zones: Peng, 2002), 성장삼각지대(growth triangle: Chen, 2005), 접경지역협력(border-area cooperation: 신범식, 2013), 접경경제지역(cross-border economic regions: Wang, 2001), 소지역주의(microregionalism: Breslin and Hook, 2002) 등으로 다양하게 존재한다. 이러한 소지역협력들은 대부분 경제적 동인에 의해 추동된 것으로 이해되고 있으며, 경제·기능적인 영역의 국지적 통합을 시작으로 거시적 통합으로의 연결 가능성을 도모한다는 점에서 기능주의적 관점과 유사한 접근을 취하고 있다. 하지만 그 지리적 범위가 좀 더 좁은 지역이기에 나타나는 협력의 용이성 및 상대적으로 낮은 안보 비

---

9) 송은희. "아태지역의 성장삼각지대: 소지역주의의 전망." 『국제정치논총』 제36집 1호, 1996. pp. 105-27.

10) Shaun Breslin and Glenn D. Hook(eds.). *Microregionalism and World Order*. Palgrave Macmillan Ltd., 2002. pp.1-22.

11) Francois Gipouloux. *The Asian Mediterranean: Port Cities and Trading Networks in China, Japan and Southeast Asia, 13th-21st Century*. Cheltenham: Edward Elgar Publishing, 2011.

용이 소요될 것이라는 기대 덕분에 더 깊이 있는 협력으로 발전할 가능성이 많다. 따라서 동아시아에서 지역협력을 촉진하는 중요한 추동력으로 주목받고 있다. 이 같은 이유로 소지역협력에 대한 논의는 자유주의 일반을 향한 비판에 대해서 좀 더 내성을 가진 흐름으로 검토될 수 있을 것으로 보인다.

특히 동아시아의 범지역협력이 구상 차원에 머무르고 있는 데 비하여 소지역협력은 행위자의 다양성과 협력 사안이 지니는 실질적 특성으로 인해 일정한 부분과 범위에서 주권 규범과 초국경협력 사이에서 타협이 발생하고 있으며, 이것이 다시 구체적인 역내 협력 기제로 발달해 가고 있다는 것은 주목할 만한 사실이다. 레짐의 형성에 있어서 가장 핵심적인 요건이 반복성과 호혜성에 있다는 점을 고려해 볼 때 이 같은 협력 기제의 발전은 동아시아 지역에서 주권 규범과 지역주의 규범의 충돌을 완화하고 지역통합에 기여할 수 있는 통로로 작용할 수 있을 것이라는 기대를 가능하게 해 준다.

이처럼 동아시아 지역 내 경제협력을 설명하기 위한 다양한 이론적 시도들의 존재가 의미하는 바는 결국 현재 동아시아 경제협력을 설명하기 위해서 현실주의와 자유주의의 일방 논리로만 틀을 짜기는 쉽지 않으며, 자유주의적 현실주의 혹은 현실주의적 자유주의와 같이 수렴적이며 포괄적인 설명틀을 상정할 수밖에 없다는 것이다. 또한 동아시아의 역내 경제협력을 설명하는 복합적인 틀을 구상하기 위한 소재로서 동북아에서 이루어지는 소지역협력에 주목할 필요가 있다는 점이다.

따라서 우리는 동아시아의 새로운 소지역협력의 사례로서 북-중-러 3각 협력에 주목하여 그 협력의 미시적 과정을 이론구성적 목적에 따라 추적해 볼 것이다.

III. 초국경 소지역협력과 동아시아

사실 탈냉전 이후 세계화가 진행되는 가운데 지구적 수준에서 전개되어 온 거시적인 이동과 흐름의 중요성 못지않게 초국경 소지역협력에 대한 관심이 커져 온 것도 사실이다. 이는 탈냉전 이후 국경을 넘는 경제적 상호작용의 흐름이 커지고 새로운 사회적 및 공간적인 결과를 만들게 되면서부터 더욱 강화되고 있다. 이에 따라 '국경/경계 연구(border study)'에 대한 관심이 점증하고 있다.

국경 연구에 따르면 경계는 경관을 만들고 소통과 정착의 패턴 형성 그리고 자원에 대한 접근에 근본적인 영향을 미치는데, 국경을 넘어서는 상호작용의 증대는 새로운 상호작용의 패턴을 형성함으로써 지역성의 변화를 추동하게 된다.[12] 이 같은 과정을 통하여 기존의 경계는 국내적 및 국제적 차원의 영향으로 밀고 당기는 과정을 거치면서 국경에 접한 지역들은 독특한 소지역적 성격과 구조를 가진 '초국경 공간(trans-border space)'을 구성하게 된다. 따라서 탈냉전 이후 지구적 변화를 관찰함에 있어서 주목하여야 할 부분은 지구적, 지역적 및 지방적 수준에서 중층적으로 일어나는 상호작용과 힘의 교차가 탈국경화(de-bordering), 재국경화(re-bordering), 초국경화(trans-bordering)라는 과정을 가져오고, 이는 결국 '초국경 소지역(trans-border subregion)'의 형성으로 귀결되고 있다는 점이다.

초국경 소지역이란 어떻게 정의될 수 있을까? 핸슨(Hansen)은 국경에 대한 인접성에 의하여 경제적 및 사회적 생활이 직접적이고도 중요한 영향을 받게 되는 국가 하위의 지역들을 '접경지역(borderland)'이라 정의한 바 있다.[13] 기존의 국경/경계 연구들을 검토해 본 결과에 따르면, '초국경 소지역'

---

12) Clive H. Schofield(eds.), *Global Boundaries*. New York: Routledge, 1994.
13) Niles Hansen, "Border Region Development and Cooperation: Western Europe and US-

은 ① 연속되거나 인접한 다수의 국경 지방들이 참여하고 상호 연계되면서, ② 다양한 배후지를 가진(혹은 배후지가 없이 그 자체로 기능하는) 도시들의 위계적 연계 또는 클러스터가 형성되고, ③ 지방과 국가는 물론 광역지역 및 지구적 시장에 대한 다양한 수준의 연결고리를 가진 초국적 경제체제를 형성하며, ④ 국가적 또는 초국적 개입을 배제하지 않지만 지방정부 수준에서의 강력한 자율성과 역할이 강화되면서, ⑤ 역사적 연계, 이민의 고리, 인종적 유사성, 하위문화적 정체성 등과 같은 초국경적 연계가 작동하는, 지방(locale) 보다는 넓은 공간적 및 경제적 '단위체'를 지칭하는 것으로 이해할 수 있다.[14]

따라서 초국경 소지역은 다음과 같은 기능적 특성을 가지게 되는데, 우선 초국경 소지역은 근대 국민국가의 엄격한 안과 밖의 구분을 넘어서서 글로벌 경제와 국민국가의 정치 경제를 매개하는 기능을 가지며, 동시에 국민국가와 지방이라는 층위의 사이에 위치하면서 양 수준에서 작동하기 어려운 초국경 사회 및 경제적 상호작용을 활성화하는 통로로 기능할 뿐만 아니라, 이러한 상호작용을 통하여 국경 지방들 사이에서 나타나는 국경 내 및 월경(越境)적인 상호작용의 증대에 따른 기능적 단위를 형성하는 등 다양한 다층적 기능을 수행하게 된다.

두카체크(Duchachek)는 의사소통과 문제 해결을 가능하게 하는 다양한 공식 및 비공식 네트워크의 총체가 국가 하위의 공동체 또는 영토 지역을 양자 나 삼자 수준에서 정책결정과 연관되도록 만들 때에 이를 '초국경 지역주의(transborder regionalism)'라고 설명하였다.[15] 저명한 동아시아 전문가 스

Mexico Borderlands in Comparative Perspective." in Oscar Martinez(eds.). *Across Boundaries: Transborder Interaction in Comparative Perspective*. El Paso: Texas Western Press, 1986. pp.31 -44.

14) Xiangming Chen. *As Borders Bend: Transnational Spaces on the Pacific Rim*. Oxford: Rowman & Littlefield Publishers, 2005. pp.37-8.

15) Ivo D. Duchachek. "International Competence of Subnational Governments: Borderlands and Beyond." in Oscar Martinez. 1986. pp.11-28.

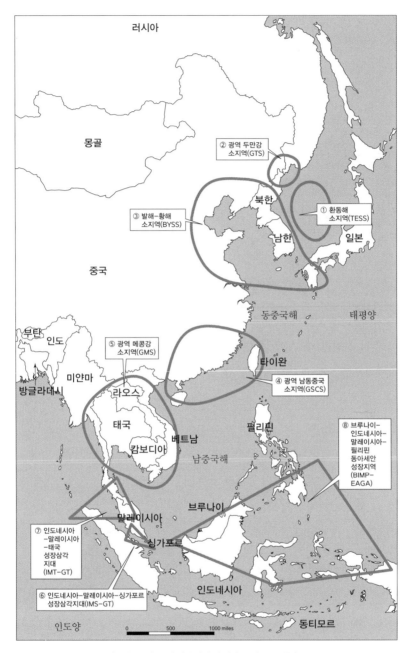

러시아

몽골

② 광역 두만강
소지역(GTS)

북한

③ 발해-황해
소지역(BYSS)

남한

① 환동해
소지역(TESS)

일본

중국

동중국해

태평양

부탄

인도

⑤ 광역 메콩강
소지역(GMS)

미얀마

라오스

타이완

④ 광역 남동중국
소지역(GSCS)

방글라데시

태국

베트남

캄보디아

필리핀

남중국해

⑧ 브루나이-
인도네시아-
말레이시아-
필리핀
동아세안
성장지역
(BIMP-
EAGA)

말레이시아

브루나이

⑦ 인도네시아
-말레이시아
-태국
성장삼각
지대
(IMT-GT)

싱가포르

⑥ 인도네시아-말레이시아-싱가포르
성장삼각지대(IMS-GT)

인도네시아

인도양

0   500   1000 miles

동티모르

⟨그림 3-1⟩ 동아시아에서 발전하고 있는 소지역들

출처: Chen(2005)의 저서 ⟨표 1⟩을 일부 수정함.

동아시아 지역 거버넌스와 초국적 협력: 현대사적 조명

칼라피노(Scalapino)는 생존과 성장을 위해 노력하는 다양한 비정부적 주체들에 의해 자원과 인력, 자본, 기술 및 경영을 결합하여 정치적 경계를 가로질러 작동하는 경제적 단위가 형성될 수 있는데, 이를 '자연경제구역(Natural Economic Territories: NETs)'이라 정의하였고, 동아시아에서 이 NETs가 역내 협력과 통합을 추동하는 중요한 동력이 될 것이라 내다보기도 했다.16) 이 같은 초국경 소지역의 형성이 가져오는 국제정치적 결과는 일국의 정책에 대한 영향과 광역지역에 대한 영향 등으로 나누어 볼 수 있는데, 초국경 소지역과 개별 국민국가 및 중역/광역지역에 대한 관계에 대해서는 후에 다시 살펴보기로 하겠다.

이 같은 개념적 검토를 통하여 이미 동아시아의 경제협력을 촉진하는 기재로 발전해 온 다양한 소지역협력의 동학을 잘 이해할 필요가 있다. 이 같은 초국경 소지역의 형성과 관련하여 동아시아에서는 어떤 실제적 시도가 있어 왔는지 살펴보는 것이 필요하다. 〈그림 3-1〉을 참조하면서 북쪽에서 남쪽으로 이동하며 살펴보자.

첫째, 환동해 소지역(TESS: Trans-East Sea Subregion)이다. 이는 러시아 극동과 한반도의 동해안 지방 그리고 일본의 서해안 지방을 포괄하는 환동해 지역을 포괄하는 범위인데, 이 소지역에서는 항만 네트워크의 구성 가능성이 높아 물류 분야에서의 강점이 부각되고 있다. 특히 러시아 연안을 통과하는 북방 항로의 활성화가 가시화됨에 따라 물류 요충지로서의 강점이 주목되고 있다. 최근 들어서는 관광 및 계절별 노동 이주 등의 흐름이 점차 강화되고 있는 특징이 있다. 현재 도시 간 네트워크가 구성되어 소지역협력을 위한 논의가 진행 중이다.

---

16) Robert A. Scalapino, "Natural Economic Territories in East Asia: Present Trends and Future Prospect," in Korean Economic Institute of America(eds.), *Economic Cooperation and Challenges in the Pacific*, Washington DC: KEIA, 1995, pp.99-109.

둘째, 광역 두만강 소지역(GTS: Greater Tumen subregion)이다. 즉 중국, 북한, 러시아 국경 지역을 연결하는 두만강 유역에 형성되고 있는 소지역이다. 이 지역은 헤이룽장성과 지린성 등 해운 물류의 한계를 가진 중국 동북 지방이 중앙정부의 도움을 얻어 동해로 바닷길을 열기 위한 적극적인 이니셔티브를 취하면서 한층 주목을 받고 있다. 창춘-지린-투먼 개발계획과 같은 시도가 그것이다. 특히 북한의 나진항과 러시아의 자루비노항 등의 개발이 본격화되면서 중국, 러시아, 북한 사이의 협력이 본격적으로 추동되고 있는 소지역으로, 이 지역은 블라디보스토크-청진-옌지(연길)로 연결되는 대(大)삼각 협력지대와 자루비노-나선-훈춘으로 연결되는 소(小)삼각 협력지대가 겹쳐지는 구조를 가지고 있다. 최근 이 소지역에 관심을 가진 한국과 몽골 등이 합세하면서 소지역협력을 위한 협의체 광역두만강개발계획(GTI)을 형성하고 있고, 이를 국제기구화하려는 노력과 함께 점차 광역화된 소지역협력 논의로 진행되고 있다.

셋째, 발해-황해 소지역(BYSS: Bohai/Yellow Sea Subregion)이다. 여기에는 중국의 랴오닝성과 산동 지방, 북경과 텐진 지방, 한국의 서해안 지방, 그리고 일본의 규슈 지방 등이 포함된다. 광역 두만강 소지역(GTS)과 비교해 볼 때 발해-황해 소지역을 구성하는 지방들은 내륙의 교통 연결망이 비교적 잘 발달해 있으며 오직 해상 경계선으로만 나뉘어져 있다는 특징을 지닌다. 하지만 북한의 존재가 소지역협력 활성화에 장애 요인으로 강하게 작용하고 있는 지역이기도 하다. 이 소지역에 북한의 협력을 어떻게 이끌어 낼 것인지가 지역 평화와 안정 그리고 공동 번영을 위한 중요한 도전이 되고 있다. 최근에는 북한이라는 장애 요인을 극복하기 위하여 해륙복합운송체계의 구축을 통한 지역 상호작용의 기반을 구축하려는 노력이 시도되고 있다.

넷째, 광역 남동중국 소지역(GSCS: Greater Southeast China Subregion)이다. 여기에는 중국의 광동성과 복건성 지방을 비롯하여 홍콩과 마카오 지방 그리고 대만이 포함된다. 이 지역은 일찍이 중국이 개혁 개방을 시작하면서 소삼통정책을 통해 교류의 물꼬를 트고 대삼통을 통해 교류의 확대를 성공적으로 진행시킴으로써 대립적이었던 중국과 대만 사이의 양안 관계를 획기적으로 개선하는 계기를 마련한 초국경 소지역의 대표적인 사례이다. 안보상 긴장 관계와 한계를 넘어 경제적 상호작용을 성공적으로 정착시키고 있는 이 소지역은 한반도 주변의 소지역 형성과 관련하여 벤치마킹 사례로 자주 거론되기도 한다. 그런데 이 소지역의 성공에 대해서는 중국 중앙정부의 역할과 지방의 상호작용이 가지는 동학에 대한 연구가 더 필요하다.

다섯째, 광역 메콩강 소지역(GMS: Greater Mekong Subregion)이다. 이는 중국 운남성, 미얀마, 라오스, 태국, 캄보디아와 베트남에 걸쳐 형성되고 있는 소지역으로, 다른 소지역들과 달리 중국 운남성을 제외하면 모두 국민국가들이 참여하는 지역이라는 특징이 있다. 그리고 하천을 공유하는 지역으로서, 하천을 중심으로 교류 협력을 활성화시키는 다양한 프로젝트들이 진행되고 있다.

여섯째, 인도네시아-말레이시아-싱가포르 성장삼각지대(IMS-GT: Indonesia-Malaysia-Singapore growth triangle)이다. 싱가포르를 축으로 말레이시아의 조호르(Johor) 지방과 인도네시아의 리아우(Riau) 지방을 포함하는 소지역으로 역내 허브포트와 배후지의 유기적 관계 속에서 경제 성장의 동력을 창출하고 있다.

일곱째, 인도네시아-말레이시아-태국 성장삼각지대(IMT-GT: Indonesia-Malaysia-Thailand growth triangle)이다. 태국의 14개 지방, 말레이시아의 4개 지방 및 인도네시아 수마트라섬 내 2개 지방을 포함하는 소지역으로, 해양 동남아시아와 대륙 동남아시아를 연결하는 교량 역할을 통해 성장을 추동하고 있다.

여덟째, 브루나이-인도네시아-말레이시아-필리핀 동아세안 성장지역

(BIMP-EAGA: Brunei - Indonesia - Malaysia - Philippines East-ASEAN Growth Area)이다. 이곳은 브루나이의 다루살람(Darussalam) 지방을 비롯해 인도네시아, 말레이시아, 필리핀의 여러 해양 지방들로 구성되어 있는 분산적 소지역으로, 해양 동남아시아의 특징을 결합하여 느슨한 협력의 네트워크를 구축하고 있다.

이같이 다양한 범위와 지역에서 시도되고 있는 각각의 소지역에 대해 많은 연구들이 진행되어 왔으며, 현재도 진행되고 있지만, 이들을 일일이 살피는 것은 본고의 목적과 범위를 넘어서며 지면상 제약으로 인하여 불가능하다. 다만 그간의 연구 성과들이 공통으로 지적하고 있는 동아시아에서 형성되거나 시도되고 있는 소지역협력의 특징을 간략히 살펴보면 다음과 같다.[17]

우선, 중앙정부의 역할과 관련된 흥미로운 점이 있다. 유럽이나 북미의 지역에서 시도된 소지역협력의 경우 지방 및 도시의 역할이 주효했을 것이라는 예상과 달리 중앙정부가 주도하는 통합의 성과가 더 크게 나타난 것으로 보고되고 있다. 하지만 동아시아에서 성장하고 있는 소지역협력에서는 중앙정부보다 소지역(subregion)을 구성하는 다양한 단위의 주체들이 상호작용을 통해 시도한 통합 노력이 더 큰 효과를 거두고 있다. 물론 중앙정부의 역할 없이 이것이 가능하다는 것을 의미하는 것은 아니지만, 적어도 동아시아 지역에서는 국가 전체를 대변하는 중앙정부가 소지역협력의 전면에 나서기보다는 소지역을 구성하는 지방들과 민간의 참여가 훨씬 중요하다는 점은 시사하는 바가 크다. 즉, 동아시아의 지역 형성이라는 과정에서 각국이 전략을 수립할 때 고려해야 할 방향성과 관련하여 중앙정부가 아닌 다양한 주체들의 참여를 어떻게 유도할 것인지가 중요함을 보여 준다.

또한 다른 광역지역에 비하여 동아시아의 소지역협력은 공간적 범위에서

---

17) Xiangming Chen, 2005.

도 좀 더 작은 공간을 중심으로 나타나고 있으며, 그 공식적인 제도화의 정도도 견고하지 않은 가운데 비공식적인 거버넌스가 더 유용하게 작동하고 있다는 특징을 보여 준다. 이 같은 특성은 그 상호작용에 외부 행위자의 참여 가능성을 제약하는 효과를 낼 수도 있지만, 적어도 동아시아에서 소지역협력을 활성화하기 위한 전략을 마련함에 있어서 실제로 그 상호작용을 위한 수요적 압력이 작동하고 있는 범위와 '자연경제구역'의 형성이 가능한 범위를 잘 파악하여 아래로부터의 동력을 잘 이끌어 낼 다양한 주체들의 활동을 독려하고 보장해 주는 정책의 중요성을 강변하고 있는 것으로 보인다.

그리고 동아시아 지역주의에 대한 관찰에서 주목하여야 할 부분은 중앙정부들이 주도하는 국가를 연계하는 기획보다 초국경 소지역협력의 동학이 가져올 것으로 기대되는 지역정치의 변화에 대한 효과가 훨씬 더 중요해지고 있다는 점이다. 물론 중앙정부 간 협상을 통한 국가들의 연계와 협력 구도의 창출 그리고 그 제도화는 광범위하고 급속한 변화를 가능하게 할 수 있다. 하지만 동아시아에서 나타나는 강대국 간의 세력 경쟁과 영토분쟁 가능성의 상존 그리고 최근 들어 고조되고 있는 북핵 문제와 미·일 및 미·중 간 안보적 긴장의 고조는 중앙정부가 주도하는 이 같은 변화에 대한 기대를 요원하게 만들고 있는 것이 사실이다. 따라서 동아시아에서 유의미한 하나의 무대로서 지역을 형성하려는 지역주의 전략은 아래로부터 또는 소지역협력으로부터 시작하여 점차 광역의 국가 간 협력으로 나아가는 것이 더 적절한 방법이라는 주장이 힘을 얻어 가고 있다.

적지 않은 연구들이 중앙정부가 직접 관계하지 않더라도 경제 통합의 실질적 기재인 초국경 소지역 경제협력 지대의 활성화를 통하여 정치적 갈등을 우회한 지역협력과 지역통합을 창출해 낼 수 있으며, 동아시아 광역지역의 통합과 지역 형성에도 긍정적으로 기여할 수 있다고 주장한다. 이러한 주장의 근거로는 다음과 같은 점들을 들 수 있다.

우선, 초국경 소지역협력은 동아시아 지역협력의 장애물 중 하나로 자주 거론되는 각 국가 및 각 지방이 가지고 있는 경제 발전 단계의 차이를 장애물이 아니라 도리어 적극적인 분업적 협력의 조건으로 파악하면서 이를 활용하여 지방 간 경제적 상호 보완성을 높이는 협력이 나타날 수 있기 때문이다.[18]

또한 초국경 소지역협력은 흡수 효과와 전파 효과를 통하여 그 범위를 확산하고 나아가 광역지역의 형성에 긍정적 영향을 미칠 수 있다. '흡수(absorption) 효과'란 경제적으로 더 발전되어 있는 국가 또는 지방의 자본과 기술이 저발전 단계에 처한 국가 또는 지방의 저렴한 노동력 및 자원과 결합되면서 나타나는 경제적 상호작용의 강화 현상을 의미한다. 그리고 '전파(radiation) 효과'란 선진국이 개발하고 축적해 온 기술은 물론 경영기법이나 기업문화 등을 포함하는 포괄적인 경제 행위의 규범 등이 소지역협력에 참여하는 지방이나 국가뿐만 아니라 이들과 지리적으로 인접해 있는 주변의 지방과 국가 등으로 확산되는 것을 말한다. 이 같은 효과들이 작동하면서 초국경 소지역협력이 점차 더 넓은 범위의 광역지역협력을 추동하게 된다는 점은 소지역협력이 어떻게 광역 경제지역의 형성을 촉발하게 되는지 설명하는 중요한 열쇠가 되고 있다.

그리고 이 같은 초국경 소지역협력의 활성화 과정에서 나타나는 행위 주체의 변화에 주목할 필요가 있다. 초국경 소지역협력 과정에서 중요한 역할을 하게 되는 주체는 역시 기업이다. 기업들이 지리적 근접성과 경제적 상호 보완에 근거한 이익의 창출을 기대하면서 적극적인 역할을 맡고 나서는 것이야말로 소지역협력의 가장 기초가 되는 조건이라 할 것이다. 그런데 이처럼 기업의 역할이 강화되면서 경제적 기업이 자발적인 주체가 되고 정부가 이를 지원하는 형태의 상호작용이 추동하는 소지역협력이 진행될 경우 지방이

---

18) Dajin Peng, 2002.

나 도시의 자율성이 증대될 수 있다는 점이 중요하다. 이 같은 도시나 지방정부의 역할이 강화되는 것은 소지역협력의 요체인 지방 간 협력의 핵심적 조건으로 작용하게 되는데, 이는 소지역협력을 안정화하고 성장시키는 지역주의의 형성이나 역내 제도의 형성과 관련되기 때문이다. 소지역협력은 경제적 발전을 기대하는 사적 영역에서 이루어지는 이니셔티브에 지방 및 중앙정부의 지원이 결합되어 나타나는 협력 방식을 발전시킴으로써, 그동안 중앙정부가 주도하여 경제적 성장을 추동해 온 동아시아 각국의 풍토에서 나타나기 어려운 초국적 협력의 새로운 플랫폼을 형성할 수 있으며, 이는 소지역협력으로 인한 플러스섬(plus-sum) 게임의 상호관계 패턴을 발전시킴으로써 소지역주의의 발전을 촉진하고 나아가 이를 제도화하려는 노력의 강화로 연결될 수 있을 것이다.[19]

하지만 이 같은 논의들은 전술한 바와 같이 자유주의적 협력 논의, 특히 신기능주의적 파급 효과에 주목하는 부류에 속하며, 이러한 논의들은 동아시아의 지역협력에서 경제적 협력에 대해 거는 기대를 고조시키고 있는 것이 사실이지만, 주로 경제적 측면을 강조하면서 정치나 안보 그리고 제도적 문제에 대해서 적절한 설명을 제공하고 있다고 보기는 어렵다.[20] 특히 탈냉전 이후에도 동북아시아에서 벌어지고 있는 북한 문제나 시간이 지나도 잦아들 기미가 보이지 않는 중국과 일본의 영토분쟁, 그리고 한국과 일본 사이의 역사 문제 등과 같은 안보와 정치적 변수가 지역협력의 장애가 되고 있는 상황에서, 초국경 소지역협력이 가져올 수 있는 기대이익이 어떻게 이 같은 정치 안보 문제를 극복하려는 국가 전략을 가능하게 하거나 추동하는지를 충분히 설명하고 있다고 보기는 어렵다. 일부 연구에서는 이 같은 소지역협력에서 중

19) 송은희. 1996.
20) 설규상. "동아시아 지역협력의 제도화 연구: 레짐이론적 해석과 전망을 중심으로." 한국외국어대학교 박사학위논문. 한국외국어대학교. 2006.

앙정부의 역할이 숨겨진 형태로 개입하면서 나타나는 '조직된 위선'[21]을 지적하기도 하는데, 경제적 기대이익이 동기가 되어 각국의 다양한 행위자들이 참여하게 되더라도 정치 및 안보적 이익이 개입되면서 소지역협력을 추동하는 다양한 프로젝트들이 지체되거나 지연되는 경우가 많이 생긴다. 한국과 러시아 사이의 나진항 개발 프로젝트 같은 경우가 대표적이다. 두만강개발계획의 성공적 발전을 위해서 필수적인 일본은 중국과의 역사 및 영토분쟁을 이유로 본격적인 참여를 유보하고 있다. 또한 남-북-러 3각협력이나 환동해권 소지역협력과 같이 실질 협력이 이루어지기보다는 다양한 시론적 연구들만 제시되고 있는 수준에서 실질적 진전이 없는 경우도 있다.

이처럼 아직 한계가 명확한 동아시아의 초국경 소지역협력은 그 제약에도 불구하고 이 지역의 지역협력을 위해 여전히 중요한 플랫폼으로 작동할 수 있는 것이 사실이다. 이 같은 노력이 어떤 이론적 및 경험적 협력의 기재를 발전시킴으로써 새로운 단계로 고양될 수 있는지 여부에 그 미래가 달려 있다고 해도 과언은 아니다. 분명한 것은 협력을 추동하는, 결코 약하지 않은 수요적 압력이 존재하고 있으며 그것이 실질적인 움직임으로 발현되고 있다는 것이다. 그러나 이것을 어떻게 이론적으로 정리하고 저항 요인을 우회하거나 극복하는 전략을 개발할 수 있는지 그리고 그것을 제도화할 수 있는지에 대한 명확한 해답을 찾고 있지 못하다. 따라서 동아시사이아의 소지역협력을 설명하는 이론적 시도에서 필수적으로 고려하여야 할 과제는 안보와 경제가 상호 결합되는 양식에 대한 설명을 할 수 있어야 한다는 점이다. 아마 이 과제는 동아시아 소지역협력뿐만 아니라 지역협력 일반에 대하여 높은 함의를 가진다고 볼 수 있을 것이다. 다만 소지역협력의 현황에 대한 검토를 통해 안보와 경제의 결합 방식이 국가 대 국가의 수준에서 파악되는 것과 달리 지방이

---

21) 김미경. "조직된 위선과 동아시아 지역통합: 동아시아 지역통합의 제도적 저발전에 대한 이론적 소고." 『아세아연구』 53-4, 2010.

나 초국경 소지역 수준에서는 다른 방식으로 결합될 수 있는 가능성이 여전히 존재한다는 것이다. 따라서 어떤 조건하에서, 또는 어떤 기재가 작동할 때에 정치·안보적으로 지역협력에 비우호적인 조건에도 불구하고 경제적 협력이 가능하게 되는지를 밝히는 연구가 필요하다. 이 같은 연구가 안보와 경제의 디커플링으로 인한 아시아 패러독스적인 의문점을 푸는 열쇠가 될 수 있을 것이다.

IV. 동아시아 초국경 소지역협력 경험의 이론적 이해

앞에서 지적한 바와 같이 동아시아 초국경 소지역협력이 제기하는 이론적 질문은 크게 두 가지인데, 하나는 안보와 경제가 어떻게 결합되는가의 문제이고 다른 하나는 행위 주체의 주도성에 대한 것이다. 양자는 떨어져 있는 독립적인 문제일 수도 있지만, 상호 연결되어 있는 문제일 가능성도 크다. 특히 중앙정부를 중심으로 한 경우 안보와 경제에서 모두 압도적이며 강한 영향력을 가지는 데 비하여 다른 주체들은 경제 문제에 국한된 제한적 영향력을 가지는 근대 국가체제에서는 더욱 그렇다 할 수 있을 것이다. 따라서 이 고리를 풀기 위하여 중앙정부의 역할과 경제적 상호작용을 두 축으로 단위들 간의 상호작용을 유형화해 볼 필요가 있어 보인다.

동아시아에서 나타나는 소지역협력의 유형을 다른 지역에서 나타난 지역협력의 유형과 비교해 보기 위하여 중앙정부의 역할과 경제적 상호작용의 정도를 두 축으로 하여 유형화해 보면 〈표 3-1〉과 같은 결과를 얻을 수 있다. 중요한 것은 유형이 어떻게 나뉘는가보다 중앙정부가 주도한다고 경제적 통합의 정도가 꼭 높은 것은 아니며, 지방의 다양한 주체들이 주도한다고 경제적 통합의 성과가 낮게 나타나는 것도 아닌 현실이 존재한다는 점이다. 물론 모든 경우에서 공통적으로 나타나는 것은 경제협력과 통합의 제도화를 추동하기 위해서는 중앙정부의 역할이 필수적이라는 것인데, 이것은 근대 국민국가체제의 기본적인 특징일 것이다. 하지만 이러한 근대 국민국가의 특징이 곧 중앙정부가 주도하는 협력의 유형만이 성공적인 경제협력과 지역적 통합을 이룰 수 있다는 것을 의미하지는 않는다는 점에 주목할 필요가 있다.

동아시아 지역협력은 경제적 통합의 제도화 정도가 낮은 것이 사실이다. 하지만 이것이 곧 경제적 상호작용이 미약하다는 것을 반드시 의미하지는 않는다. 이미 살펴본 바와 같이 동아시아에서도 성공적인 소지역협력이 활발히 진행되고 있으며, 이러한 소지역협력이 점차 높은 수준의 경제적 상호작용을 가져오고 제도화를 촉진해 가고 있다는 점에 주목해야 한다. 또한 정부가 주도하는 지역협력의 시도보다 다른 주체들의 노력에 정부가 협력하는 구도로 진행되는 많은 성공적인 사례들이 존재한다는 것이다.

결국 〈표 3-1〉에 나타나고 있듯이, 동아시아 초국경 소지역협력의 요체는 아래로부터의 협력 동인과 실질적인 교류를 추동하는 힘이 이것을 제도적으로 뒷받침하는 위로부터의 노력과 만나서 함께 어울릴 때에 효과적인 지역통합이 가능하다는 것을 보여 주고 있다. 그렇지만 현재 동아시아에서 전개되고 있는 국가 간 안보적 긴장과 강대국 경쟁 구도의 경직성을 고려할 때에 지

〈표 3-1〉 초국적 (소)지역협력의 유형

		거버넌스 유형	
		중앙정부들 간 협력이 주도하는 유형	시장-(지방·중앙)정부 간 상호작용이 주도하는 유형
경제 통합 정도	강함	무역연합, 정치연합 (NAFTA, EU)	초국경 소지역 ④, ⑤, ⑥
	약함	느슨한 국가 간 연대 (서아프리카경제공동체, 영연방)	초국경 소지역 ①, ②, ③, ⑦, ⑧

역협력은 작은 범위에서 그리고 아래로부터 추동되는 것이 적절하다는 점은 자유주의적 확산 효과를 따르지 않더라도 경험적으로 드러난다는 것을 다시 강조할 필요가 있어 보인다. 왜냐하면 강대국이 주도하는 환태평양경제공동체(TPP)나 포괄지역경제공동체(RCEP) 등과 같은 광역지역협력체는 결국 강대국 간 대립의 구도 속에서 진행될 수밖에 없기 때문이다. 하지만 아래로부터의 협력 모티브를 견지하는 초국경 소지역협력은 이 같은 경쟁에서 상대적으로 자유로울 수 있다는 장점을 가진다는 점은 부인할 수 없다.

따라서 한반도를 둘러싼 동북아의 협력을 창출해 내기 위하여 ① TESS, ② GTS, ③ BYSS와 같은 소지역협력의 활성화에 노력을 기울일 필요가 있다. 여러 조건의 차이에도 불구하고 ④ GSCS와 같이 중국 동남부 지방과 대만 등이 만들어 낸 소지역협력의 성과는 한반도 주변의 소지역협력에 대해 시사하는 바가 크다. ④ GSCS의 초국경 소지역협력은 양안 관계의 긴장을 풀어낸 기제로 평가될 수 있으며, 금문-하문의 소지역을 중심으로 하는 양안 간 대립 구도의 극복 과정에서 대만-광동성-복건성으로 연결되는 초국경 소지역의 형성과 경제적 교류의 활성화는 결정적인 역할을 한 것으로 평가되고 있다.

그렇다면 소지역협력과 광역지역협력은 상호작용과 무관하게 두 개의 다른 차원에서 진행되는 움직임인지, 이들 간극을 연결하면서 상호 긍정적인 지역협력의 상승 작용을 창출할 수 있는 방법은 없는 것인지 자연스레 의문이 제기될 수 있을 것이다. 이에 대한 다양한 방안들 가운데 이 글에서는 소다자주의에 주목할 필요가 있다는 점을 강조하고자 한다. 특히 한반도 문제를 풀기 위한 노력과 관련해서도 소다자주의는 당사자주의적 해법(남북 관계의 개선과 돌파구 마련)과 국제주의적 접근(6자회담 등과 같은 국제적 협력 구도의 창출 등) 등과 비견될 수 있는, 아니 어쩌면 북한의 핵 문제로 막다른 골목에 놓여 있는 동북아에서는 더 유용한 해법으로 주목해 볼 필요가 있어 보인다. 특히 초국경 소지역협력을 활용하여 소다자주의를 활성화하는 전략은 아직까지 충분한 검토와 시도가 이루어지지 않은 분야로 주목할 필요가 있다.

물론 이를 통해 안보적 해법으로부터 경제협력의 문제를 풀어가는 돌파구가 마련될 수도 있다. 하지만 이는 안보에 대한 경제협력 의존성이란 조건하에서 진행되는 한계를 여전히 가질 것이며, 경제적 협력이 가지는 안정성을 확보하는 데 한계를 드러낼 수 있는 지역정치적 구조로부터 자유로울 수 없을 것이다. 그리고 안보적 한계를 넘어서는 전반적인 지역정치의 협력 구도 창출은 지역주의의 안정적인 기반이 될 수 있기에 소다자주의가 동북아 지역 정치의 안정과 예측 가능성을 높일 수 있는 기재로서 지니는 가치를 재평가하고, 그에 근거한 정책적 지향을 강화해 나가는 방안을 모색해 볼 필요가 있어 보인다.

V. 나가며

이상의 검토를 통하여 동아시아 초국경 협력 구상은 현실로서뿐만 아니라 우리의 인식론 속에 자리 잡고 있는 방법론적 국가주의에 대한 비판에 근거해 발전될 필요가 있어 보인다는 점을 확인해 볼 수 있었다. 방법론적 국가주의란 근대 국민국가의 형성 발전과 더불어 함께 성장해 온 근대 학문체계에서 가장 중요한 분석의 단위를 자연스럽게 국민국가로 가정하는 학술적 관습을 일컫는다. 애그뉴(J. Agnew)는 이 같은 방법론적 국가주의를 '영토의 덫(Territorial Trap)'으로 표현하면서, 방법론적 국가주의가 명확한 경계의 설정과 영토성의 강화라는 언술을 통하여 국가의 안과 밖을 엄격하게 구별하고 영토 공간만이 거의 유일하게 근대적, 사회 경제적 상호작용을 담아낼 수 있는 그릇으로서 학술 연구의 범위를 한정하게 된 오류를 저질렀다고 지적한

바 있다.[22] 이러한 방법론적 인식은 근대 국민국가의 발전에 따른 통합성 및 주권 개념의 강화에 따른 사회과학 인식의 고정화를 가져왔으며, 방법론적 국가주의, 방법론적 영토주의가 더욱 강화되고 국가영토라는 공간의 물신화와 그로부터 야기되는 제약으로서의 영토의 덫에 빠지게 만들었다는 것이다.

하지만 국제정치학계의 일각에서는 세계화 이후 제기되는 도전에 대응하여 방법론적 다층주의를 시험해 오고 있다. 일찍이 국가의 외교정책 결정 과정에서 분석 수준을 개인-역할-사회-국가-국제체제와 같이 다층적으로 설정할 수 있다는 인식으로부터 시작하여, 국가의 안과 밖에 연결되는 고리로서 마이크로(micro)지역, 소지역, 중역(meso)지역, 광역(macro)지역 등을 설정하려는 세계 지역에 대한 다양한 정책적 연구 노력 등이 있어 왔다. 하지만 이 같은 단순한 위계적 중층성의 설정이 방법론적 국가주의의 한계를 극복하는 대안이 되기는 어렵다. 도리어 공간의 조직원리(ordering principle), 세계 지역 설정의 정책과학적 성격, 초국경적 현상 및 층위 간의 상호작용에 대한 연구의 한계 등과 같은 문제들은 여전히 남아 있다.

이 같은 문제의 해법을 위해서 국가와 공간의 문제를 제기한 브레너(N. Brenner) 등의 비판지정학적 논의에 대해서도 귀를 기울일 필요가 있다. 방법론적 국가주의가 국민국가의 공간과 영토성은 변하지 않는다는 믿음을 넘어 영토성은 변화할 수 있으며 국가의 영토성이라는 이름으로 정당화되고 있는 탈공간화나 화석화된 역사주의를 극복하려는 시도가 절실한 상황이다.[23]

그런 의미에서 영역적 특성으로서 국민국가의 영토성은 이 같은 다층적인

---

22) John A. Agnew. "The Territorial Trap: The Geographical Assumptions of International Relations Theory." *Review of International Political Economy*. 1, 1994. pp.53-80.

23) 이와 관련해서는 소자(E. Soja)의 공간과 비판사회이론에 대한 논의를 참조할 필요가 있다. Edward Soja. "Postmodern Geographies: The Reassertion of Space in Critical Social Theory." Verso, 1989. 또한 방법론적 다층주의의 논의를 발전시키기 위해서는 Jessop, Brenner, Jones 등의 논의도 유용하다. Jessop, B., N. Brenner, et al., "Theorizing Sociospatial Relations." *Environment and Planning D: Society and Space*. 26-3, 2008. pp.389-401.

단위 형성의 한 예로 파악되어야 하며, 이 같은 견지에서 중앙정부에 대한 역할과 소지역협력의 활성화를 인식하는 틀이 필요한 것이다. 특히 최근 들어 글로벌 밸류체인의 등장, 이민이나 난민 문제의 지역화, 수자원 분쟁이나 월경성 오염물질의 이동 등과 같은 초국경 환경문제의 중요성 대두 등은 다양한 형태로 발현되는 초국경성, 연결성, 이동성의 주제를 부각하고 있는 것이 현실이다. 동시에 이슈들 사이의 경계가 허물어지면서 학제적이며 다층적인 연구에 대한 요청이 점점 커지고 있다.

따라서 동아시아의 초국경 소지역협력에 대한 이해는 단순히 소지역협력에 대한 논의로 치부되기보다는 오늘날 국제정치/세계정치가 직면하고 있는 이론화의 도전에 핵심적인 질문으로 인식하고 접근할 필요가 있다. 결국 다양한 물리적 공간에 어떤 권력관계가 담기고, 그 상호작용의 의미를 규정하는 담론이 어떻게 형성되고 있으며, 그러한 권력적 상호작용과 담론의 조응이 지속적인 현실로 경험될 경우 그것은 새로운 단위성의 형성과 연관된다는 비판지정학적 지적은 소지역 연구를 이론화하기 위해 귀담아 들을 만하다. 그런 의미에서 근대적 영역성으로서 국민국가의 영토성은 이 같은 단위/지역 형성의 한 예로 파악되어야 할 필요가 있다. 그리고 이러한 유연한 방법론적 중층주의는 이 글에서 다룬 초국경 소지역협력의 문제뿐만 아니라 새로운 지구화의 도전에 대한 대응으로 다층성, 연계성, 이동성을 고려한 탈영토화 및 재영토화 과정을 포괄하는 지역 인식을 확립해 나가는 기초가 될 수 있을 것이다.

요컨대 동아시아 내 경제협력을 설명하기 위해서는 다음과 같은 다층적 과정에 주목하여야 한다. 우선 거시적 구조 변동으로서 탈냉전 조건하에서 미－중 세력전이의 문제가 주는 제약과 기회이다. 그리고 이 구조적 측면에 대한 지역 국가들의 대응이 만들어 내는 지역정치의 동학에 대한 이해가 중요하다. 또한 이러한 지역정치의 구조 속에서 국가 하위 행위자들이 활성화되면서 자연적 경제지역이 함께 활성화되는 과정에 대한 이해가 필요하다. 정치 안보적 의제와 경제적 요청이 서로 얽히면서 나타나는 안보와 경제의 혼합(nexus) 상황이 국가의 전략과 행동을 변화시키는 과정이다. 이러한 복합적 이해 속에서 동아시아 경제협력의 틀을 이해하고 설명하고 대응책을 마련하는 사고 구조의 전환이 요청된다.

· 참고문헌 ·

김미경. "조직된 위선과 동아시아 지역통합: 동아시아 지역통합의 제도적 저발전에 대한 이론적 소고." 『아세아연구』 53-4, 2010.

김학준(편). 『동아시아 평화와 초국경 협력: 남북한, 중·러 변경지역을 중심으로』 동북아역사재단, 2013.

설규상. "동아시아 지역협력의 제도화 연구: 레짐이론적 해석과 전망을 중심으로." 한국외국어대학교 박사학위논문, 2006.

송은희. "아태지역의 성장삼각지대: 소지역주의의 전망." 『국제정치논총』 제36집 1호, 1996.

신범식. "북-중-러 접경지대를 둘러싼 초국경 소지역 개발협력과 동북아시아 지역정치." 『국제정치논총』 제53집 3호, 2013.

Chen, Xiangming. *As Borders Bend: Transnational Spaces on the Pacific Rim.* Oxford: Rowman & Littlefield Publishers, 2005.

Peng, Dajin. "Subregional Economic Zones and Integration in East Asia." *Political Science Quarterly.* 117-4, 2002.

Agnew, John A. "The Territorial Trap: The Geographical Assumptions of International Relations Theory." *Review of International Political Economy* 1. 1994.

Breslin, Shaun and Glenn D. Hook(eds.). *Microregionalism and World Order.* Palgrave Macmillan Ltd., 2002.

Duchachek, Ivo D. "International Competence of Subnational Governments: Borderlands and Beyond." in Oscar Martinez(eds.). *Across Boundaries: Transborder Interaction in Comparative Perspective.* El Paso: Texas Western Press, 1986.

Gipouloux, Francois. *The Asian Mediterranean: Port Cities and Trading Vetworks in China, Japan and Southeast Asia, 13th-21st Century.* Cheltenham: Edward Elgar Publishing, 2011.

Hansen, Niles. "Border Region Development and Cooperation: Western Europe and US-Mexico Borderlands in Comparative Perspective." in Oscar Martinez(eds.). *Across Boundaries: Transborder Interaction in Comparative Perspective*. El Paso: Texas Western Press, 1986.

He, Kai. *Institutional Balancing in the Asia Pacific: Economic Interdependence and China's Rise*. Routledge, 2009.

Hook, Glenn D. and Ian Kearns(eds.). *Subregionalism and World Order*. Hampshire: Macmillan Press, Ltd., 1999.

Jessop, B., N. Brenner, et al. "Theorizing Sociospatial Relations." *Environment and Planning D: Society and Space*. 26-3, 2008.

Nye, Joseph S. "The Future of American Power." *Foreign Affairs*. 89-6, 2010.

Nye, Joseph S. "The Twenty-First Century Will Not Be a 'Post-American' World." *International Studies Quarterly*. 56, 2012.

Sasuga, Katsuhiro. *Microregionalism and Governance in East Asia*. London: Routledge, 2005.

Scalapino, Robert A. "Natural Economic Territories in East Asia: Present Trends and Future Prospect." in Korean Economic Institute of America(eds.). *Economic Cooperation and Challenges in the Pacific*. Washington DC, 1995.

Schofield, Clive H.(eds.). *Global Boundaries*. New York: Routledge, 1994.

Soja, Edward. *Postmodern Geographies: The Reassertion of Space in Critical Social Theory*. Verso, 1989.

Wang, Jen-hwan. "Governance of a Cross-Border Economic Region: Taiwan and Southern China." in Glenn Drover et al.(eds.). *Regionalism and Subregionalism in East Asia: The Dynamics of China*. Nova Science Publishers, 2001.

Yoshinobu, Yamamoto.(eds.). *Globalsim, Regionalism and Nationalism: Asia in Search of Its Role in the 21th Century*. Oxford: Blackwell Publishers, 1999.

제4장

중국의 사회조직 정책 전환: 국가-사회 관계와 동아시아 지역협력에 대한 함의

조형진 · 인천대학교

I. 들어가며

　권위주의 국가에서 선거의 확대와 시민사회의 성장이 전통적인 민주화 이론이 주장하듯이 민주주의로의 체제 전환을 가져오기보다는 제도적 적응, 정책 조정, 대내외적 학습 등을 통해 오히려 권위주의의 안정성, 정당성, 복원력을 강화한다는 주장은 더 이상 새롭지 않다.[1]

　스볼릭(Milan W. Svolik)의 비민주주의 체제에 대한 설명에 따르면, 통치 엘리트 간의 권력 분할 과정에서 엘리트 집단 내부의 갈등과 투쟁을 막기 위

---

1) Andrew J. Nathan, "Authoritarian Resilience," *Journal of Democracy*, 14-1, 2003, pp.6-17.; Andreas Schedler(ed.), *Electoral Authoritarianism: The Dynamics of Unfree Competition*, Boulder: Lynne Rienner, 2006.; Jason Brownlee, *Authoritarianism in an Age of Democratization*, Cambridge University Press., 2007.; Jennifer Gandhi, *Political Institutions under Dictatorship*, Cambridge University Press, 2008.; Steven Levitsky and Lucan A. Way, *Competitive Authoritarianism: Hybrid Regimes after the Cold War*, Cambridge University Press, 2010.

해서는 독재 체제도 안정적인 제도가 필요하며, 최소한 집권세력에 대해서는 억압적인 정책이 아니라 반응적(responsive)인 정책을 시행해야만 한다. 사회에 대한 정책 실패는 권력 분할에서도 문제를 발생시킬 수 있으며, 손쉬운 통제 방법으로 집권세력이 군대를 동원할 경우 오히려 군대가 잠재적 위협이 될 수 있다. 따라서 체제의 안정을 유지하면서도 사회의 요구를 포용하고 대중을 포섭할 수 있는 민주적 제도를 통제에 활용할 필요가 있다. 체제 유지의 핵심 과제인 엘리트 간의 권력 분할과 사회에 대한 통제가 긴밀히 연결되어 있고 민주적 제도가 독재 체제의 근본적인 문제를 극복하기 위해 활용될 수 있다는 것이다. 따라서 권위주의 체제에서 민주적 제도는 민주화가 아니라 체제의 안정과 유지를 위해 활용될 수 있으며, 오히려 생존의 필수 요소일 수 있다. 이러한 논리는 일인 지배가 확고한 독재 체제보다는 복수 엘리트 간의 견제와 축출이 작동하는 경쟁적 독재(contested autocracy) 체제에서 잘 작동할 수밖에 없다.[2]

중국은 권위주의 체제의 안정과 번영을 위해 민주적 제도를 활용한 가장 대표적이고 성공적인 사례이다.[3] 임기와 정년을 통한 권력집단의 정기적 교체로 대표되는 이른바 당내민주(黨內民主)[4]는 경쟁적 독재 체제하에서 엘리트 간 권력 분할의 모범적 사례를 보여 준다. 통제의 측면에서도 중국은 억압, 회유, 포섭 등을 통해 국가-사회 관계를 비교적 안정적으로 유지해 왔다.[5] 최

2) Milan W. Svolik. *The Politics of Authoritarian Rule*. Cambridge University Press, 2012.
3) Nathan. 2003.; Jessica C. Teets. *Civil Society under Authoritarianism: The China Model*. Cambridge University Press, 2014.; Wenfang Tang. *Populist Authoritarianism: Chinese Political Culture and Regime Sustainability*. Oxford University Press, 2016.; Bruce Dickson. *The Dictator's Dilemma: The Chinese Communist Party's Strategy for Survival*. Oxford University Press, 2016.; Jonathan R. Stromseth, Edmund J. Malesky, and Dimitar D. Gueorguiev. *China's Governance Puzzle: Enabling Transparency and Participation in a Single-Party State*. Cambridge University Press, 2017.
4) 조영남·안치영·구자선. 『중국의 민주주의: 공산당의 당내민주 연구』 나남, 2011.
5) Teresa Wright. *Accepting Authoritarianism: State-society Relations in China's Reform Era*. Stanford University Press, 2010.; Dickson, 2016.

근에는 정부 공개를 활성화하고 시민이 의견을 개진할 수 있는 기회를 늘리고 있다. 중국 정치를 규정하는 협상 권위주의(consultative authoritarianism), 심의 권위주의(deliberative authoritarianism) 등 형용모순처럼 보이는 단어들이 이러한 점을 잘 보여 준다.[6] 특히 사회조직은 국가와 사회의 중재자로서 국가–사회 관계와 시민사회를 평가하는 가장 중요한 변수이자 비민주 체제의 민주주의로의 전환에서 핵심 행위자로 인식된다. 그러나 중국은 개혁·개방 이후 사회조직의 폭증에도 불구하고 안정적인 국가–사회 관계를 유지하고 있다.

중국에서 인권, 정치적 자유 등과 관련된 조직들은 지속적인 탄압을 받았다. 그러나 전체 사회조직의 수량은 꾸준히 증가했으며 시진핑 집권 이후에도 이러한 추세는 계속되고 있다. 또한 후진타오 집권 후반기부터 조화사회(和諧社會), 사회건설(社會建設), 그리고 거버넌스로 번역되는 치리(治理) 등이 핵심적인 정책으로 본격 등장했다. 이러한 정책들은 공산당과 중앙정부의 형식적인 수사에 그치지 않고 지방에서 다양한 실험을 통해 시행되었으며, 이들 중에는 사회조직에 대한 전향적 조치가 포함된 것들도 많았다. 이로 인해 중국 정부의 사회조직 정책, 사회조직의 전망 나아가 시민사회와 국가–사회 관계에 대한 비관과 낙관이 교차했다. 권위주의 체제가 민주적 제도를 활용하더라도 구체적인 방식과 민주적 요소의 수용 정도는 다양할 수 있기 때문에 이러한 혼란이 발생할 수밖에 없을 것이다.

2017년 19차 당대회를 앞두고 중국 공산당의 고위급 인사 개편과 시진핑의 개인 권력 강화에 이목이 집중되면서 상대적으로 관심을 못 받았지만, 중국

---

6) Ethan Ethan and Baogang He(eds.), *The Search for Deliberative Democracy in China*, Palgrave Macmillan, 2006.; Baogang He and Stig Thøgersen, "Giving the People a Voice? Experiments with Consultative Authoritarian Institutions in China," *Journal of Contemporary China*, 19–66, 2010, pp.675–692.; Rory Truex, "Consultative Authoritarianism and Its Limits," *Comparative Political Studies*, 50–3, 2014, pp.329–361.

은 2016년 사회조직과 관련된 법률을 제정하고 개정안을 잇달아 내 놓았다. 또한 당정이 공동으로 사회조직에 대한 포괄적인 지침을 담은 문건을 발표하고 관련 정부 부처가 시행지침들을 하달했다. 공식적이고 제도화된 형태로 사회조직에 대한 방침과 정책이 확립된 것이다.

본 연구는 2016년에 쏟아진 정책들을 통해 그동안 양면적인 성격을 모두 가지고 있던 중국의 사회조직에 대한 정책 방향이 뚜렷하게 정립되었다고 평가한다. 이런 이유로 법률 제·개정을 중심으로 2016년에 공식화, 제도화된 사회조직 관련 정책들을 분석하고 나아가 이것이 중국의 국가-사회 관계, 동아시아 지역협력에 갖는 함의를 살펴볼 것이다.

이를 위해 우선 공산당 창당 시기부터 현재까지 중국의 사회조직 정책을 살펴본다. 특히 후진타오 집권 후반기부터 현재까지 지속되는 사회조직 정책의 전환을 유형화하고 이를 한국, 일본의 사회조직과 비교한다. 다음으로 이러한 유형화를 통해 2016년에 연이어 발표된 사회조직 관련 정책들의 핵심 내용을 분석할 것이다. 마지막으로 이것이 중국의 사회조직 정책과 국가-사회 관계, 그리고 동아시아 비정부기구 간의 교류 협력에 대해 갖는 함의를 도출한다.

아울러 본 연구는 비정부기구(NGO), 비영리기구(NPO), 제3부문(the third sector), 민간 조직 등 다양한 용어로 표현되는 국가와 시장 밖의, 사회의 조직된 행위자들을 '사회조직(社會組織)'이라고 지칭한다. 사회조직의 분류도 사회단체(社會團體), 기금회(基金會) 그리고 이전의 명칭으로는 민간 운영 비기업단위(民辦非企業單位)인 사회복무기구(社會服務機構)로 지칭한다. 이후 본문에서 상술하듯이 2016년 중국이 공식 용어를 일부 변경했기 때문이다. 공식적인 법률, 문건 등을 지칭하거나 논의상 필요한 경우를 제외하고는 새로운 명칭을 사용할 것이다. 또한 이는 본 연구가 중국의 법률로서 인정된 조직과 이와 관련된 정책을 중심으로 전개된다는 의미이다. 중국이 국가의 방침과 정책에 대한 사회의 자율성과 저항이 거의 봉쇄된 권위주의 국가라는 현실을 반영한 점도 있지만 2016년의 공식적, 제도적 정책에 대한 분석으로 논의를 한정하기 위해서이다.

II. 중국의 사회조직 정책

본 절에서는 중국의 사회조직 정책을 역사적으로 서술한다. 개혁·개방 이후 사회조직에 대해서는 많은 선행 연구들이 존재하므로 논의를 위해 필요한 사안을 위주로 간단히 서술할 것이다. 특히 본 연구는 시기를 앞당겨 공산당 창당기부터 공산당과 사회조직의 역사를 서술한다. 이는 대부분의 연구들이 개혁·개방 이후부터 사회조직을 서술하기 때문이기도 하지만 현재에도 지속되는 중국의 사회조직 정책이 갖는 근본적 문제가 이 시기부터 연원하기 때문이다.

1. 중국 공산당 창당부터 중화인민공화국 건국 이전까지

중화인민공화국 건국 이전의 혁명정당 시기 중국 공산당은 사회의 각종 단체들을 혁명적으로 영도한다는 방침을 가지고 있었지만, 실질적인 권력을 가지지 못한 비제도권 정당(體制外政黨)으로서 이는 선언적인 표어일 따름이었다. 현재 중국 공산당과 이들 사회단체들의 당시 관계를 지칭하는 '공생형 영도관계(共生型領導關係)'라는 용어에서 보듯이 공산당은 당 우위의 위계적 질서를 형성할 권력과 역량을 가지지 못했다. 혁명이라는 목표를 달성하기 위해 노동조합, 농민협회 등의 사회조직을 자체적으로 만들기 위해 부단히 노력했으나, 오히려 사회 역량을 담지하고 있던 기존 사회조직들에 공산당이 의존해야만 하는 경우가 많았다.[7]

더구나 초기 중국 공산당은 코민테른의 지도를 받는 하부 사회주의 정당으로서 독자적인 이론과 전략을 수립하지 못하고 당장 독자적으로 혁명을 추동하려는 '좌익적' 경향과 기존의 사회구조에 순응하는 '우익적' 경향이 번갈아 발생했다. 이러한 혼란은 사회조직과의 관계에서도 마찬가지였다. 제1차 국공합작(1924~1927년) 시기 북벌(北伐)에 성공하면서 공산당원들이 행정수반이나 관료를 맡는 지역이 생겨났다. 이 시기 공산당은 국민당에 비교될 수 없는 조그마한 세력이었다. 제1차 국공합작은 국민당을 중심으로 국민당에 소속된 공산당원을 비롯하여 군벌들을 쳐부수고 국민혁명을 완수해야 한다는 대의에 동의한 여러 사회조직들이 참여한 것이었다. 천두슈(陳獨秀)를 필두로 한 공산당 지도부는 중국의 사회 발전 단계가 아직 사회주의를 시작할 시기가 아니라고 판단했다. 이런 정세 판단하에 공산당원은 '성정부 참가를 쟁취해야 한다(應爭取參加個省政府).'라고 하면서 국민당은 물론, 북벌에 참여한 사회조직들과 함께 새로운 제도 권력에 참여할 것을 결정했다.[8] 이러한 판단으로 자체 무장을 부정한 결과 장제스를 중심으로 우익화된 국민당이 손쉽게 공산당을 제압할 수 있었다. 제1차 국공합작의 붕괴 이후에는 이에 대한 반작용으로 공산당은 도시 지역 무장봉기를 통해 당장 혁명을 일으키려는 리리싼(李立三)의 극좌 모험주의로 다시 타격을 입게 되었다. 이어서 당권을 잡게 된 왕밍(王明)은 적색 노동조합(赤色工會)을 설립하여 어용 황색 노동조합(黃色工會)을 공격하고 합법 투쟁을 인정하지 않는 '좌경' 노선으로 기존 사회조직과의 연대를 경시했다. 이처럼 초기 중국 공산당의 사회조직에 대한

---

7) 閆東, 『中國共産黨與民間組織關係研究』中央翻譯出版社, 2011. pp.41-44.
8) 中共中央黨史研究室, 『中國共産黨歷史: 第一卷(1921-1949)上冊』中共黨史出版社, 2002. pp.198-200.

노선은 주요하게는 공산당 자체의 역량 부족으로 제대로 정립되지 못했다.

1935년 쭌이회의(遵義會議)를 통해 마오쩌둥이 당내 영도자 지위를 확보하여 군중노선과 통일전선을 강조하면서 공산당과 사회조직의 관계도 변화하게 되었다. 중국 공산당은 노동자, 농민, 학생 등으로 구성된 사회조직에 적극 참여하고 황색 노동소합처럼 낭의 이념과 맞지 않는 조직에도 진입하여 해당 조직에서 영도적 위치를 차지하기 위해 노력하는 전형적인 통일전선의 전략을 수립하게 되었다.9) 그러나 당 조직을 지나치게 강조함으로써 사회조직과 당을 구분할 수 없게 되어버렸다. 당과 인민이 구분되지 않고 당의 독단주의(包辦主義)와 획일화(淸一色)가 발생한 것이다. 독립성을 잃은 사회조직들은 당 조직과 동일한 집단이 되어 자신의 고유한 기능을 수행할 수 없게 되었을 뿐만 아니라, 당과 인민을 연결하는 기능을 상실함으로써 공산당의 확장성에도 악영향을 미쳤다. 이후 공산당은 당의 영도를 유지한다는 전제하에 당과 사회의 중간지대로서 사회조직들의 독립성을 어느 정도 보장하는 것이 공산당의 확장과 승리에 더 이롭다는 점을 인식하게 되었다. 이로써 공산당은 사회조직의 일상 업무에 간섭을 금지하고 사회조직을 관장하는 위원회에 비당원 비율을 가능한 한 과반수 이상 유지하도록 하는 등의 조치로 사회조직에 대한 통일전선을 조정하게 되었다.10) 이후 구체적인 정책 내용은 달라졌을지라도 최소한 표면상으로는 자율성을 통해 사회조직의 기능을 유지하면서 당의 영도를 유지한다는 통일전선이 사회조직에 대한 기본 노선이 되었다.

---

9) 中共中央黨史研究室. 2002. pp.299-313.; 閆東. 2011. pp.65-67.
10) 閆東. 2011. pp.52-55.

2. 중화인민공화국 수립 이후부터 개혁·개방 이전

중국 공산당과 사회·군중·인민 간의 교량이자 연결고리 역할을 하는 사회조직에 대하여 당의 영도를 관철하면서도 자율성을 보장해야 한다는 교훈은 1949년 중화인민공화국이 수립되면서 잊혀졌다. 국가와 사회가 완전히 일체화된 체제로 전환되면서 자율성을 가진 사회조직은 사실상 소멸되었다.[11] 당-국가 체제를 지배하는 절대적 권력을 가진 집권당이 된 공산당은 더 이상 독자적인 사회조직의 도움을 필요로 하지 않게 되었다.

이는 제도적으로도 뒷받침되었다. 1950년 9월 정무원(현재의 국무원)은 「사회단체등기 임시방법(社會團體登記暫行辦法)」을 통과시키고, 1951년 3월 내무부(현재의 민정부)가 「사회단체등기 임시방법 시행 세칙(社會團體登記暫行辦法施行細則)」을 반포했다. 이로써 공산당의 방침과 정책에 부합하지 않는 사회조직들을 해체하고 금지하는 '정리정돈(淸理整頓)'이 시작되었다. 모든 사회단체들은 각급 정부에 등기를 신청해야 했으며 국가와 인민의 이익에 반하는 반동 단체는 금지되었다. 또한 지방정부 차원에서도 각종 규정을 반포하면서 사회조직들을 분류했다. 반사회주의라는 규정과 평가를 받은 단체들이 신속하게 해체·금지되었음은 물론이다. 잔존한 조직들도 철저한 조직상의 통제를 받았다. 특히 1956년 8차 당대회에서 수정된 「중국공산당장정(中國共産黨章程)」의 당외 조직에 관한 마지막 장은 정부기관과 함께 인민단체에서 당원이 세 명 이상일 경우 반드시 당조(黨組)를 조직해야 한다는 규정을 재확인했다. 당조는 공산당의 파출기관으로서 당위원회가 부재한 조직에서 당의 영도와 통제를 관철시키는 조직이다. 따라서 당조 규정에 따라 거의 모든 사회조직에 공산당 조직이 건설되었다. 이러한 과정을 통해 중

---

11) 안치영·김판수. "서문." 안치영·장호준·이설화·김판수(편역). 『중국 민간 조직 정책문건』 학고방, 2015. pp.7-8.

국에 존재하는 모든 조직들은 제도적으로 제한되고 조직적으로 당의 지배가 관철되어 완전히 자율성을 상실한 공산당의 정치도구가 되었다. 공산혁명 시기 상호 협력하던 공생형 관계에서 사회조직이 철저히 공산당의 통제로 묶인 '예속형 관계(隸屬性關係)'로 전환된 것이다.[12] 실제 수치상으로도 사회단체의 수는 크게 줄어들 수밖에 없었다.[13]

중국의 당-국가 체제가 훼손된 1966년 문화대혁명이 발발하면서 공산당과 사회조직 간의 관계도 요동치게 되었다. 특히 공식적인 당정 기관이 파괴되어 홍위병이 준동하던 1969년까지 시기가 그렇다. 이 시기 당정 기관의 기능이 중지되면서 역설적으로 당정의 지배에서 벗어나 자율성을 가진 사회조직이 존재할 수 있었다. 사실상 공산당의 하부 조직인 공식적인 사회조직들의 활동이 중지되었으나, 이 공백기를 틈타 홍위병들의 고도로 정치화된 군중조직은 물론 문화, 취미와 관련된 군중조직들이 아래로부터 만들어졌다. 이런 점에서 문화혁명 시기가 사회조직의 기능이 중지된 정체기라는 일반적인 평가는 부정확한 것일 수 있다. 문화대혁명이 종결되고 1978년에서 1979년 사이 일시적으로 자유로운 사회적 분위기가 조성된 베이징의 봄 시기에 홍위병 출신을 중심으로 자율적인 대중조직이 건설되었다는 점에서도 그렇다. 이들은 문화대혁명기의 자율적인 조직 활동의 경험을 발휘하였으며 이후에도 자율적인 민간 조직의 등장에 영향을 미쳤다.[14] 오히려 문화대혁명 시기 당정 기관의 기능이 중지되었기 때문에 중국의 사회조직들은 자율성을 가질 수 있었다. 이는 고도로 정치화, 이념화된 정치체제에서 정치권력이 중단되거나 스스로 정치권력을 가지지 않고서는 사회조직이 실질적인 자율성을 가질 수 없다는 점을 보여 주었다.

---

12) 閆東. 2011. pp.59-65.
13) 안치영. "현대 중국의 민간 조직 관리." 『中央史論』 35집, 2012. pp.39-41.
14) 안치영. 2012. p.41.

3. 1978년 개혁·개방 이후

1) 사회조직의 회복과 제도적 공백기

1976년 마오쩌둥이 사망하고 문화대혁명이 종결되자 기능을 멈췄던 사회조직들이 복구되고 새로운 단체들이 건설되기 시작했다. 1978년 개혁·개방이 시작되면서 이러한 변화는 가속화되었다. 천안문 사건 이전까지 총 세 차례에 걸쳐 사회조직이 급격히 증가했다. 학술단체, 업종협회, 기금회 등이 차례로 번성하여 1989년에는 전국적 사회조직이 1600개, 지방 수준의 사회조직은 20만여 개에 이르게 되었다.[15]

중국 정부는 급격한 사회조직의 증가에 부응하는 법적·제도적 정비를 하지 못했다. 급증하는 사회조직에 대하여 중국 공산당 중앙과 국무원이 1984년 「전국적 조직의 성립을 엄격하게 통제하는 것에 관한 통지(關于嚴格控制成立全國性組織的通知)」 등을 통해 이를 억제하려고 했다. 그러나 1988년 민정부 내에 사회조직의 등록과 관리를 전담하는 부서인 사회단체관리사(社會團體管理司)가 설립되기 이전까지 이를 책임질 통일된 제도나 기관이 존재하지 못했다.[16] 한 연구의 평가에 따르면, 1987년까지 사회단체에 대한 제도적 공백기가 지속되었다.[17]

1950년과 1951년에 반포된 「사회단체등기 임시방법」, 「사회단체등기 임시방법 시행 세칙」 등이 있었지만, 사회조직에 대한 영도와 통제가 법과 제도를 수단으로 이루어지기보다는 당−국가 체제하에서 공산당의 권력과 조직을 통해 발휘되었고, 문화대혁명 시기에는 기본적인 제도와 더불어 당정 기능까

---

15) 閻東. 2011. pp.77−78.
16) 안치영. 2012. p.47.
17) 徐東海. 『中國大陸民間組織硏究(行政院大陸委員會委託硏究博案硏究報告)』 2006. p.17.

지 중지되었기 때문이다. 개혁·개방 이후에도 단기간에 이러한 문제가 해결
될 수는 없었다.

2) 사회조직 관리의 제도화: 이중관리체제의 확립

1988년 「기금회관리방법(基金會管理辦法)」, 1989년 「사회단체등기관리
조례(社會團體登記管理條例)」가 만들어지면서 본격적으로 제도적인 관리
가 시작되었다. 그러나 「기금회관리방법」은 겨우 14개 조항에 900여 자를 조
금 넘기는 수준으로 실질적인 법에 따른 관리와는 거리가 멀었다.[18] 이와 비
교하여 1년 뒤 1989년 10월 반포된 「사회단체등기관리조례」(이하 「조례」)는
매우 상세한 조항을 포함하고 있다. 이는 1989년 6월 천안문 사건으로 공산
당의 통치방식이 다시 엄격해졌기 때문이다. 실제 「조례」는 사회조직에 대한
철저한 통제와 관리에 초점을 두었다.

「조례」를 통해 사회조직에 대한 '이중관리체제(雙重管理體制)'가 확립되
었다. 「조례」는 사회단체의 설립 요건을 다음과 같이 규정했다. 사회단체의
설립 신청을 위해서는 먼저 업무주관단위의 심사를 통과해야 한다. 업무주
관단위(業務主管單位)는 관련 정부기관이나 이미 설립된 사회단체이다. 업
무주관단위의 심사를 통과하면 등기관리기관(登記管理機關)에 등기 신청을
할 수 있다. 등기관리기관은 전국적 단체는 민정부이며 지방단체는 해당 민
정 부문이다. 즉 이중관리체제는 업무주관단위와 등기관리기관의 관리를 의
미한다. 그러나 1989년 「조례」는 이중관리체제를 명문화했지만, 업무주관단
위의 역할이 분명하지 않았다. 이는 1998년 개정된 「조례」에서 개선되어 사
회조직 등기에 대한 민정부의 영도와 일상 업무에 대한 업무주관단위의 지도

---

18) 徐東海. 2006. p.17.

및 감독이라는 이중영도체제가 확립되었다. 그리고 1999년 「민간 운영 비기업단위 등기 임시방법(民辦非企業單位登記暫行辦法)」, 2004년 「기금회 관리 조례(基金會管理條例)」를 통해 민영 비기업단위, 즉 현재의 명칭으로는 사회복무기구와 기금회가 사회단체와 함께 사회조직의 유형으로 확립되면서 이들에게도 동일하게 적용되었다.

이러한 이중영도체제는 사회조직의 설립과 운용에 강력한 통제 기제로 작동했다. 등기를 위해서는 우선 설립을 일차적으로 승인해 줄 업무주관단위를 찾아야 한다. 중국의 사회조직들은 업무주관단위를 찾는 행위를 '신랑감을 찾는다(找婆家).'라고 하거나 등기관리기관과 업무주관단위를 두 개의 '시어머니(婆婆)'로 부르곤 한다.[19] 이는 등기 절차의 어려움과 사회조직이 두 기관에 대해 갖는 예속적 관계를 드러낸 표현이다. 특히 등기 과정과 관리감독의 책임을 맡아야 하는 업무주관단위의 유인이 거의 없다. 구조적으로 사회조직의 등기가 어려울 수밖에 없는 것이다. 더구나 1998년 개정된 「조례」에는 최소 인원, 조직·주소·전임 인원 등의 구비, 자산과 경비 출처 등 상세한 설립 요건을 추가했다.

「조례」는 이처럼 개별적인 사회조직 설립의 난이도를 높였을 뿐 아니라, 사회조직의 총량 증가와 확장을 제도적으로 막을 수 있게 설계되었다. 우선 1989년 「조례」는 동일한 행정구역에서 유사한 사회조직을 중복 설립할 수 없도록 규정했는데, 이러한 취지의 조문은 1998년 개정 「조례」에서도 판단의 주체를 등기관리기관으로 구체화했을 뿐 그대로 유지되었다. 이른바 '비경쟁성 원칙(非競爭性原則)'이다. 이는 사회단체의 설립을 억제할 뿐 아니라, 관변 단체들이 해당 부문에서 독점적 지위를 유지하도록 보장했다.[20] 특히

---

19) 徐東海. 2006. p.26.

20) Tony Saich, "Negotiating the State: The Development of Social Organizations in China," *The China Quarterly*. 161, 2000. p.131.

1998년 「조례」는 사회조직이 지부나 추가적인 대표기구를 만들 경우, 새로운 사회조직을 만드는 과정과 동일하게 업무주관단위의 심사와 등기관리기관의 신청을 얻도록 규정했다. 이에 더해 추가적인 기구들에는 별도의 법인 자격이 부여되지 않는 것을 규정하고, 지부가 다시 지부를 만들 수 없도록 했다. 더구나 지역별 지부는 둘 수 없다고 명문화했다. 사실상 규정된 지역과 부문 이외의 확장을 엄금한 것이다.

이러한 제도화의 목적은 분명하다. 즉 정부 부서에 맞추어 사회조직을 규획함으로써 관리 감독을 용이하게 하고 수평적 연계를 제한하는 것이다. 이로 인해 사회조직들은 정부에 대한 접근성을 추구하면서 정부의 방침과 정책에 순응하게 되고 아래로부터의 자율적인 이해관계를 반영하기 어렵게 된다.[21]

당-국가 체제하에서는 법과 제도도 중요하지만, 공산당의 정책 변화가 훨씬 더 중요할 수 있다. 1989년 「조례」 반포와 함께 1950~1951년의 정리정돈만큼이나 강력한 '2차 정리정돈(第二次清理整頓)'이 수행되었다. 이는 천안문 사건에서 학생단체를 비롯한 사회조직들이 보여 준 서방의 민주주의 가치 지향에 대한 반격이었다.[22] 그러나 1992년 덩샤오핑의 남순강화(南巡講話)를 통해 개혁·개방 노선이 재개되면서 사회조직은 다시 급격히 증가했다. 1998년 「조례」 개정은 이러한 변화를 반영한 것이라고 할 수 있다. 중국 당국은 사회조직의 증가를 근본적으로 막지는 않았으나, 정세적 필요성이 제기되면 수시로 사회조직에 대한 정리정돈을 강화했다. 위커핑(俞可平)에 따르면, 개혁·개방 이후 2006년까지 이러한 재조정은 1984년, 1989년, 1996년, 1998년, 1999년, 2004년 등 총 여섯 차례나 되었다.[23]

---

21) Saich, 2000, pp.131-132.
22) 閆東, 2011, pp.79-80.
23) 俞可平, "中國公民社會: 概念, 分類與制度環境," 『中國社會科學』 第1期, 2006a, p.116.

III. 국가사회 관계의 재조정과 사회조직 정책의 전환

1. 사회건설, 국가 치리와 사회조직의 역할 변화

후진타오 정부 시기 '조화사회(和諧社會)', '사회건설(社會建設)' 등과 같은 개념과 함께 국가−사회 관계에 대한 재조정이 시작되었다. 2004년 중국 공산당 16기 4중전회에서 조화사회와 함께 사회건설 개념이 등장했다. 2006년 16기 6중전회에서 조화사회가 사회 발전 전략으로 확정되고, 이어서 2007년 17차 당대회에서 수정된 공산당「당장(黨章)」에 흔히 '삼위일체'로 불리곤 하던 경제건설, 정치건설, 문화건설에 추가하여 사회건설이 포함되었다.

조화사회와 사회건설의 등장은 1차적으로 1990년대 말부터 개혁·개방이 초래한 사회적 문제들이 본격적으로 분출했기 때문이다. 사회주의의 복지 시스템이 완전히 붕괴되지 않은 상태에서 시장주의적 요소가 추가되었던 1980년대의 개혁이 '패배자가 없는 개혁'이었던 것과 달리 천안문 사건과 소련 붕괴에 대한 재평가 속에서 1990년대 초반부터 시작된 이른바 '심화된 개혁(深化改革)'은 시장화와 개방화가 본격적으로 추진되면서 '패배자가 있는 개혁'을 초래하게 되었다.24) 국유기업의 노동자들은 실업자가 되고 도농 격차는 확대되었다. 이 과정에서 발생한 빈부 격차 확대, 환경 악화, 시위 증가 등의 사회모순에 대한 대응책으로 '사회'를 강조하게 된 것이다. 사회건설만큼이나 '사회 관리'가 강조된다는 점은 사회에 대한 통제적 시각을 버리지 못했다는 것을 보여 주지만,25) 개혁·개방 이후 '경제건설'과 '당건설'에 대한 일관되고

---

24) Guoli Liu and Lowell Dittmer, "Introduction: The Dynamics of Deep Reform," in Lowell Dittmer and Guoli Liu(eds.), *China's Deep Reform: Domestic Politics in Transition*, Rowman& Littlefield Publishers, Inc., 2006, pp.1−24.; Barry Naughton, *The Chinese Economy: Transitions and Growth*, MIT Press, 2007. pp.90−91, 106−107.

우선적인 강조와 비교하면 두드러진 변화였다.

또한 이는 구호에만 그치지 않고 실제 정책으로 실현되었다. 2007~2008년 중국 정부는 금융 위기에 대응하여 대규모 재정을 투입했다. 이 중 상당액이 사회정책에 투여됐으며 개혁 과정에서 소외된 계층의 복지 수준이 증가했다.[26] 이는 조화사회, 사회건설 등의 새로운 정책 방향이 등장했을 뿐만 아니라 2000년대 중반부터 중국의 재정 능력이 향상되었기 때문에 가능했다.[27]

시진핑 집권 이후에는 거버넌스 개념이 '치리(治理)'라는 명칭하에 본격적으로 수용되었다. 거버넌스 개념은 후진타오 시기부터 학계에서 적극 수용되었으나[28] 시진핑 집권 이후 '국가 치리(國家治理)' 개념을 통해 공식적으로 정책화되었다. 사회 치리도 함께 강조되고 있으나 각종 치리들은 사실상 국가 치리 개념에 종속된다. 일례로 국가 치리가 전면적으로 등장한 2013년 중국 공산당 18기 3중전회의 「전면적인 개혁 심화의 몇 가지 중대 문제에 대한 결정(關於全面深化改革若干重大問題的決定)」에서 제 13항의 제목은 '사회 치리 체제의 혁신'이다. 언뜻 국가와 독립된 사회의 독자적인 거버넌스를 강조하는 것처럼 보이지만, 본 항목의 말미에 공공 안전 체계의 건전화를 삽입하고 이를 위한 구체적인 수단으로 국가안전위원회를 설립한다고 천명했다. 결국 사회 치리는 안정적인 국가—사회 관계의 수립이라는 목표를 의미하며 국가 치리의 하부 개념으로 작동한다.

---

25) 백승욱·장영석·조문영·김판수. "시진핑 시대 중국 사회건설과 사회관리." 『현대중국연구』 제17집 1호, 2015.

26) Christine Wong. "Rebuilding Government for the 21st Century: Can China Incrementally Reform the Public Sector." The China Quarterly. 200, 2009. pp.929-952.; Sarah Cook and Wing Lam. "China's Response to Crisis: What Role for Social Policy?." in Kevin Farnsworth and Zoë M. Irving(eds.), Social Policy in Challenging Times: Economic Crisis and Welfare Systems. Policy Press, 2011. pp.139-158.

27) 조형진. "후진타오 정부 시기 정책 전환의 재정적 기원: 재정 집중화와 지역 간 균등화의 달성." 『한국정치연구』 제24집 3호, 2015. pp.141-170.

28) 俞可平. 『民主與陀螺』北京大學出版社, 2006b. pp.77-86.

거버넌스 개념의 활성화는 사회정책의 확장과 이에 대한 재정 투입의 증가라는 측면에서는 분명 새로웠다. 특히 재정 투입의 증가와 함께 정부가 사회 서비스를 직접 공급하지 않고 사회조직 등으로부터 구매하여 간접 공급하는 비율이 증가했다. 이른바 '정부의 사회서비스 구매(政府購買服務)'이다. 이는 복지를 국가에서 사회로 이전하는 신자유주의적인 복지 레짐이라는 세계적 조류로 볼 수도 있고,[29] 중국의 전통적인 사회 역할의 복귀로도 해석될 수 있다.[30] 그러나 중국의 치리는 1980년대 이후 국가 중심적인 '통치(government)'와 구분하여 거버넌스를 이해하는 이른바 신거버넌스(new governance)라는 보편적인 거버넌스 이해와는 상반된다. 과거의 거버넌스 개념이 행정기구와 국민 간의 관계에 집중된 행정학의 개념이었다면, 신거버넌스는 민주주의의 보완과 대안으로서 참여 민주주의나 결사체 민주주의를 의미하는 정치학의 개념과 시장 기제의 확대를 통한 정부의 효율성 향상을 도모하는 신공공관리(new public management) 등으로 나눌 수 있다.[31] 중국의 치리는 국가 치리와 사회 치리의 서열 관계에서 보듯이 국가의 사회에 대한 강력한 통제를 유지하면서도 공공재 공급의 역할을 사회에 이전한다는 점에서 신거버넌스의 민주주의적 요소를 제외하고 행정학과 신공공관리의 측면에서 거버넌스를 수용한 것이라고 할 수 있다. 이러한 과정을 통해 중국은 사회의 참여와 공공재 공급을 정치적 정당성과 체제의 생존수단으로 새롭게 정립했다.[32] 여기에서 사회조직은 사회의 참여를 통한 공공재 공급의 핵심 행위자가 되었다.[33]

---

29) 조문영·이승철. "'사회'의 위기와 '사회적인 것'의 범람." 『경제와 사회』 113, 2017. pp.100-146.
30) Karla W. Simon. *Civil society in China: The Legal Framework from Ancient Times to the "New Reform Era."* Oxford University Press, 2013.; Jean-Marc F. Blanchard, Kun-Chin Lin(eds.). *Governance, Domestic Change, and Social Policy in China.* Palgrave Macmillan, 2017.
31) 김의영. 『거버넌스의 정치학: 한국정치의 새로운 패러다임 모색』 명인문화사, 2014. pp.11-31.
32) Dickson. 2016. pp.96-213.
33) 2013년 정부의 사회조직 서비스 구매(政府購買社會組織服務) 추정 액수는 약 150억 위안이었다.

2. 사회조직의 증가와 원인

사회단체, 사회복무기구, 기금회로 구성된 사회조직의 경계가 명확한 것은 아니다. 이 중에서도 민간 운영 비기업단위로 불렸던 사회복무기구는 말 그대로 민간이 운영하는 비영리기관들이 모두 포괄되어 학교, 병원, 연구소, 도서관, 양로원 등은 물론 결혼소개소까지 포함되었다. 정치, 인권 등을 의제로 하는 사회조직들은 마땅히 사회단체로 분류되어야 하지만 등기의 어려움 때문에 사회복무기구나 기업으로 등록되는 경우도 많았다. 그러나 공공재 공급을 위해 기능하는 사회조직이 사회복무기구로 분류되는 것은 마땅하다. 과거 공공재 공급의 기본 단위였던 단위(單位)가 지금은 사구(社區)로 대체되고 있다.[34] 이에 따라 중국은 사구서비스센터(社區服務中心), 사구서비스안내소(社區服務站) 등 사구 내에 공공재 공급의 플랫폼을 설립하고 사회복무기구로 등기하도록 하고 있다.

〈그림 4-1〉과 〈표 4-1〉을 보자. 〈그림 4-1〉은 가시성을 위해 수량이 적은 기금회를 제외한 사회단체, 사회복무기구 각각의 수량과 기금회까지 포함한 사회조직 전체의 총계를 보여 준다. 그림을 보면 사회조직이 꾸준히 증가하고 있으며, 특히 사회복무기구가 2010년 이후 증가분의 대부분에 기여하고 있다는 점을 확인할 수 있다.[35] 사회복무기구는 급속하게 증가해 2016년

이 중에서 2억 위안이 중앙정부의 재정이었다. 이처럼 지방정부의 서비스 구매가 대부분을 차지하고 있어 정확한 액수를 산출하기 어려운 듯하다. 중앙정부와 지방정부를 포괄하는 사회조직 서비스 구매의 상세한 통계는 현재 획득할 수 없다. 그러나 관련 연구들은 시진핑 집권 이후에 정부의 사회 서비스 구매와 이 중 일부인 정부의 사회조직 서비스 구매가 매년 크게 증가되었다고 평가한다. 이에 대해서는 楊團(主編), 『中國慈善發展報告』社會科學文獻出版社, 2014를 참조.

34) 박철현. "사회 거버넌스의 조건; 단위를 대체하는 사구." 『성균차이나브리프』 3집 4호, 2015. pp. 125-131.

35) 민정부의 2016년 통계수치는 사회복무기구 36.1만 개, 사회단체 33.6만 개로서 최종적으로 확정된 수량은 아니다. 그러나 대체적인 경향에는 변함이 없다. 이에 대해서는 民政部, 『2016年社會服務發展統計公報』2017. 참조.

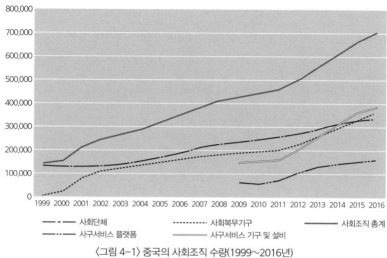

<그림 4-1> 중국의 사회조직 수량(1999~2016년)

출처: 中華人民共和國民政部(編), 『2016中國民政統計年鑒』 中國統計出版社, 2016, p. 172;
民政部, 「2016年社會服務發展統計公報」 2017.

<표 4-1> 사구서비스 기구 및 설비 수량(2009~2016년)

단위: 만 개

	2009년	2010년	2011년	2012년	2013년	2014년	2015년	2016년
사구서비스 기구 및 설비	14.6	15.3	16.0	20.0	25.2	31.1	36.1	38.6
사구서비스 플랫폼	6.3	5.7	7.1	10.4	12.8	14.3	15.2	16.1

출처: 民政部, 2017.

사회단체의 수를 따라잡았다. 〈표 4-1〉은 사구서비스 기구 및 설비와 여기에 포함된 사구서비스 플랫폼의 수량 변화를 보여 준다. 현재 사구서비스 플랫폼 대부분은 사회복무기구로 등기되어 있다. 보건위생, 양로, 교정 등과 같이 기능적인 역할을 하는 플랫폼 이외에 관련 시설물 등 설비들은 다양한 종류의 법인으로 등기될 수 있으며 반드시 사회복무기구 등의 사회조직으로 등기되는 것은 아니다. 2010~2016년 사이 사회복무기구는 약 20만 개에서 36만 개로 증가했으며, 사구서비스 플랫폼은 〈표 4-1〉에서 보듯이 약 10만 개가 늘었다. 또한 사구서비스의 확대를 고려하면 사회조직과 기금회 증가분에서도 상당수는 이와 관련된 것으로 추정된다. 결국 최근의 사회조직 증가는 사구서비스와 이와 관련된 사회복무기구의 증가에서 기인하는 것이다. 따라서 사회조직의 증가는 시민사회의 확장이라기보다는 공공재 공급 역할의 사회조직으로의 이전 때문이라고 할 수 있다.

3. 사회조직의 유형화

중국의 사회조직 정책 변화를 간명하게 이해하기 위해 비정부기구에 대한 기존 연구들의 분류를 활용하여 유형화해 보면 다음과 같다. 우선 비정부기구의 기능을 크게 공공재 공급과 권리 옹호(advocacy)로 구분할 수 있다. 또한 공공재 공급 또는 권리 옹호의 대상이 특정 구성원인지, 아니면 무작위 시민 또는 사회인지도 기준이 된다.[36] 사실 '권리 옹호'는 명확하게 정의하기가 어렵다. 예를 들어 권리 옹호는 '특정한 정책 목표를 추구하는 행위자들의 체계적인 노력'으로 정의될 수 있다.[37] 이를 수용하면 공공재 공급도 정책 목표

---

36) Lester M. Salamon. *Partners in Public Service: Government-Nonprofit Relations in the Modern Welfare State*. The Johns Hopkins University Press, 1995. pp.53-54.; Kim D. Reimann. "A View from the Top: International Politics, Norms and the Worldwide Growth of NGOs." *International Studies Quarterly*. 50-1, 2006. pp.45-68. 샐러먼은 비정부기구가 아닌 '비영리 부문(nonprofit sector)'이라는 용어를 사용한다. 또한 그의 네 가지 분류는 기금을 모집하여 배분하는 (1)기금 행위자(funding agencies), 보편적인 사회 또는 공동체에 공공재를 공급하는 (2)구성원 서비스 기구(member-serving organizations), 정보와 권리 옹호를 포함한 공공재를 필요한 사람 누구에게나 공급하거나 보편적 복지를 공급하는 (3)공공 이익 기구(public-benefit organizations), 그리고 (4)종교 단체(religious congregations) 등이다. 미국의 상황을 반영한 이러한 분류는 기능과 대상이 혼합되어 있어 명확한 기준을 제시하지 못하며, 모든 단체를 포괄하지도 못한다. 따라서 대상과 기능에 따른 분류라는 아이디어만을 차용하여 본문과 같이 재분류하였다. 특히 공공재 공급과 권익 주창의 명확한 구분은 레이만을 통해 확인할 수 있다.

37) Aseem Prakash and Mary Kay Gugerty. "Advocacy Organizations and Collective Action: an Introduction." in Aseem Prakash and Mary Kay Gugerty(eds.), *Advocacy Organizations and Collective Action*. Cambridge University Press, 2010. p.1.

에 포함될 수 있기 때문에 양자의 구분이 어려워진다. 하지만 공공재 공급을 정책 전환을 위한 노력이 아니라 기존 정책이 목표로 설정한 공공재를 공급하는 행위로만 한정한다면 구분이 가능하다. 권리 옹호에 대한 또 다른 정의로 '권리와 자격을 보호하기 위해 이해관계를 갖지 않는 행위자가 한 사람의 관점과 우려를 인식하고 대표하는 과정'이 있다. 즉 특정한 이해관계 없이 타인의 권리를 보호하는 규범적인 행위를 의미한다. 이와 더불어 제대로 된 권리 옹호를 위해서는 행위자들이 보수를 받지 않아야 하고 서비스 공급자로부터 독립적이어야 한다는 조건이 붙기도 한다.[38] 이는 권리 옹호를 일종의 인권 운동으로 국한시켜 보는 것이다. 따라서 여기에서는 중국의 사회조직을 유형화하기 위한 목적을 반영하여 제한된 특정 구성원과 무작위 시민 및 사회로 구분되는 대상, 정책적이고 정치적인 전환을 목표로 하는 권리 옹호와 이를 제외한 공공재 공급으로 구분되는 기능 등 단순화한 두 가지 범주로 비정부기구를 분류하고자 한다. 이에 따라 네 종류의 비정부기구를 구분하는 〈표 4-2〉를 도출할 수 있다.

이러한 유형화의 적절성을 확인하고 비교해 보기 위해 우선 한국과 일본의 비정부기구를 살펴보자. 먼저 민주화 이전 한국의 시민사회는 국가의 권력과 영향력을 유지하기 위한 도구로서 활용되었다. 이로 인해 많은 관제 비정부기구가 정부가 공급하려는 사회서비스의 보조자로서 자생적이 아니라 법

〈표 4-2〉 대상과 기능에 따른 비정부기구의 분류

기능 대상	공공재 공급 (service provision)	권리 옹호 (advocacy)
제한된 특정 구성원 (private/member)	A유형: 중국	B유형: 일본
무작위 시민 또는 사회 (public/society)	C유형	D유형: 한국

38) Rick Henderson and Mike Pochin. *A Right Result?: Advocacy, Justice and Empowerment*. The Policy Press, 2001. pp.1-4.

과 제도에 따라 등장하였다.[39] 한국의 비정부기구에 대한 대부분의 연구들이 1987년 6월 이후부터 시작되는 이유도 민주화 이전에 자율성을 가진 유의미한 조직이 존재하지 않았기 때문이다. 민주화 이후 급증한 자율적인 비정부기구들은 반독재 민주화 과정의 영향으로 강한 운동성과 정치성을 가지게 되었다.[40] 민주화 과정에서 형성된 운동성과 정치성은 특정한 구성원을 대상으로 정책에 부합하는 공공재를 공급하는 기능보다는 사회 전체를 대상으로 권리 옹호를 주창하는 비정부기구를 탄생시켰다. 이러한 특징을 〈표 4-2〉에 적용하면 D유형에 가깝다. 이와 대조적으로 일본의 사회운동은 한국과 비교하여 지역을 중심으로 생활상의 문제를 해결하는 방향으로 발전해 왔다. 한국의 '시민운동'과 달리 '주민운동'의 성격이 강해 '시민 활동'이라는 명명이 더 적합할 것이다.[41] 이런 점에서 일본 비정부기구의 특성은 B유형에 가깝다고 볼 수 있다. 정책적 변화를 목표로 한다는 점에서 권리 옹호의 성격이 강하지만, 거시적 정치 이슈에 정향된 운동의 성격이 강한 한국과 달리 특정한 주제와 소규모 공동체의 구성원을 대상으로 한다는 점에서 그렇다. 물론 이러한 유형화가 한국과 일본의 비정부기구 모두를 규정하는 것은 아니다. 한국과 일본에는 여전히 관제 비정부기구가 존재하며 네 가지 유형이 모두 있다고 할 수 있다. 그러나 이러한 유형화가 각국 비정부기구의 대표적인 특성을 잘 드러낼 수 있음을 확인할 수 있다.

이러한 분류를 중국에 적용해 보자. 앞서 살펴보았듯이 중국은 강력한 등기 관리를 기반으로 정치적, 정책적 전환을 목표로 하는 권리 옹호형 사회조직

---

39) 이나미. "국가형성기(1945~1960년) 한국 시민사회 제도사: 사회 영역을 중심으로." 『시민사회와 NGO』 제14권 1호, 2016.

40) 유괄무. "비정부사회운동단체(NGO)의 역사와 사회적 역할: 시민운동과 정부와의 관계를 중심으로." 『동서연구』 제10권 2호, 1998.

41) 정미애. "참여형태를 통해서 본 시민사회의 한일비교: 정치적 참여로서의 시민운동과 사회적 참여로서의 시민활동." 『담론 201』 9집 2호, 2006.

의 출현을 지속적으로 제한해 왔다. 또한 동일한 행정구역 내에서 유사한 기구의 설립을 제한하는 비경쟁성 원칙을 도입하여 전체 시민이나 사회를 대상으로 하는 단체 및 이들을 연결하는 기구를 철저히 제한하거나 당국의 통제하에 두었다. 이는 한국의 사례가 보여 주듯이 전국적으로 연결된 권리 옹호를 목표로 하는 D유형 사회조직의 확대가 당-국가 체제에 위협이 될 수 있기때문이다. 따라서 권리 옹호 단체의 성장과 구성원의 확대를 제한할 수밖에 없었다. 특히 앞서 살펴보았듯이 최근에는 사회조직을 사구서비스를 중심으로 공공재를 공급하는 기능적 도구로 전환하고 있다. 따라서 중국의 사회조직은 현격하게 A유형의 특징을 갖는다고 볼 수 있다. 물론 중국의 사회조직이 모두 A유형이라는 것은 아니다. 또한 이것은 중국의 인민과 사회의 자발적인 선택이 아니라 당-국가 체제하에서 당정의 방침과 정책이 가져온 인위적인 결과이다. 하지만 정부의 관리·통제를 벗어난 자율적인 단체가 존속하기 어렵다는 현실에 비추어 보면, 중국의 사회조직이 기본적으로 A유형이라는 점은 부정하기 어렵다. 또한 이는 중국이 단순히 특정한 사회조직의 출현을 억제하는 수준에서 벗어나 사회조직에 대한 새로운 정책과 전략을 확립했음을 의미한다.

IV. 최근 사회조직 관련 법률의 제·개정과 주요 내용

중국 시민사회 연구자이자 활동가이기도 했던 사이먼(Karla W. Simon)은 2011년을 '주목할 만한 한 해(the remarkable year)'로 평가하면서 이에 기초하여 중국 시민사회의 미래를 긍정적으로 예측했다.[42] 중국 정부는 주민들의 자발적인 저항인 우칸(烏坎) 사태에 대해서 18차 당대회를 앞두고 있었음에도 전례 없는 전향적인 태도를 보였다. 뒤이어 12차 5개년 규획 등 중앙정부 차원은 물론, 지방에서 다양한 실험이 시행되면서 시민사회, 특히 사회조직의 사회 경제적 역할이 확대되었다. 여러 지방정부에서 사회조직의 등기를 완화하고, 자선 활동과 관련된 제도적 정비가 시작되었다. 또한 형사소송법 개정과 관련하여 민주주의 국가와 유사하게 사회조직을 소송 주체로 인정해야 한다는 논의가 활성화되기도 했다.[43] 무엇보다 앞의 〈그림 4-1〉에서 확인했듯이 사회조직의 수 자체가 꾸준히 증가했다. 단속 통제 강화가 중단된 것은 아니지만 이처럼 시진핑 집권 전반기 동안 시민사회에 대한 전망은 비관과 낙관을 오갔다.

앞서 유형화를 통해 간명하게 드러나듯이 중국은 사구서비스를 중심으로 제한된 구성원에게 공공재를 공급하는 역할로 사회조직을 전환하고 있다. 그러나 최소한 논리적으로 이러한 변화 자체가 사회조직의 자율성과 민주적 공간의 확대나 권위주의적 억압의 강화를 의미하지는 않는다. 일본의 시민운동이 한국과 달리 추상적인 시민 전체가 아니라 주민을 대상으로 전개된다는 특징을 갖는다고 해서 더 비민주적인 것은 아니다. 또한 사회조직의 공공재 공급 역할의 확대는 세계적인 신자유주의 복지 레짐의 경향이며 신공공관리학에 의해 뒷받침된다는 점도 살펴보았다. 따라서 권위주의 체제인 중국이 사회조직에 대해 얼마나 민주적인 자율성을 허용하는지는 별도의 문제이다. 본 절에서는 중국의 사회조직과 나아가 시민사회의 평가와 전망을 위해 이를 2016년 관련 법률의 제·개정을 통해 분석한다.

---

42) Simon. 2013. pp.314-341, 372-373.
43) 참고로 2012년 『형사소송법』에서 사회조직이 소송을 할 수 있는 범위는 환경오염과 소비자 권익 침해로만 한정되었다(55조).

1. 2016년 사회조직 관련 법률의 제·개정

중국은 19차 당대회를 앞두고 2016년 사회조직과 관련된 법률의 제정 및 개정안, 당정의 문건, 시행지침 등을 잇달아 발표했다. 이러한 공식적인 정책들을 통해 향후 사회조직에 대한 기본적인 방침이 확립되었다고 할 수 있다. 먼저 2016년 이후 어떠한 정책들이 발표되었는지 살펴보면 다음과 같다.

2016년 3월과 4월 각각 「자선법」과 「해외 비정부조직 국내 활동 관리법(境外非政府組織境內活動管理法)」이 새로 공포되었다. 또한 5월 26일 「민간 운영 비기업단위 등기관리 임시조례(民辦非企業單位登記管理暫行條例)」와 「기금회 관리 조례(基金會管理條例)」의 개정안이 여론 수렴용 초안(征求意見稿)으로 동시에 공개되었다. 아울러 8월 1일에는 「사회단체 등기관리 조례(社會團體登記管理條例)」 개정안의 여론 수렴용 초안이 공개되었다. 여론 수렴용 초안들도 앞서 공포된 법률과 핵심 내용이 유사하다는 점에서 약간의 수정은 있을지언정 조만간 개정이 확정될 것이다. 이는 사회단체, 민간 운영 비기업단위, 기금회 등 사회조직의 모든 유형을 포함한 것이다. 여기에 관련 법률이 부재하여 제도적 공백 상태에 있던 해외 비정부조직과 각종 스캔들의 빈발로 여론의 쟁점으로 등장한 자선단체까지 포괄했다.[44]

법률뿐만 아니라 이러한 법제화의 목적과 방향을 설명하는 당·정의 문건도 발표되었다. 중국 공산당 중앙 판공청과 국무원 판공청이 8월 21일 공동 발표한 「사회조직 관리제도의 개혁과 사회조직의 건전하고 순차적인 발전에 관한 의견(關於改革社會組織管理制度促進社會制度健康有序的發展的意見)」(이하 「의견」)이 그 예이다. 민정부는 본 문건이 사회조직 개혁발전업무의 지도지침이 되는 강령성 문건임을 밝히고 대대적인 선전과 학습을 진행했

---

44) 김성민. "중국해외비정부조직관리법의 분석과 전망." 『현대중국연구』 19집 1호, 2017. pp.51–52.; Simon. 2013. pp.321–328.; Dickson. 2016. pp.132–133.

다.[45] 1999년 「민간 조직 관리 업무를 더욱 강화할 것에 관한 통지(關於進一步加強民間組織管理工作的通知)」 이후 처음으로 이른바 당·정을 대표하는 두 판공청, '량반(兩辦)'이 사회조직에 대한 포괄적인 정책 문건을 제시했다는 점에서 본 문건의 내용은 향후 사회조직 정책의 시금석이 될 것이다.

뿐만 아니라, 관련 명칭의 변경도 있었다. 먼저 「의견」에서 '민간 조직'이라는 기존의 명칭을 '사회조직'으로 공식 변경하였다. 이에 따라 민정부 내 부서명 등 관련 명칭이 차례로 개명되었다.[46] 명칭의 변경은 또 있다. 3월 공포된 「자선법」은 '민간 운영 비기업단위'를 '사회복무기구'로 서술했다. 민정부의 5월 「민간 운영 비기업단위 등기관리 임시조례」 초안 공고는 명칭의 변경을 공식화하고, 본 조례의 명칭이 「사회복무기구 등기관리 조례」가 될 것임을 천명했다.[47] 따라서 이후 사회조직을 공식적으로 사회단체, 사회복무기구, 기금회로 분류하게 되었다.

사회조직 관련 주무부처인 민정부는 추가로 사회조직에 관한 일련의 시행지침들을 하달했다. 3월 16일에 발표된 「사회조직 등기관리기관의 행정집행 상담업무 규정(시험실시)[社會組織登記管理機關行政執法約談工作規定(試行)]」, 8월 15일에 발표된 「사회조직 등기관리기관의 고발·신고 처리 방법(시험실시)[社會組織登記管理機關受理投訴舉報辦法(試行)]」, 그리고 2017년 3월 13일에 발표된 「사회조직 샘플조사 임시시행방법(社會組織抽查暫行辦法)」 등이 그것이다. 이 시행지침들은 기존의 관련 법률안들이 구체적으로 기술하지 못한 내용을 보충하거나 관행적인 실제 시행방식을 법제화

---

45) 民政部, "民政部关于学习宣传贯彻《关于改革社会组织管理制度促进社会组织健康有序发展的意见》的通知." 2016a. http://www.mca.gov.cn/article/zwgk/tzl/201608/20160800001553. shtml (검색일: 2017.9.3.).

46) "國家民間組織管理局更名為國家社會組織管理局." 『人民日報』 8월 31일자 4면, 2016.

47) 民政部, "民政部关于《民办非企业单位登记管理暂行条例(修订草案征求意见稿)》公开征求意见的通知." http://www.mca.gov.cn/article/zwgk/tzl/201605/20160500000664.shtml. 2016b (검색일: 2017.8.12.).

한 것이다. 또한 앞서 언급한 법률안 중 일부가 확정이 아닌 개정이 진행 중인 상황임에도 사전에 개정의 취지와 내용이 반영되었다.

2. 법률 제·개정의 주요 내용

다음으로는 법률 제·개정을 중심으로 2016년 일련의 정책들이 담고 있는 핵심 내용을 살펴보자. 「사회단체 등기관리 조례」(이하 「조례」)를 주로 분석 대상으로 한다. 이는 사회복무기구, 기금회 관련 법률이 유사한 내용을 담고 있고, 사회단체가 중국이 억제하려고 하는 권리 옹호형 사회조직이 해당되는 영역이기 때문이다.

우선 「조례」는 이중관리체제에서 제외되어 업무주관단위 없이 직접적인 등기가 가능한 사회단체들을 명확히 규정했다. 여기에는 ① 업종협회·상회, ② 자연과학·공학·과학기술 관련 사회단체, ③ 빈민·양로·고아·환자·장애인 구제, 재난 구조, 의료 보조, 교육서비스 등의 공익·자선 관련 사회단체, ④ 도시·농촌의 사구 주민의 생활 수요를 위해 사구 내에서 활동하는 사구서비스 사회단체 등이 포함되었다. 이러한 조치가 갑작스러운 것은 아니다. 일례로 민정부의 2000년 「일부 사회단체의 사회단체 등기 면제에 관한 통지(關於對部分社團免於社團登記的通知)」를 통해 지정된 문학·예술 관련 사회단체에 대해 성급(省級) 이하의 단체는 등기 절차를 그대로 유지하면서 전국 규모의 단체는 등기를 면제했다. 이는 사실상 연합체에 불과한 전국 단체에 대한 등기를 다시 해야 하는 절차상의 중복을 제거한 것이었다. 「조례」에 언급된 네 종류의 단체에 대한 직접 등기 방침은 2013년 「전면적인 개혁 심화의 몇 가지 중대한 문제에 관한 결정」에서 이미 확정된 바 있다.

또한 2013년 국무원의 행정심사제도 개혁에 따라 전국성 사회단체의 지부 설립에 대하여 민정부가 비준하던 것을 해당 단체의 이사회 등이 자율적으로

할 수 있게 했던 방침이 반영되었다. 즉 1998년 기존 조례에 있던 지부 설립 시 업무주관단위의 심사 및 동의와 등기관리기관에 관련 내용을 제출하도록 했던 문구가 개정안에서는 삭제되었다. 그러나 지부가 다시 지부를 설립하거나 지역성 지부의 설립을 금지한 내용은 그대로 유지되었다. 사실상 행정 간소화의 의미가 있던 사소한 개혁만 반영되었을 뿐 본질적인 변화가 있다고 할 수는 없다. 여기에 더해 개정안은 사회단체 간에 수직관리관계가 있어서는 안 된다는 내용을 삽입하여 사회단체의 확장을 지역적, 수평적 차원뿐만 아니라 수직적으로도 차단할 수 있도록 했다. 결국 행정 개혁의 차원에서 일부 절차를 간소화하고 복지, 사구서비스 등 공공재 공급의 기능적 역할을 하는 사회단체의 직접 등기를 명문화한 것이다. 이러한 내용은 「사회복무기구 등기관리 조례」에서도 거의 동일하다.

둘째, 직접 등기 관련 내용에서도 등장하듯이 「조례」는 사구서비스에 대한 내용을 담고 있다. 특히 중국은 여론 수렴용 초안을 공개하면서 이와 관련된 설명을 첨부하곤 하는데 「조례」에 첨부된 설명은 사구서비스 관련 사회단체의 발전을 법률 개정의 첫 번째 취지로 꼽았다. 즉 직접 등기 등을 통해 사구서비스를 중심으로 사회단체를 발전시킨다는 정책 목표를 명확히 보여 준다. 사구서비스와 직접적인 관련이 있는 「사회복무기구 등기관리 조례」는 유사한 내용을 담고 있음은 물론 정부의 사회서비스 구매가 사회복무기구 발전의 주요한 수단임을 서술하고 있다.

셋째, 사회조직의 거버넌스를 개선하는 조치를 담고 있다. 즉 발기인의 자격 요건, 회원대회·회원대표대회 등의 내부 거버넌스 기제의 확립, 정보 공개, 비영리성 강화 등의 내용이 포함되었으며 감독·관리의 강화와 더불어 기존의 처벌 조항을 법률적 책임으로 규정했다. 이러한 조치들은 개혁·개방 이후 지속적으로 추진한 제도화와 법치에 따른 법률 개선으로 볼 수 있다. 특히 당정의 관리 차원에서뿐만 아니라 사회단체 내부의 거버넌스에 관한 내용들이 많이 포함되었다.

이상의 내용들은 후진타오 집권 후반기부터 추진된 거버넌스 개선과 사회조직을 사구서비스를 중심으로 한 공공재 공급자로 전환하려는 정책이 공식화된 것이라고 할 수 있다. 그러나 이와 대조적으로 감독·관리는 매우 강화되었다. 「조례」 47조는 사회단체가 본 조례의 규정을 위반했다고 의심될 경우에 등기관리기관 즉, 민정기관이 할 수 있는 조치를 다음과 같이 열거하고 있다. (1) 사회단체 책임자와의 상담,[48] (2) 사회단체 소재지, 활동장소에 진입하여 현장조사 진행, (3) 조사 사건과 관련된 단체와 개인에게 설명을 요구, (4) 조사 사건과 관련된 문건과 자료를 열람·복제하고 이동·훼손·은닉·조작 가능성이 있는 문건과 자료의 봉인 보관, (5) 조사 사건과 관련된 장소·설비·재물의 폐쇄 및 압수, (6) 사회단체에 대한 재무 감사 실시 및 조사 사건과 관련된 개인·단체의 은행계좌 조사 등이다. 앞의 다섯 개 조치에 대해서는 등기관리기관의 주요 책임자 비준만으로 가능하도록 규정했다. 은행계좌 조사의 경우에는 구체적인 절차가 서술되지 않았다.[49] 사회복무기구와 기금회 조례에도 거의 동일한 내용이 추가되었다.

「조례」에 첨부된 설명은 이에 대한 언급조차 하지 않고 있지만, 이 부분이 이전의 「조례」와 비교하여 가장 큰 차이점 중 하나라고 볼 수 있다. 등기관리기관에 거의 사법기관에 준하는 조사권을 부여한 것이다. 자료 및 장소에 대한 압수·폐쇄는 물론 은행계좌까지 조사할 수 있다는 점에서 조사권이 아니라 거의 수사권에 근접하고 있다. 더구나 영장의 발부처럼 사법적으로 정확

---

48) 문자 그대로 번역하면 '상담(約談)'이지만 사실상 행정집행 과정에서의 상담으로 '취조'에 가깝다고 할 수 있다.

49) 기금회 조례에서 은행계좌 조사는 해당 정부의 비준을 거치도록 하고 대상도 기금회의 금융계좌로 한정했다. 이러한 차이가 의견수렴 과정에서 선택이 가능하도록 대안을 두기 위한 것인지, 아니면 사회단체에 대해서는 더 강력한 조치를 취할 수 있도록 한 것인지는 현재 불분명하다. 그러나 새로운 사회단체 조례와 이제까지의 정책 방향을 보면, 후자에 가까워 보인다.

한 절차가 규정되지도 않은 데다 관련 개인이나 단체로 조사 대상도 매우 포괄적이다. 형사 관련 법률을 제외하고 이러한 내용은 중국의 사법체계에서도 좀처럼 찾기 어렵다. 더구나 뒤이어 발표된 민정부의 시행지침들도 대부분 사회조직에 대한 조사와 관련된 내용이었다. 물론 사회조직 담당부처인 민정부가 그동안 감독·관리 과정에서 강제성을 가지지 않은 것은 아니다. 일례로 2000년 민정부의 「불법 민간 조직 취소 임시 시행방법(取締非法民間組織暫行辦法)」을 통해 강력한 조사가 가능했다. 그러나 이는 법률이 아니라 부처의 시행방법에 불과했고 명문상으로도 불법적인 민간 조직을 대상으로 한정하였으며 내용상으로도 「조례」보다 강하다고 할 수 없었다. 물론 중국은 정세에 대응하여 민간 조직에 대해 수시로 '정리정돈'을 시행했으며, 이 과정에서 법률을 넘어서는 관행적인 강제성이 없었을 리 없다. 그러나 법률을 통한 공식화는 일시적인 통제 강화가 아니라 보수적인 정책 전환을 의미한다고 볼 수 있다.

특히 「해외 비정부조직 국내 활동 관리법」은 이러한 전환을 가장 잘 보여준다. 무엇보다 해외 비정부조직 담당부처를 민정부에서 공안부로 이전했다. 이로 인해 등기관리는 물론 위에서 언급한 감독·관리 또한 법률의 내용에 상관없이 국내 사회조직보다 엄격해질 것이 자명하다. 실제 해외 비정부기구는 중국 정부의 추정으로도 2015년 약 7천 개에 달했으나 법률 시행 이후 2017년 7월 31일까지 등기를 마친 해외 비정부조직은 168개에 불과하다.[50] 대부분의 해외 비정부조직은 불법적인 지위가 될 수밖에 없다.

2016년 정책 전환의 또 하나의 특징은 당 조직 건설이 법률화되었다는 점이다. 중국은 '당 조직 비정부기구(PONGO)'라는 독특한 단어가 운위될 만큼

---

50) Nectar Gan, "Why foreign NGOs are struggling with new Chinese law," *South China Morning Post*, June 13, 2017.; 境外非政府組織辦事服務平台, "境外非政府組織代表機構登記臨時活動備案1至7月數據統計," http://ngo.mps.gov.cn/ngo/portal/view.do?p_articleId=30830&p_topmenu=3&pleftmenu=1 (검색일: 2017.8.12.).

오래전부터 사회조직 내 당 조직 건설을 추진해 왔다. 그러나 공산당과 사회 조직 간의 관계에 대한 내부 논쟁이 지속되었으며, 당의 지나친 침투가 사회의 발전을 위축시킬 수 있다는 견해도 존재하였다.[51] 무엇보다 공산당과 민정부 차원의 문건에서는 당 조직 건설을 강조하였지만 이를 법률화하지는 않았다.

일례로 1998년부터 2000년까지 일련의 관련 「통지」에서도 사회조직에 당 조직을 건설하도록 계속 주문했다. 그러나 주로 사회단체에 집중하고 조직 자체가 아니라 3인 이상의 당원이 당조를 건설해야 한다는 당규에 집중했다. 특히 1999년 「통지」는 2000년 6월 30일 이전에 3인 이상의 당원이 있는 곳에서는 반드시 당 조직을 건설하라고 했지만, 2000년 7월 21일 조직부 「통지」가 다시 하달된 것에서 알 수 있듯이 사회조직에서의 당 조직 건설은 쉽지 않았다. 공산당의 자화자찬과 달리 면밀히 살펴보면, 사회조직 내 당 조직 상황은 그리 좋지 않았다. 사회조직 내의 당 조직 통계는 거의 공개되고 있지 않지만, 한 연구에 따르면 2008년 말 50%를 상회하는 수준이었다.[52] 그러나 미공개인 실제 전수조사의 자료 일부를 인용한 연구에 따르면, 2010년 현재 겨우 12.15%에 불과했다. 이조차도 42만여 개에 달하는 사회조직 중에서 공식적인 당위원회는 1천여 개로 극소수에 불과했으며, 대부분은 지부 또는 임시지부이거나 복수의 사회조직이 하나의 당지부에 묶인 형태였다.[53] 2015년의 한 보도에서도 전국 조직률은 41.9%였다.[54] 최근 지방정부별로 공개된 통계를 보면 사회조직의 당 조직 비율은 20~90% 사이로, 지역별로 극심한 차이

51) Patricia M. Thornton. "The Advance of the Party: Transformation or Takeover of Urban Grassroots Society?." *The China Quarterly*. 213, 2013. pp.1~18.
52) Thornton. 2013. p.7에서 재인용.
53) 石國亮·廖鴻, "社會組織黨建的現狀, 難題與對策-基於: 一項全國性調查的深入分析." 『長白學刊』 3期, 2012. p.36.
54) 新華網, "解讀《關於加強社會組織黨的建設工作意見(試行)》." 「新華網」 9월 29일자, 2015. http://news.xinhuanet.com/2015-09/29/c_1116713323.htm (검색일: 2017.6.4.).

를 보인다. 이는 통계 기준이 통일되지 않은 이유도 있는 듯하다. 그러나 현재 당 조직이 사회조직 내에 전면적이고 보편적으로 조직화된 상태가 아닌 것은 분명하다. 전국적으로 보면, 실제로는 아직 50%를 넘지 못한 것으로 보인다. 이러한 상황에서 2016년 「의견」에 따라 사회조직 법률들은 모두 당 조직 건설 내용을 삽입하고 사실상 이를 의무화했다.

중국은 정부와 사회조직 간의 관계에서 이른바 정사분리(政社分開)의 원칙을 꾸준히 강조해 왔다. 표면적으로 사회조직의 자율성 강화라는 목적을 내세웠지만 내용상으로 보면 '분리'는 공무원의 사회조직 내의 겸직 금지 등에 국한된 것이었다. 이는 2016년 량반의 「의견」에서도 그대로 유지되었다. 정사분리의 원칙과 당 조직 건설의 강화를 동시에 강조하는 것은 일견 모순돼 보이지만, 중국의 목표는 분명하다. 공무원의 인적 침투로 인한 부패를 방지하고 사회조직의 효율성을 제고할 수 있는 제한된 자율성을 신장시키는 한편, 공산당의 이념과 조직을 침투시켜 사회조직을 철저히 관리·감독하려는 것이다.

V. 나가며

'개혁'은 중국에서 가장 빈번하게 사용되는 어휘이지만 이를 정의하기란 쉽지 않다. 개혁·개방이 문화대혁명에 대한 대응으로 자신을 규정했다는 점에서 국가–사회 관계의 관점으로 보면, 개혁은 시장과 사회가 당과 국가에 대한 일체화로부터 벗어나 일정한 자율성을 부여받았다는 의미일 것이다. 건국 이전 사회조직의 역사에서 봤듯이 실제 공산당은 사회조직에 대한 통일전선의 수립 과정에서 당과 사회의 일체화가 사회의 자율성 상실을 가져왔고, 그로 인한 폐해는 물론 당의 확장성도 훼손한다는 점을 학습했다. 개혁·개방 이후 당-국가의 시장과 사회로부터의 일정한 후퇴 또한 이러한 맥락에서 이해될 수 있다.

그러나 최근 사회조직에 대한 일련의 정책들은 사회조직을 신자유주의적 또는 신공공관리적인 국가 운영의 하부행위자이자 사구서비스를 중심으로 한 공공재 공급자로서, 도구적으로 재편하였다. 또한 선택적으로 등기를 완화하고 일부 행정이 간소화되었지만 당 조직 건설이 법률화되었다. 즉 이전과 달리 사회조직 내의 당 조직 건설이 의무화되었다. 당-국가에 대한 사회의 일체화를 강화한 것이다. 아울러 민정 부문의 사회조직에 대한 관리·감독의 강제력이 크게 강화되었다. 과거 정세에 따라 산발적으로 시행되었던 '정리정돈'이 법률화를 통해 일상화, 정책화되었다고 할 수 있다. 이러한 조치는 중국이 그동안 강조했던 법치의 가치를 일부 훼손할 가능성이 있으며, 신자유주의의 세련된 전략이나 신공공관리의 정책 조율과도 거리가 멀어 보인다.

결국 시진핑 전반기 중국의 사회조직 정책은 표면적인 '개혁'과 달리 사회조직의 기능적 도구화, 당-국가에 대한 일체화, 관리·감독의 억압적 기제 강화로 귀결되었다. 19차 당대회를 앞둔 2016년에 공식적인 법률의 형태로 이러한 정책 전환이 이루어졌다는 것은 중국이 사회조직에 대한 장기적이고 거시적인 전략을 결정했다는 의미이다. 또한 향후 사회정책과 국가-사회 관계가 지속적으로 보수화될 것이라는 점을 예고한다. 역사적으로 볼 때 사회조직의 자율성이 지나치게 억압받고 당-국가와 사회의 일체화가 강화될 경우 당-국가의 통치능력도 제약되었다. 권위주의 체제의 민주적 제도로서 안정과 번영, 정당성의 제고에 기여해 왔던 사회조직의 기능을 공공재 공급자로 한정하는 새로운 전략이 성공적으로 안착될지 아니면, 공식화·제도화된 사회조직에 대한 도구화·일체화·억압의 강화가 동일한 역사적 교훈을 일깨울지는 두고 볼 일이다.

이러한 중국의 사회조직 정책은 동아시아 지역협력에서 비정부기구의 역할을 더욱 축소할 것이다. 특히 앞서 〈표 4-2〉에서 봤듯이 한중일 각국 비정부기구들은 기능과 대상 등에서 각기 다른 유형으로 발전해 왔다. 민주화 과정에서 한국의 주요 비정부기구들은 세분화, 전문화된 일본과 달리 정치적 활동에 정향되고 보편적인 문제에 집중하는 운동조직의 형태로 발전했다. 중국은 사실상 관제 비정부기구(GONGO)만이 유효한 행위자이다. 이로 인해 비정부기구 간의 교류는 거의 없이 정부기관의 필요에 따라 비정부기구가 역할을 대신하는 수준이었다. 일례로 사실상 외교부에 종속된 기관인 인민대외우호협회(人民對外友好協會)가 문화, 예술 등의 대외교류 영역에서 표면상 이를 주도하거나 장소와 인력을 보조하는 역할을 하는 경우가 많다. 비정부기구의 역할을 활성화하려는 최근 중국의 변화도 실제 목표는 국내의 공공서비스 공급에 집중되어 있어 동아시아의 비정부기구 간 교류 활성화에는 도움이 되지 못할 것이다. 더구나 중국은 자국 내에서 활동하는 해외 비정부조직에 대한 통제를 강화하고 이를 '공안' 부문으로 전환했다. 동아시아에서 발생하는 각종 의제의 논의와 해결에서 중국이 가장 중요한 협력 대상이 될 수밖에 없는 작금의 상황에서 기원, 형태, 운영방식이 상이한 동아시아의 비정부기구 간 협력을 활성화하기 위해서는 이러한 현실을 인정하고 중앙정부의 부서, 지방정부 등의 다양한 행위자를 결합시킬 수밖에 없을 것이다.

·참고문헌·

김성민. "중국해외비정부조직관리법의 분석과 전망." 『현대중국연구』 19집 1호, 2017.

김의영. 『거버넌스의 정치학: 한국정치의 새로운 패러다임 모색』 명인문화사, 2014.

박철현. "사회 거버넌스의 조건; 단위를 대체하는 사구." 『성균차이나브리프』 3집 4호, 2015.

백승욱·장영석·조문영·김판수. "시진핑 시대 중국 사회건설과 사회관리." 『현대중국연구』 제17집 1호, 2015.

안치영. "현대 중국의 민간 조직 관리." 『中央史論』 35집, 2012.

안치영·김판수. "서문." 안치영·장호준·이설화·김판수(편역). 『중국 민간 조직 정책문건』 학고방, 2015.

유팔무. "비정부사회운동단체(NGO)의 역사와 사회적 역할: 시민운동과 정부와의 관계를 중심으로." 『동서연구』 제10권 제2호, 1998.

이나미. "국가형성기(1945~1960년) 한국 시민사회 제도사: 사회 영역을 중심으로." 『시민사회와 NGO』 제14권 1호, 2016.

정미애. "참여형태를 통해서 본 시민사회의 한일비교: 정치적 참여로서의 시민운동과 사회적 참여로서의 시민활동." 『담론 201』 9집 2호, 2006.

조문영·이승철. "'사회'의 위기와 '사회적인 것'의 범람." 『경제와 사회』 113, 2017.

조영남·안치영·구자선. 『중국의 민주주의: 공산당의 당내민주 연구』 나남, 2011.

조형진. "후진타오 정부 시기 정책 전환의 재정적 기원: 재정 집중화와 지역 간 균등화의 달성." 『한국정치연구』 24집 3호, 2015.

Blanchard, Jean-Marc F., Kun-Chin Lin(eds.). *Governance, Domestic Change, and Social Policy in China*. Palgrave Macmillan, 2017.

Brownlee, Jason. *Authoritarianism in an Age of Democratization*. Cambridge University Press, 2007.

Cook, Sarah, and Wing Lam. "China's response to crisis: what role for social policy?" in Kevin Farnsworth and Zoë M. Irving(eds.). *Social policy in challenging times: Economic crisis and welfare systems*. Policy Press, 2011. pp.139-

158.

Dickson, Bruce. *The Dictator's Dilemma: The Chinese Communist Party's Strategy for Survival*. Oxford University Press, 2016.

Gan, Nectar. "Why foreign NGOs are struggling with new Chinese law." *South China Morning Post*. June 13, 2017.

Gandhi, Jennifer. *Political Institutions under Dictatorship*. Cambridge University Press, 2008.

He, Baogang, and Stig Thøgersen. "Giving the People a Voice? Experiments with Consultative Authoritarian Institutions in China." *Journal of Contemporary China*. 19-66, 2010. pp.675-692.

Henderson, Rick and Mike Pochin. *A Right Result?: Advocacy, Justice and Empowerment*. The Policy Press, 2001.

Leib, Ethan, and Baogang He(eds.). *The Search for Deliberative Democracy in China*. Palgrave Macmillan, 2006.

Levitsky, Steven, and Lucan A. Way. *Competitive Authoritarianism: Hybrid Regimes after the Cold War*. Cambridge University Press, 2010.

Liu, Guoli and Lowell Dittmer. "Introduction: The Dynamics of Deep Reform." in Lowell Dittmer and Guoli Liu(eds.). *China's Deep Reform: Domestic Politics in Transition*. Rowman&Littlefield Publishers, Inc., 2006. pp.1-24.

Naughton, Barry. *The Chinese Economy: Transitions and Growth*. MIT Press, 2007.

Nathan, Andrew J. "Authoritarian Resilience." *Journal of Democracy*. 14-1, 2003. pp.6-17.

Prakash, Aseem and Mary Kay Gugerty. "Advocacy Organizations and Collective Action: an Introduction." in Aseem Prakash and Mary Kay Gugerty(eds.). *Advocacy Organizations and Collective Action*. Cambridge University Press, 2010.

Reimann, Kim D. "A View from the Top: International Politics, Norms and the Worldwide Growth of NGOs." *International Studies Quarterly*. 50-1, 2006. pp.45-68.

Saich, Tony. "Negotiating the State: The Development of Social Organizations in

China." *The China Quarterly*. 161, 2000.

Salamon, Lester M. *Partners in Public Service: Government-Nonprofit Relations in the Modern Welfare State*. The Johns Hopkins University Press, 1995.

Schedler, Andreas(ed.). *Electoral Authoritarianism: The Dynamics of Unfree Competition*. Boulder: Lynne Rienner, 2006.

Simon, Karla W. *Civil society in China: The Legal Framework from Ancient Times to the "New Reform Era"*. Oxford University Press, 2013.

Stromseth, Jonathan R., Edmund J. Malesky, and Dimitar D. Gueorguiev. *China's Governance Puzzle: Enabling Transparency and Participation in a Single-Party State*. Cambridge University Press, 2017.

Svolik, Milan W. *The Politics of Authoritarian Rule*. Cambridge University Press, 2012.

Tang, Wenfang. *Populist Authoritarianism: Chinese Political Culture and Regime Sustainability*. Oxford University Press, 2016.

Teets, Jessica C. *Civil Society under Authoritarianism: The China model*. Cambridge University Press, 2014.

Thornton, Patricia M. "The Advance of the Party: Transformation or Takeover of Urban Grassroots Society?." *The China Quarterly*. 213, 2013. pp.1-18.

Truex, Rory. "Consultative Authoritarianism and Its Limits." *Comparative Political Studies*. 50-3, 2014. pp.329-361.

Wong, Christine. "Rebuilding Government for the 21st Century: Can China Incrementally Reform the Public Sector." *The China Quarterly*. 200, 2009. pp. 929-952.

Wright, Teresa. *Accepting Authoritarianism: State-society Relations in China's Reform Era*. Stanford University Press, 2010.

"國家民間組織管理局更名為國家社會組織管理局." 『人民日報』 8월 31일자 4면, 2016.

境外非政府組織辦事服務平台. "境外非政府組織代表機構登記臨時活動備案1至7月數據統計." http://ngo.mps.gov.cn/ngo/portal/view.do?p_articleId=30830&p_topmenu=3&p_leftmenu=1) (검색일: 2017.8.12.).

民政部. "民政部关于学习宣传贯彻《关于改革社会组织管理制度促进社会组织健康有序发展的意见》的通知." http://www.mca.gov.cn/article/zwgk/tzl/201608/20160800001553.shtml. 2016a (검색일: 2017.9.3.).

民政部. "民政部关于《民办非企业单位登记管理暂行条例(修订草案征求意见稿)》公开征求意见的通知." http://www.mca.gov.cn/article/zwgk/tzl/201605/20160500000664.shtml. 2016b (검색일: 2017.8.12.).

民政部. "2016年社會服務發展統計公報." http://www.mca.gov.cn/article/zwgk/mzyw/201708/20170800005382.shtml. 2017 (검색일: 2017.9.10.).

石國亮·廖鴻. "社會組織黨建的現狀, 難題與對策-基於: 一項全國性調查的深入分析."『長白學刊』3期, 2012.

新華網. "解讀《關於加強社會組織黨的建設工作意見(試行)》."『新華網』2015.9. 29. http://news.xinhuanet.com/2015-09/29/c_1116713323.htm. 2015 (검색일: 2017.6.4.).

徐東海.『中國大陸民間組織研究(行政院大陸委員會委託研究博案研究報告)』 2016.

閆東.『中國共產黨與民間組織關係研究』中央翻譯出版社, 2011.

楊團 主編.『中國慈善發展報告, 2014』社會科學文獻出版社, 2014.

俞可平. "中國公民社會: 概念, 分類與制度環境."『中國社會科學』第1期, 2006a.

俞可平.『民主與陀螺』北京大學出版社, 2006b.

中共中央黨史研究室.『中國共產黨歷史: 第一卷(1921-1949)上冊』中共黨史出版社, 2002.

제5장

한일 관계와 거버넌스: 한일 지자체 교류를 중심으로[1)]

최운도 · 동북아역사재단

I. 들어가며

1990년대 이후 국제사회에서는 세계화가 최대의 화두로 등장하였다. 냉전이 막을 내리자 동서 진영을 가로막고 있던 벽이 무너져 내렸고, 40년간 지속되었던 진영 간 안보 위협이 사라졌다. 냉전 속에서 진행되어 온 기술 발전이 안보 위협의 소멸과 함께 장벽없는 교류를 가능하게 하였다. 그 흐름을 주도한 것이 정보화와 민주화이다. 인터넷은 정부, 공공기관, 기업체, 비정부기구와 개인에 이르는 국가사회의 모든 행위자들이 원하면 언제든지 국제사회의 행위자들과 정보를 주고받고 의사소통을 할 수 있도록 하였다. 거기다 민주화는 이들 다양한 행위자들이 국내 의사결정 과정에 참여할 수 있는 기회를 제공하였으며, 이들이 더 활발하게 국외 행위자들과 상호작용할 수 있도록

---

1) 본 논문은 『한국정치연구』 제26권 2호, 2017에 게재된 논문임을 알려드립니다.

해 주었다. 정보화와 민주화의 조합은 이들 행위자들로 하여금 국내뿐 아니라 국제사회에서도 영향력을 두고 경합할 수 있도록 해 주었다. 범지구적 규모로 진행된 이러한 과정은 소위 '거버넌스' 혹은 '글로벌 거버넌스'라는 새로운 개념을 낳게 하였다.

기존의 중앙정부 간 교류에 대비되는 지방자치단체(이하 지자체) 간의 교류도 그러한 변화들 중 하나에 해당한다. 민주화와 행정 개혁의 결과로 생겨난 지자체들은 외국의 지자체들과 교류를 통해 지자체로서의 생존 전략을 교환하고 상호 관계를 구축해 왔다. 중앙정부와의 관계 속에서 지자체가 갖는 자율성이 높을수록 중앙정부와는 다른 정책을 추구하게 된다. 그 과정에서 기존의 중앙정부가 국내외 모든 문제를 관할하고 통제하던 것과는 다른 질서가 생겨나게 된다. 이는 단지 중앙정부와 지자체 사이에서만 생겨나는 문제가 아니라 다른 행위 주체들과의 사이에서도 발생한다. 여기에서 거버넌스가 문제가 되기 시작한 것이다.

한일 관계는 흔히 시지포스의 신화에 비유된다. 죽을 힘을 다해 정상까지 올려 놓은 바위가 다시 굴러떨어지고, 그것을 다시 올려 놓고 굴러떨어지기를 반복하는 상황을 말한다. 지난 10여 년간 한일 관계는 그야말로 온탕과 냉탕을 롤러코스트처럼 오고 갔다. 김대중-오부치 선언 이후 한류 바람을 타고 좋아지던 양국 관계는 노무현 정부 시절 독도 문제와 역사 갈등으로 인해 나락으로 떨어졌다. 그러나 2000년대 후반 일본의 민주당 정권 시기에는 소위 '단군 이래 최고'라고 할 정도로 한일 관계가 순풍을 타기도 하였다. 그러던 한일 관계는 2012년 이명박 대통령의 독도 방문과 일왕 관련 발언으로 급전직하로 악화되는 상황에 빠지고 이어진 박근혜 정부에서도 2015년까지 '사상 최악'으로 치달았다. 그 과정에서 양국 정부 사이에 진행되던 많은 교류와 협력사업뿐 아니라 정부와 민간이 공동으로 참가하는 1.5트랙 대화들마저도 대부분 중단되는 상황에 이르렀다.

동아시아 지역 거버넌스와 초국적 협력: 현대사적 조명

정부 간 대화가 중단되는 상황에서 세계화 과정과 함께 진행되어 온 지자체 간의 교류와 협력은 어떻게 되었을까? 한일 관계의 급반전을 안타까워하는 많은 이들은 양국 관계 회복의 불씨를 중단된 정부 간 대화 재개에서 찾고자 했다. 그러나 1990년대 이후 진행되어 온 지방자치제도의 발전과 민주화, 정보화의 흐름이 거버넌스를 바꾸어 놓을 정도로 현실적인 것이라면 한일 관계 회복의 불씨와 희망은 정부 간 대화가 아니라 지자체 간 교류에서도 찾을 수 있어야 한다. 2012년 이후 2015년까지 진행된 한일 관계의 악화 속에서 지자체 간 교류와 협력의 변화를 살펴보는 것이 본 연구의 목적이다.

통계적 검정이라면 '지자체 교류는 한일 정부 간 관계 악화와 관계없다.'라는 것이 본 연구의 핵심 가설이 되어야 할 것이다. 그러나 짧은 기간의 변화를 대상으로 하는 만큼 통계적 검정을 목표로 할 수 없는 한계가 있다. 그러므로 이 질문은 그 기간에 지자체 교류가 정부 간 관계로부터 어떠한 영향을 받았는지 살펴보기 위한 것이라 할 수 있다. 본 연구를 위해서 대한민국 시도지사협의회 홈페이지의 전국 지자체 해외교류협력 데이터를 활용하였다. 11개 교류 분야 중 9개 분야에서 지자체 교류는 국가 간 관계 악화와 동일한 패턴을 보여 준 반면, 지자체 간 교류에서 가장 빈도가 높은 두 분야인 행정 교류와 인적 교류 분야는 국가 간 교류와 관계없이 유지되는 경향을 보였다.

II. 기존 연구들

기존의 지자체 교류에 관한 연구들은 지자체 교류를 통해 우리나라 특정 지역의 경제 발전이나 문화산업 활성화를 위한 전략을 모색하기 위한 것이거나, 거꾸로 경제 교류나 문화 교류를 통한 지자체 교류의 활성화 방안에 집중되어 있다.2) 그 외 몇몇 연구들은 국제화 과정에서 우리나라 지자체 전체의 국제 교류 현황이나 문제점을 분석하고 있다.3) 손기섭은 한일 관계 변화를 정치리더십과 상호의존성으로 설명하면서도 여전히 정부 간 관계에 집중하고 있으며, 그 틈새로서 부산의 역할과 발전 방안을 강조한다.4)

부산–후쿠오카 지역의 국제 교류는 가장 많이 거론되는 자자체 협력의 사례라 할 수 있다. 우양호는 세계화 시대에 지역 경제의 활성화 방안을 모색하는 과정에서 동아시아와 우리나라의 국제협력과 지역협력 부족을 지적하고 지방도시 간 협력을 제안하면서 그 성공 사례로 부산–후쿠오카 관계를 예로 들고 있다.5) 임정덕, 윤성민도 동남권(부산)–규슈(후쿠오카)라는 초광역권을 사례로 들고 있으나 이 지역의 경제협력 가능성과 방향을 제시하는 데 그치고 있다.6) 이들에 비하면 김석준은 세계화와 지역화 과정에서 부산, 상해, 후쿠오카 세 도시 간 교류 협력의 발전 가능성과 문제점을 분석함으로써 다자 간 교류를 분석하고는 있으나 연구의 목적은 여전히 새로운 교류의 발전 방안에 맞추어져 있다.7) 장제국은 부산–후쿠오카 광역협력의 가능성을 유럽의 코펜하겐(덴마크)–말뫼(스웨덴) 공동경제권과 비교하여 설명한다.8) 그런데 그 연구는 결국 국가주의가 지배하는 동아시아와 한일 관계에서 지자체협력

---

2) 손기섭. "한일협력의 새로운 패러다임의 모색: 부산시 지방정부 차원의 한일협력을 중심으로." 『정치정보연구』 제19권 1호, 2016. pp.159-183.; 우양호. "우리나라 지방정부의 국제 교류협력에 관한 사례 연구: 해항도시 '부산'과 '후쿠오카'의 초국경 협력." 한국지방정부학회 2011년 추계학술대회, 울산, 2011.11.; 임정덕·윤성민. "동남권(부산)–규슈(후쿠오카) 초광역권 경제협력의 가능성과 방향." 『지역사회연구』 제18권 2호, 2010. pp.91-111.; 김석준. "동북아 지역 도시간 교류 협력의 전망과 과제: 부산, 상해, 후쿠오카를 중심으로." 『韓國民族文化』 제15호, 2000. pp.373-383.
3) 김진아. "우리나라 지방자치단체의 국제 교류 현황과 문제점." 한국지방정부학회 2011년 추계학술대회, 울산, 2011.11.; 성태규·이재현. "지방자치단체의 국제 교류실태 및 활성화 연구: 충청남도를 중심으로." 『사회과학연구』 제18권 1호, 2007. pp.17-42.
4) 손기섭. 2016.
5) 우양호. 2011.
6) 임정덕·윤성민. 2010.
7) 김석준. 2000.
8) 장제국. "釜山–福岡 초광역 경제권 형성과 한일협력." 『지역사회』 제63호, 2010. pp.25-30.

이 정부 간 관계의 제약을 받고 있음을 지적한다. 정용하는 동일 지역을 다루면서도 지자체의 지역협력 거버넌스를 비교·분석하였다.[9] 이 광역 경제협력에 있어서 부산시의 지원이 행정 중심으로 규정되어 있고 협치사업과 활동에서도 시장의 권한과 영향력이 강화된 행정 주도형임을 지적한다. 반면 일본의 경우는 비영리 활동을 촉진하는 'NPO'법에 따라 NPO를 지원하면서 운영의 자율성을 보장하는 행정−NPO 상호 협력형을 따르는 결과 지나치게 NPO의 자율과 주도에 의존하는 경향을 보이고 있음을 지적한다.

반면 김진아는 우리나라 지자체 전체의 현황과 문제점을 분석하였고,[10] 성태규·이재현은 우리나라 16개 광역 시, 도의 국제 교류 문제점은 동일하다는 가정하에 충청남도와 충청남도 16개 시, 군의 교류 현황에 대한 설문조사(충청남도 국제통상과 실무자 29명)와 통계 자료에 기초한 실증연구를 수행하였다.[11] 그러나 이들은 전체적인 지자체 조직의 문제에 집중하며 한일 관계나 지자체 교류의 거버넌스 문제는 분석의 대상으로 삼고 있지 않다.

한일 관계와 거버넌스의 문제를 다루는 연구들은 있으나,[12] 부산−후쿠오카와 같은 사례 이외에 지자체 간 국제 교류와 한일 관계 거버넌스 문제에 대한 연구는 거의 존재하지 않는다. 정미애는 뉴거버넌스라는 개념을 통해 한일 관계의 현안으로서 역사 문제 해결에 있어서 시민사회의 역할을 강조한다.[13] 그 예로, 일본의 우익 역사교과서 채택이나 일제하 강제 동원 피해자 문

---

9) 정용하. "한일지자체의 로컬 거버넌스 비교: 부산시와 후쿠오카시의 국제 교류·협력을 중심으로." 『21세기정치학회보』 제22권 3호, 2012. pp.397−420.

10) 김진아. 2011.

11) 성태규·이재현. 2007.

12) 정미애. "한일 관계에서 시민사회의 역할과 뉴거버넌스." 『아태연구』 제18권 2호, 2011. pp.17−41.; 김장권. "한국과 일본의 분권화 개혁 비교연구." 임혁백·고바야시 요시아키(편). 『한국과 일본의 정치와 거버넌스: 변화와 지속』 서울: 아연출판부, 2005. pp.221−251.; 전진호. "후쿠시마 원전 사고의 국제정치: 원자력안전 거버넌스와 국제협력." 『국제정치논총』 제51권 2호, 2011. pp.183−211.

13) 정미애. 2011.

제에 있어서 정부가 미온적인 대처에 머물렀을 때 한일 양국의 시민사회 협력이 적극적인 역할을 수행하였다는 점을 들고 있다. 그러나 그러한 사례들은 과거 청산이라는 면에서 일정 역할을 한 것은 사실이나 시민사회의 가능성을 보여 주는 것일 뿐 한일 간 관계 개선을 위한 근본적인 문제 해결과는 거리가 멀다. 박철희가 지적하는 바와 같이 양국의 시민사회는 한일 관계의 의제설정에 부정적 영향을 미침으로써 갈등을 부추기는 역할을 수행한 것도 사실이다.[14] 이것은 시민사회 교류가 정부 간 교류와 독립적으로 움직이기보다는 오히려 갈등을 심화시키는 방향으로 나아갔음을 말해 준다.

김장권은 한국과 일본의 분권화 특징을 비교함으로써 분권화 자체에 대한 논의를 벗어나지 못하고 있다.[15] 이와 같이 한일 관계의 거버넌스라는 면에서 기존의 연구들을 보면 대부분이 정부 간 관계가 아니면 시민사회의 역할에 초점을 두고 있음을 알 수 있다.

이들과 비교했을 때 이진원의 연구는 한일 관계와 지자체 교류의 현황, 그리고 거버넌스의 문제를 다룬 최초의 연구라 할 수 있다.[16] 이 연구는 1965년 한일 국교 정상화 이후 지금까지 지자체 간 교류의 현황을 보여 준다. 지방 분권화 과정에서 한일 지자체 교류가 어떠한 성장을 해 왔는지 보여 주고 향후의 전망을 제시할 수 있다는 점에서 많은 시사점을 준다. 그러나 이 연구는 아직 한일 관계나 거버넌스에 대한 가설 검증의 단계까지는 나아가지 못하고 있다. 이에 본 연구에서는 한일 중앙정부 간 관계의 악화가 지자체 간 교류에 미치는 영향을 중심으로 분석하고자 한다.

---

14) 박철희. "한일갈등의 반응적 촉발과 원론적 대응의 구조." 『한국정치외교사논총』 제29집 2호, 2008. pp.323-348.
15) 김장권. 2005.
16) 이진원. "5장: 지방정부의 교류를 통해서 본 한일협력." 한국일본학회(편). 『경쟁과 협력의 한일 관계』 서울: 논형, 2016. pp.125-149.

III. 동아시아에서의 세계화, 국가주의 그리고 거버넌스

  냉전이 끝나자 안보 위협이 사라졌고 유럽은 통합의 시대로 접어들었다.[17] 한편 유럽에서는 새로운 차원의 안보에 눈을 돌리기 시작했다. 코펜하겐 학파가 주도하는 비전통안보에 대한 논의는 유럽에서 국가 간 안보 위협이 사라지고 노동과 재화가 국경 없이 이동하게 된 지역통합을 배경으로 한다. 그러나 냉전의 종식에도 불구하고 동아시아 국제 질서에는 큰 변화가 없었다. 그러자 유럽의 과거가 아시아의 미래가 될 것이라거나,[18] 동아시아도 유럽과 같이 세계화의 진전과 경제 발전에 따라 지역협력기구의 발전과 안보 개념의 다양화를 겪게 될 것이라는 상반된 주장들이 제기되었다. 1990년대 이 지역에서는 1993년 1차 북핵 위기를 시작으로 핵 개발과 미사일 위협이라는 형태로 전환된 북한의 위협이 지속되었으나 그 밖의 새로운 군사적 위협은 아직 등장하지 않았다.

  본 연구의 대상 시기인 2012년 이후 동아시아의 국제관계는 2010년대와는 또 다른 국면으로 전개되었다. 2000년대 첫 10년간 동아시아는 유럽에서와 같은 수준에는 미치지 못하지만 통치 개념에 변화가 생겨나기 시작하였고, 거버넌스라는 개념이 논의되기 시작하였으며, 지역주의기구의 발전을 경험하였다. 1997년 동아시아에 외환 위기가 찾아오고, 위기 극복에 미국이 주도하는 APEC이 별다른 역할을 하지 못하면서 동아시아국가들 사이에 지역주의 논의가 시작되었다. 지역 국가들 사이의 양국 간 FTA 체결과 ASEAN의 성립에서 출발한 지역주의 움직임은 각종 다자주의기구의 설립으로 이어졌다. 그 결과 동아시아에는 각 국가들을 연결하는 수많은 양자 관계와 다자 관계

---

17) Stephen Van Evera, "Primed for Peace: Europe After the Cold War," *International Security*, 15-3, 1990/91, pp.7-57.
18) Aaron Freidberg, "Ripe for Rivalry: Prospects for Peace in a Multipolar Asia," *International Security*, 18-3, 1993/94, pp.5-33.

가 생겨나서 그물망을 형성하기에 이르렀다. 유럽과 미국이 주도한 글로벌한 차원에서의 거버넌스 변화가 동아시아 지역에도 적용되기 시작하였다. 이러한 지역주의의 발전은 한편에서 중복된 다자주의 협약 관계의 복잡성이 오히려 국가 간 협력을 방해한다는 주장이 제기될 정도로 이 지역의 국제관계가 협력적인 분위기 속에 진행되었고,[19] 비국가행위자들의 역할도 증가하게 되었다.[20]

2008년 이후 중국의 부상과 함께, 탈냉전 이후 지역주의의 발전에 가려졌던 전통적 의미의 안전보장 논의가 동아시아 안보 논의의 중심으로 되돌아왔다.[21] 이는 세력전이(power transition)라 불리기도 하고, 파워 시프트(power shift)라 불리는 현상, 즉 중국의 부상과 안보 질서의 변화에 따른 것으로, 2008년 중국이 동중국해와 남중국해를 대만, 신장 위구르, 티벳의 세 지역에 더 보태어 중국의 핵심적 이익이라 언급한 것을 기점으로 삼는다. 이에 맞추어 미국은 2010년부터 국방정책의 중심을 중동에서 동아시아로 옮겨오는 재균형정책을 선언하였다.

그 이후 동아시아에는 중국과 일본 사이의 영토분쟁, 남중국해를 둘러싼 미국, 일본, 동남아 국가들과 중국의 갈등, 중국·한국과 일본 사이의 역사 갈등 등 국가 간 갈등이 끊이지 않고 있으며, 지역질서에 대한 논의도 국가를 떠나서는 불가능한 수준에 이르렀다. 특히 2012년 이후의 한일 관계 악화와 회복의 지연도 국가주의 경향의 강화와 연관이 깊다는 지적이 나온다.[22]

---

19) Richard E. Baldwin. "Managing the Noodle Bowl: The Fragility of East Asian Regionalism." *Working Papers on Regional Economic Integration*. 7, 2007. Asian Development Bank.

20) T. J. Pempel. "Introduction: Emerging Webs of Regional Connectedness." In T. J. Pemple(ed.). *Remapping East Asia: the Construction of Region*. New York: Cornell University Press, 2006. pp.1-28.

21) 遠藤誠治·遠藤乾. 『シリーズ日本の安全保障 1: 安全保障とは何か』 東京: 岩波書店, 2014.; 飯田将史. "東アジアのおける日中関係." 飯田将史(編). 『転換する中国』 東京: 防衛省防衛研究所, 2009. pp.125-146.

22) 동북아평화협력구상팀. 『동북아평화협력구상』 서울: 오름, 2014.

이러한 국제 질서에 있어서 두 개의 상반된 경향의 등장은 2014년『Foreign Affairs』에 실린 두 개의 논문이 잘 보여 준다. 월터 미드(Walter Russell Mead)는 국제 질서에 지정학이 되돌아왔음을 강조한다.[23] 그는 중국, 러시아, 이란을 수정주의 국가라 부른다. 동아시아에서 일본과의 영토분쟁을 넘어 동남아시아와 서태평양으로까지 영향력을 확대하려는 중국의 움직임과 우크라이나 사태를 통해 나토의 확장을 견제하고 나선 러시아의 등장, 그리고 중동지역에서 핵 개발을 통해 맹주의 지위를 확보하려는 이란은 자유주의 시장경제와 민주주의의 확산이 중심이 되어 온 탈냉전 국제 질서를 국가들 사이의 세력 확장의 추구와 서로에 대한 견제와 균형이 주도하는 지정학적 국제관계로 되돌려 놓았다는 것이다. 박근혜 대통령이 2012년부터 쓰기 시작한 '아시아 패러독스' 또한 이러한 국가주의 경향을 지적한 것이라 할 수 있다.

그런가 하면, 자유주의 국제 질서의 옹호자인 아이켄베리(G. John Ikenberry)는 여전히 안정적인 자유주의 탈냉전 질서가 그러한 국지적인 지정학적 관계를 압도하고 있다고 주장한다.[24] 중국과 러시아는 제대로 된 수정주의 국가가 아니며, 기껏해야 일시적으로 국제 질서를 이용하려는 세력들에 불과하다는 인식이다. 이들 국가들의 위협적이며 공격적 행동은 그들 지도자들이나 정권이 안정적이기보다는 오히려 불안정하다는 점을 반영하는 것이다. 다자주의, 동맹, 무역협정, 민주주의 등과 같은 규범과 제도의 틀은 수정주의 국가들로 하여금 이러한 질서들을 흉내내도록 하였으며, 미국은 이들을 자신의 지도력을 유지하는 수단으로 활용해 왔고 그에 성공하였다. 그러므로 지정학의 문제 또한 자유주의 질서가 큰 틀에서 해결해야 할 문제들 중 하나에 불과하다는 것이다.

---

23) Walter Russell Mead, "The Return of Geopolitics: The Revenge of the Revisionist Powers," *Foreign Affairs*, 93-3, May/June 2014, pp.69-79.
24) G. John Ikenberry, "The Illusion of Geopolitics: The Enduring Power of the Liberal Order," *Foreign Affairs*, 93-3, May/June 2014, pp.80-90.

이와 같이 2010년 이후의 국제 질서는 국가주의와 자유주의 질서가 혼재하고 있음에 틀림없다. 이러한 상반된 두 개의 경향은 글로벌 거버넌스와 지역주의의 변화뿐 아니라 양국 관계와 한 국가 내에서의 거버넌스에도 반영되고 있다.

거기다 로컬 거버넌스 자체가 '지방자치 차원에서 이행당사자와 주민이 직접 정책 또는 공동문제 해결의 전 과정에 주도적으로 참여하는 거버넌스 모델을 상정'[25]한다면, 한일 관계에 있어서 우리나라 지자체가 갖는 자율성이란 국제사회의 트렌드와 국가 간 관계, 그리고 국가와 지방의 관계, 나아가 지방정부와 주민과의 관계라는 수많은 단계에서의 제약을 거쳐야 비로소 가능한 것이라는 결론에 이르게 된다. 물론 우리나라의 지자체 운영의 실제가 '로컬 거버넌스'의 기준에 부합하지 않는 면이 많다는 것은 위에서 언급한 지방자치 연구들의 결론이라 할 수 있다. 이러한 점들을 염두에 두고, 본 연구는 한일 관계에 있어서 국가 간 관계의 변화가 한일 지자체 간의 교류 협력 확산에 어떠한 영향을 미치는지에 대해 살펴보고자 한다.

IV. 세계화 속의 한일 관계와 지자체 교류 협력

2012년 8월 이명박 대통령의 독도 방문과 그에 이어진 일왕 관련 발언은 '단군 이래 최고'라고 평가되던 한일 관계를 얼어붙게 만들었다. 얼마 지나지 않은 2013년 1월 말, 박근혜 대통령 취임식에서의 아소 다로 부총리 발언과 그에 이은 아베 총리의 '침략의 해석' 관련 발언 등으로 한일 관계는 '사상 최

---

25) 김의영. "굿 거버넌스 연구 분석틀: 로컬 거버넌스를 중심으로." 『한국정치연구』 제20권 2호, 2011. pp.209-233.

악'의 관계로 빠져들었다. 김대중-오부치 선언 이후로 진행되어 온 문화 교류와 한류 바람을 타고 한국과 일본은 양국 공동으로 실시하는 각종 교류와 행사를 증가시켜 왔다. 그러나 2012년 8월 이후 정부 간 교류의 대부분이 갑자기 중단되었다가 2015년 이후 본격적으로 재개되었다.

일본 자위대는 2012년 9월 3일부터 6일까지 한국 공군의 남부 전투사령관을 초청하는 지휘관 교류를 예정하고 있었으나 한국 측의 의향에 따라 중단했다. 3일부터는 한국 해군 교육사령관의 일본 방문도 취소되었다.[26] 10월에는 한국 해군의 제1함대 사령관이 일본을 방문해 해상자위대와 교류할 예정이었으나 이 또한 취소되었다. 뿐만 아니라 양국의 최고위급이 참가하는 2+2 회의인 한일안보정책협의회도 2009년 12월의 역사 갈등 때문에 중단된 이후[27] 한일정보보호협정 파문과 독도 문제 등이 겹치면서 열리지 못하다가 2015년에야 재개되었다. 양국 해양 안전당국의 장관급 회담도 2012년 6월 이후 열리지 못하다가 4년 뒤인 2016년 7월에야 재개되었다.

한일 양국이 금융 위기에 대처하여 최대 700억 달러를 융통하기로 한 2001년의 통화 스와프협정은 다자간기구인 치앙마이 이니셔티브 틀 속에서 이루어 낸 대표적 양자 관계였다. 그러나 2012년 8월 양국 관계가 악화되면서 우리 측이 중단을 선언했다. 한국과 일본의 정책을 조율하는 한일 재무장관회의도 그때 이후 열리지 못하다가 2015년 5월에야 재개되었다.

중단된 것은 정부 간 대화만이 아니었다. 정부의 예산 지원을 받아 실시되던 양국 민간 대화 및 교류 행사, 1.5트랙 대화들도 모두 중단되었다가 이후에 재개된 바 있다. 민간 교류 협의체인 '한일포럼'은 2012년 8월 일본 측에서

---

26) 朝日新聞. "日韓防衛交流, 相次ぎ中止 竹島問題, 広がる余波." 2012.9.2.
27) 한일안보정책협의회는 1998년 시작되어 2009년까지 9번 개최되었다. 그러나 2009년 일본의 문부과학성이 고등학교『학습지도요령해설서』에 독도에 대한 일본의 영유권을 명기함으로써 그리고 2010년부터는 독도에 대한 일본의 영유권 주장을 담은 교과서가 출판되고 한일 관계가 악화되면서, 한일안보정책협의회도 중단되었다.

일방적으로 파기해 중단된 경우이다. 이 협의체는 일본의 국제교류기금 지원 아래 1993년부터 한일 양국의 정치인, 경제인, 학자, 언론인 등 50여 명이 참 가하는 것으로 20여 년간 지속되어 왔으나 독도 사태로 중단되었다. 양국 정 상 간 합의에 따라 한국과 일본이 민간 차원에서 한일 관계의 바람직한 미래 상을 연구하기 위해 2009년 발족된 '한·일 신시대 공동연구'의 경우 중단되 지는 않았으나 2013년에 나온 보고서의 제언들은 사실상 대부분 용도 폐기 되었다.[28]

한일 관계는 지리적 근접성과 문화적, 정치적, 이념적 유사성과 동시에 역 사·영토 문제에 있어서 심각한 갈등의 소지를 안고 있는 만큼 언제든지 관계 의 악화와 개선의 가능성을 가지고 있다.[29] 그러나 2012년 8월 이후 양국 관 계에서 겪은 바와 같이 모든 국가 간 교류와 정부 지원 교류가 중단되는 것은 양국 관계의 회복 여지를 없애 버리는 것인 만큼 우리나라의 국익에도 도움 이 되지 않는다.

정부 간 행사와 1.5트랙 대화, 그리고 정부 지원 민간 행사들이 취소되었다 면 지자체 간 교류는 어떻게 되었을까? 정부 간 관계가 악화되면 지자체는 정 부의 입장을 따르기 위해 한일 교류를 중단할 것인가, 아니면 지자체의 자율 성 유지를 위해 영향을 차단할 것인가? 흔히 우리나라의 중앙정부와 지자체 간의 관계는 낮은 재정 자립도로 인해 자율성이 확보되어 있지 않다는 것이 문제점으로 자주 거론되고 있으며, 기초단체의 경우는 그 정도가 더욱 심한 것으로 알려져 있다. 그러나 그 자율성의 부족은 흔히 재정 부족으로 인해 독

28) 서울신문. "광복 70년·한일 수교 50년 '한·일 미래상' 연구는 활성화… 실질적 진전은 거의 없어." 2015.8.17.
29) 한국과 일본의 양국 관계는 다른 나라들과의 양자 관계에 비해 훨씬 더 많은 갈등을 경험하고 있 다. 그러나 양국은 그보다 더 많은 우호 교류 관계를 지속해 오고 있다. 즉, 갈등뿐 아니라 우호 교류 도 많은 것은 중요한 우호 관계의 양자 관계가 갖는 특징이다. 최운도 "세계평화지수를 통해 본 일본 외교정책에 있어서의 협력과 갈등." 이성우 외(공편). 『세계평화지수연구』 서울: 오름, 2009. pp.195 -226 참조.

자적인 업무보다는 위임 업무가 대부분을 차지하는 지자체 행정의 한계라는 것이 지방행정 관련 연구들의 일반적인 견해이다.

지자체 업무 중 한일 교류 분야는 행정 위임 업무들과는 직접적인 연관이 없는 것으로, 지자체의 능력 향상이나 국제화 실적과 직결되는 중앙정부의 권고 사항에 해당하는 만큼, 중앙과 지자체 간의 통제 관계로부터 상대적으로 자유로운 분야라 할 수 있을 것이다. 더구나 세계화의 진행에 따른 지자체들의 국제 교류에 있어서 자율성 확대는 시대적 경향이라 할 수 있다.

그러나 몇몇 사례를 보면 지자체 협력이 세계화의 진행보다 오히려 한일 관계의 변화를 반영하는 경향을 보이는 것도 사실이다. 2005년 2월 시마네현이 조례로 '다케시마의 날'을 제정하자 시마네현과 '자매결연'을 맺은 바 있는 경상북도는 전면적인 교류 중단을 선언하였다. 또 다른 사례로, 일본의 미야기현과 교류 협력 관계에 있는 강원도는 2009년 교과서 파동을 계기로 교류를 중단한 바 있다. 이와 같이 역사, 영토 문제와 관련하여 한일 갈등이 생길 때마다 양국의 지자체 교류가 영향을 받은 것이 사실이다. 그러나 1960년 이후 양국 지자체 간 교류 협력은 지속적으로 증가해 왔으며, 특히 2000년대에 들어서면서 폭발적으로 증가하였다. 하나의 변화를 지적하자면, 2012년 이전의 교류 중단 사례들은 주로 우리 측 지자체가 주도한 것들이었으나 2012년 당시의 중단 사례들은 일본 측 지자체가 주도한 경우가 많았다는 점이다. 지금까지 한일 양국 지자체 교류에 대한 포괄적 연구와 관찰이 드물었던 만큼 2012년 이후 한일 관계 악화가 지속되자 지자체 교류에 대한 관심이 증가한 것도 사실이다.

'2012년 이후 한일 관계가 악화되었을 때 한일 지자체 교류는 어떠한 변화를 보였는가'라는 문제를 제기하고, 2000년 이후의 지자체 교류 데이터를 활용하여 2012년 이후 한일 지자체 교류의 현황을 살펴보고자 한다.

V. 한일 지자체 간 국제 교류 관련 데이터와 연구방법

본 연구에서 국제 교류라 함은 흔히 국제교류협약의 기준점으로 분류되는 자매도시와 우호도시협약의 체결을 전후한 두 지자체 간의 교류를 말한다. 자매도시협약은 국내·해외 지자체 사이에 일정 기간 진행된 교류의 성과를 기초로 좀 더 활발한 교류에 대한 의지를 다지는 하나의 약속에 해당한다. 자매도시협약은 2003년 말까지 행정자치부의 승인이 필요하였으나, 2004년 1월 이후 각 지방자치단체로 그 권한이 이양되어 행정자치부의 승인은 필요하지 않게 되었다. 그러나 여전히 지방의회의 승인이라는 절차는 남아 있다. 반면 우호도시협약은 자매도시보다 낮은 단계의 교류협약으로, 향후 더욱 적극적인 교류를 추진하겠다는 의지의 표현이라 할 수 있다. 또한 우호 교류는 지방의회의 승인을 필요로 하지 않는다는 점에서 자매도시와는 차이가 있으나 나머지는 동일한 절차를 거쳐 진행된다.

2012년 행정자치부에서 발행한 보고서 『지방자치단체 국제 교류 현황(지자체별)』에 따르면, 우리나라의 광역 지자체에 해당하는 16개 시도와 209개 시군구의 기초 지자체 국제교류협약 체결 건수는 전체 64개국 대상으로 1,183건이다. 이 중에서 중국이 475건, 일본이 172건, 미국이 130건 등 세 나라 합계가 777건으로 전체 협약 체결 건수의 66%를 차지하고 있다. 특히 네 번째로 많은 베트남이 39건에 불과한 것을 보면 지자체들의 국제 교류가 이들 3개국에 집중되어 있음을 알 수 있다(행정자치부. 2012).[30] 국내 지자체별로 체결 건수를 비교해 보면 경기도(시군구 포함)가 193건으로 가장 많았고, 서울 152건, 강원 107건, 전남 101건의 순으로 많았다. 광역 지자체 중에서는 전라북도가 자매도시협약을 3개국 8개 도시와 체결하고, 기초 지자체의 경우

---

30) 행정자치부. 『지방자치단체 국제 교류 현황(지자체별)』 서울: 행정자치부, 2012.

광주광역시 내 지자체들이 2개국 11개 단체와 협력을 체결하여 가장 적은 것으로 나타났다.

본 연구가 목표로 하는 현황 파악에 필요한 데이터, 즉 우리나라의 광역과 기초 지자체들이 지난 2000년 이후 최근까지 일본의 광역, 기초 지자체들과 실시해 온 국제 교류 활동 자료는 대한민국 시도지사협의회 홈페이지의 국제 교류 자료 중 전 세계 지자체들의 분야별 교류 현황 자료에서 얻을 수 있다.[31] 동 자료는 1965년 국교 정상화 이전의 교류 활동에 대해서도 기록하고 있으나 본 연구에서는 2000년 이후의 자료만을 활용했다. 연구 주제는 최근의 교류 현황과 변화에 주목하고 있으나 자료의 신뢰성을 확인하기 위해서는 전후의 자료를 살펴볼 필요가 있기에 2000년 이후의 데이터를 활용했다.

지난 50년간의 한일 지자체 간 교류 전체를 보면 그 횟수가 급격히 증가하였다. 〈그림 5-1〉이 그러한 추세를 보여 준다. 2010년대의 교류가 현재 진행 형임을 고려하면 증가 추세는 계속될 것으로 보인다.

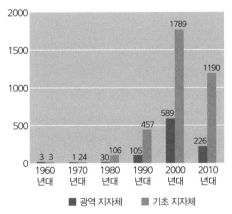

〈그림 5-1〉 한일 지방정부 간 교류 횟수
출처: 이진원. 2016. p.134.

---

31) http://www.gaok.or.kr/gaok/exchange/listField.do?menuNo=200083(검색일: 2016.10.28).
여기에는 우리나라 지자체들이 전 세계를 대상으로 체결한 국제교류협약이 국가별로 나열되어 있으나, 이진원(2016)은 일본의 지자체들과의 협약들만을 모아 시기별로 분류 작업을 하였고, 본 연구는 그 데이터를 활용한다.

<표 5-1> 지자체 교류 활동 분야의 분류

교류 분야 (시도지사협의회 홈페이지 분류)	해당 항목 예시	교류 분야 (김진아, 2011 분류)
행정 교류	대표단 상호 방문, 행정정보 교류, 교류10주년기념식 등	인적 교류
인적 교류	공무원(상호) 파견, 공무원 연수, 청소년 상호 방문, 홈스테이, 대학생 교류 등	
청소년 교류	홈스테이, 수학여행, 청소년 스포츠 교류, 어학연수, 국제 인턴십	
문화예술 교류	축제 참가, 예술단 공연, 바둑 및 서예교류전, 미술전시회, 한복패션쇼 행사 등	문화 교류
민간단체 교류	상공회의소 간 교류, 예술협회·의사회 등 민간단체 간 교류, 대학생 교류사업 등	
스포츠 교류	친선 축구대회, 친선 야구대회, 국제육상대회 등	체육 교류
관광 교류	관광물산전, 수학여행, 의료관광 유치 등	경제 교류
경제 교류	경제교류협정 체결, 시장개척단 파견, 경제상담회 개최, 국제인턴십, 상공회의소 간 교류, 투자설명회, 직항로 개설, 기술이전 협의 등	
기술·학술 교류	행정정보 관련 세미나, 국제심포지엄 개최, 농업기술연수, 산업 관련 연수 등	
상징사업	공원 조성, 거리 명명식, 자매도시 전시관 개관, 명예시민증 수여 등	상징 교류
기타	의료봉사, 성금 전달, 원조, 동물 기증 등	기타

출처: 대한민국 시도지사협의회 http://www.gaok.or.kr/gaok/exchange/listField.do?menuNo=200083
(검색일: 2017.6.27.).

대한민국 시도지사협의회 홈페이지는 협약 체결을 전후한 교류 활동을 그 내용에 따라 〈표 5-1〉과 같이 분류해 두고 있다.

그러나 다른 연구들은 목적과 편의에 따라 교류 활동을 다르게 분류하고 있다. 이은재·조석주·김종식(1990)은 1) 인적 교류, 2) 기술·교육·학술 교류, 3) 산업·경제 교류, 4) 스포츠 교류, 5) 기타 교류로 분류하는가 하면, 성태규·이재현(2007)은 1) 인적 교류, 2) 경제통상 교류, 3) 문화 교류의 세 가지로 분류한다. 시도지사협의회 국제협력부장 김진아(2011)는 1) 인적 교류, 2)

문화 교류, 3) 체육 교류, 4) 경제 교류, 5) 상징 교류, 6) 기타 교류로 분류하고 있다. 대한민국 시도지사협의회 홈페이지의 11가지 분류는 연구 목적과 통계 분석방법에 비추어 볼 때 지나치게 세분화된 경향이 있음을 고려하면 시도 지사협의회의 전문가가 제안하는 김진아(2011)의 6가지 분류가 타당할 것으로 보인다. 그러나 1건의 교류 활동이 다양한 성격을 동시에 가질 수 있는 만큼 대한민국 시도지사협의회의 데이터도 11개 분류에 따라 교류의 성격을 1개 분야 혹은 복수의 분야로 규정하고 있다(예: 스포츠 교류, 청소년 교류). 11개 개별 분야의 교류 활동을 보고자 할 경우에는 실제 그러한 교류 활동이 있었던 것이므로 중복 등록의 문제가 없을 수 있다. 그러나 일부 교류들의 경우 복수의 분야에 중복 포함되는 경우도 있으므로, 각 분야 교류 건수의 합을 활용할 경우에는 주의가 필요하다. 또한 11개 분야 중 경제 교류, 민간단체 교류 그리고 상징사업과 기타 사업 4분야의 경우 연 10회 이상의 두 자리 건수를 찾기도 어려운 만큼, 11개 개별 분야별 분석이 반드시 바람직한 것만도 아니라 할 수 있다. 그러므로 이러한 점에 주의하면서 데이터를 분석할 필요가 있다.

결과를 살펴보기에 앞서 측정 방법에 대해 언급할 필요가 있다. 본 연구의 주제는 2012년 이후의 지자체 간 교류가 급격한 감소 경향을 보인 국가 간 교류와 차이가 있는지 여부를 판단하는 것을 목표로 한다. 그러므로 2012년 이후 경향의 차이에 대한 통계적 분석이 필요하나 현재로서는 경우의 수가 부족하여 그러한 통계적 분석이 불가능하다. 그러므로 본 연구에서는 그래프의 변화 경향을 보고 판단하는 것이 최선의 방법이라 할 수 있겠다. '뚜렷한 감소'와 다른 경향이란 유지 혹은 증가를 의미하는 만큼, 그래프에 나타난 형태로 판단하고자 한다.

VI. 11개 분야 한일 지자체 간 교류의 변화

먼저 교류 활동의 주체인 전체 지자체를 광역단체와 기초단체로 분류하여 2000~2014년에 걸친 분야별 교류 건수를 빈도분포로 표시하였다. 〈그림 5-2〉부터 〈그림 5-17〉이 이에 해당한다.

〈그림 5-2〉와 〈그림 5-3〉의 두 그래프를 보면, 지난 10여 년 동안 한일 관계에 있어서 주요 계기들을 짚어 볼 수 있다. 우선 1998년 김대중-오부치 선언 이후 양국 관계는 순풍을 타게 되었다. 드라마 '겨울연가'가 2003년 4월 일본에 방송되면서 한류 열풍을 일으키는 기폭제가 되었으며, 양국 관계의 순항은 더욱 탄력을 받게 되었다. 그러나 2005년 독도 문제로 한일 정부가 격돌하면서 양국 관계도 급속히 냉각되었다. 그러나 그 뒤 계속되는 역사·영토 갈등 속에서도 양국 우호 관계는 지속되어 2009년 일본에서 전후 처음으로 자민당이 정권에서 물러나고 민주당 정권이 들어섰을 때 '단군 이래 최고'의 우호 관계라 불릴 정도로 양국 교류가 최고조에 달하였다. 그러다가 2006년의 교육기본법 개정에 따른 개정판 중고등학교 학습지도요령과 교과서들이 2009년부터 나오기 시작하고 2009년 12월 고교학습지도요령 해설서 개정판의 발표로 양국 관계는 다시 악화되기 시작하였다. 2011년에는 역사·영토 문제에 있어서 특별한 악재는 없었으나 3·11 동일본 대지진 발생으로 일본이 국내 문제 처리에 전념하느라 양국 교류는 감소하였다.

그 다음 해인 2012년 8월 이명박 대통령의 독도 방문과 그에 이은 일왕 관련 발언에 대해 일본 정부와 사회의 격한 반응이 있었던 만큼 어느 정도의 시차를 두고 양국 지자체 교류에 악영향을 미쳤을 것으로 예상할 수 있다. 계속되는 양국 갈등 속에서 2013년 2월 말 박근혜 대통령 취임식에 참석한 아소다로 부총리가 일본 과거사에 대해 다양한 해석이 가능하다고 말함으로써 양국 관계는 정권 초기부터 어긋나기 시작했다. 그리고 박근혜 정부에서의 한

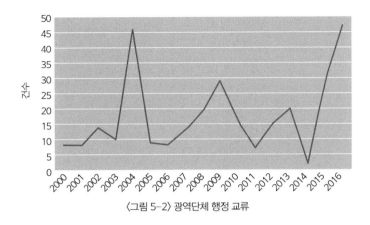

〈그림 5-2〉 광역단체 행정 교류

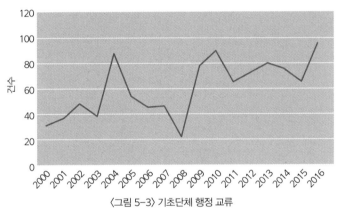

〈그림 5-3〉 기초단체 행정 교류

일 관계는 2015년 12월 28일 일본군 위안부 합의가 있기까지 '유사 이래 최악'이라 불리는 긴 터널을 지나야 했다.

　이러한 양국 관계에 비추어 보면 〈그림 5-2〉의 광역단체 행정 교류는 2004년과 2009년에 있었던 양국 관계의 정점들과 2005년과 2010년, 2011년의 하락 경향을 잘 반영하고 있다. 그러나 예상했던 2013년 이후의 양국 관계 악화는 일시적으로 그리고 시차를 두고 반영되어 있음을 알 수 있다. 〈그림 5-3〉의 기초단체 행정 교류도 2004년과 2005년 그리고 2009년의 경향은 반영하고 있으나 2012년 이후의 양국 관계 악화는 그다지 반영되고 있지 않음을 볼 수 있다. 따라서 행정 교류 분야만 볼 경우 최근 들어 지자체 교류는 양국 정부 간 관계와는 다르게 움직이고 있다고 할 수 있다.

〈그림 5-4〉와 〈그림 5-5〉는 인적 교류의 흐름을 보여 준다. 이들 두 그림에서도 2004년과 2009년의 정점이 명확히 드러나고 있으며, 2005년의 급격한 하락과 2010년, 2011년의 감소도 잘 나타나 있다. 그러나 광역단체들과 기초단체들의 인적 교류가 2012년 이후의 한일 관계 악화를 반영하고 있지 않다는 것을 분명하게 볼 수 있다. 오히려 2011년의 감소를 만회할 정도로 증가 추세를 보여 주고 있다. 그렇다면 행정 교류와 인적 교류에 나타나는 최근의

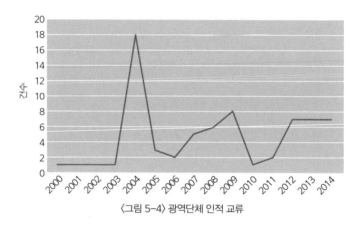

〈그림 5-4〉 광역단체 인적 교류

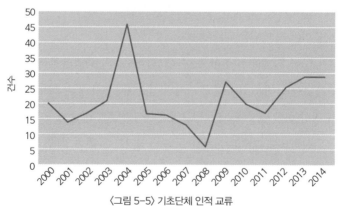

〈그림 5-5〉 기초단체 인적 교류

경향, 즉 이전과 달리 정부 간 관계를 그대로 반영하고 있지 않다는 것은 지자체 교류가 중앙정부 간 관계와는 독립적이라는 것을 의미하는 것인가, 아니면 그 외에 다른 요인들에 의한 특수한 상황을 반영한 것인가? 이에 대해서는 다른 분야의 교류를 마저 살펴볼 필요가 있다.

그런데 〈그림 5-3〉과 〈그림 5-5〉 기초단체 교류의 경우 2005년의 하락 이후 2008년까지 이어지는 교류의 저하는 행정 교류와 인적 교류에서 유사하게 나타나는 흐름으로, 두 분야에서 광역단체들의 교류와는 다른 결과를 볼 수 있다. 기초단체들의 교류 감소가 계속되는 한일 역사 갈등을 반영한 것인지, 광역단체와 기초단체 사이의 차이에 의한 것인지는 향후의 연구에 의해 밝혀져야 할 것이다.

문화예술 교류의 경우 〈그림 5-6〉 광역단체들의 교류는 행정 교류, 인적 교류와 매우 유사한 형태를 보여 준다. 반면 문화예술 분야 내에서 〈그림 5-6〉 광역단체와 〈그림 5-7〉 기초단체의 교류 흐름은 매우 다른 형태를 보여 주고 있다. 다시 말해 교류 분야별 차이보다 광역 지자체와 기초 지자체 사이에 더 큰 차이가 있음을 알 수 있다. 그럼에도 불구하고 문화예술 교류에서도 2004년과 2009년의 정점, 2005년과 2011년의 저점을 잘 보여 주고 있다. 한편 광역단체나 기초단체 모두 2012년 이후 교류가 급격히 하락하고 있다.

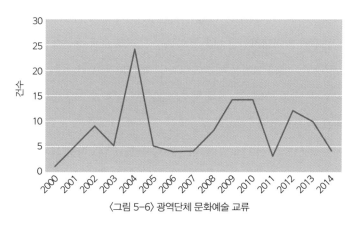

〈그림 5-6〉 광역단체 문화예술 교류

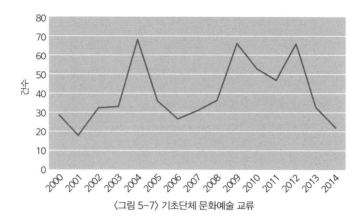

〈그림 5-7〉 기초단체 문화예술 교류

이는 문화예술 교류가 행정 교류나 인적 교류와 뚜렷하게 대조되는 부분이다. 본 연구의 질문에 비추어 보면, 문화예술 분야의 지자체 교류는 중앙정부 간 관계를 반영하고 있음을 의미한다.

〈그림 5-8〉과 〈그림 5-9〉는 지자체들의 관광 교류 흐름을 보여 준다. 관광 교류는 상업관광이 아니라 지역의 관광산업을 홍보하고 독려하기 위한 지자체 차원의 활동을 말하는 것으로 관광물산전, 수학여행, 의료관광 유치 등이 포함된다. 관광 교류가 보여 주는 첫 번째 특징은 앞선 교류 활동들에 비해 교류 건수가 현저하게 떨어진다는 점이다. 광역단체는 한 해 최대 교류 건수를 보이는 경우가 9회이며, 216개 기초단체들의 관광 교류 활동은 가장 많은 해에 7건에 불과하며 한 건도 없었던 적이 2번이나 된다. 두 번째 특징은 그럼에도 불구하고 대체적인 흐름은 문화예술 교류와 크게 다르지 않다는 점이다. 특히 광역단체의 교류는 정점과 저점들이 일치하고 전체적인 흐름도 매우 흡사하다 할 수 있다. 세 번째 특징은 2012년 이후의 교류가 이전에 비해 급격히 감소하고 있다는 것이다.

청소년 교류는 그 건수에 있어서 관광 교류와는 달리 다른 교류 분야들과 비슷한 수준을 보여 주고 있다. 〈그림 5-10〉과 〈그림 5-11〉의 경우 세부적인 부분에서 다른 그래프들과는 차이가 있으나 위에서 강조한 정점과 저점의

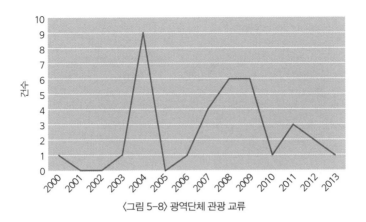

〈그림 5-8〉 광역단체 관광 교류

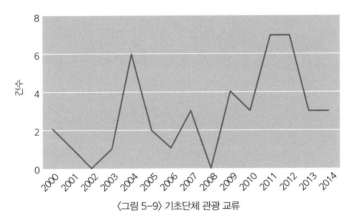

〈그림 5-9〉 기초단체 관광 교류

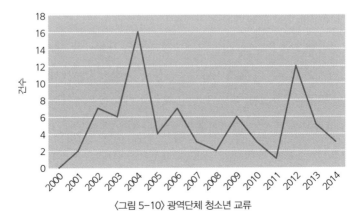

〈그림 5-10〉 광역단체 청소년 교류

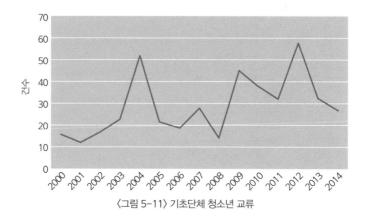

〈그림 5-11〉 기초단체 청소년 교류

시기는 대체로 일치하고 있다. 특히 2012년 이후의 급격한 하락은 문화예술이나 관광 분야의 교류 흐름과 일치한다. 이는 결국 지자체의 청소년 교류 활동이 광역과 기초를 불문하고 정부 간 관계와 연동하고 있음을 말한다.

〈그림 5-12〉와 〈그림 5-13〉 스포츠 교류의 경우도 정부 간 한일 관계의 흐름을 대부분 반영하고 있다. 2004년과 2009년을 전후하여 급격한 교류의 증가를 보였으며, 2005년과 2011년의 뚜렷한 감소도 잘 반영하고 있다. 특히 우리의 관심사인 2012년의 증가와 그에 대비되는 2013년의 급격한 감소도 잘 나타나 있다.

〈그림 5-14〉와 〈그림 5-15〉는 기술·학술 교류와 경제 교류, 민간단체 교류, 상징사업 및 기타 교류의 흐름을 보여 주고 있다. 이 분야들을 한 개의 그래프에 나타낸 것은 각 교류 사업의 건수가 많지 않기 때문에 함께 표시함으로써 전체적인 흐름을 더 쉽게 파악할 수 있을 것이라 생각했기 때문이다. 광역단체와 기초단체를 보면 이들 중 민간 교류가 가장 많은 수를 차지하고 있으며 그 다음이 기술·학술 교류임을 알 수 있다. 이들은 모두 2004년과 2009년, 2012년의 정점을 잘 보여 주고 있으며, 반대로 2005년과 2011년의 하락도 잘 보여 주고 있다. 무엇보다 우리의 관심사인 2012년 이후에 있어서도 하락세를 뚜렷하게 보여 주고 있다. 그러나 광역단체의 활동에 대한 데이터가

동아시아 지역 거버넌스와 초국적 협력: 현대사적 조명

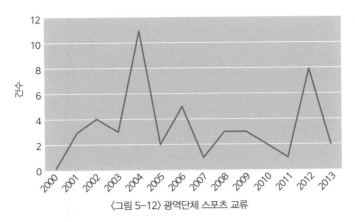

〈그림 5-12〉 광역단체 스포츠 교류

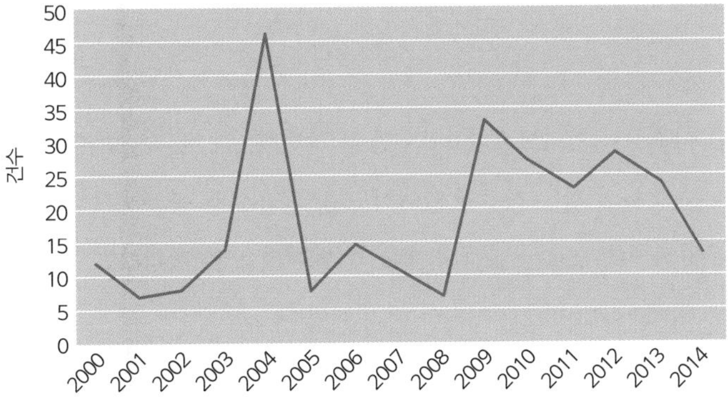

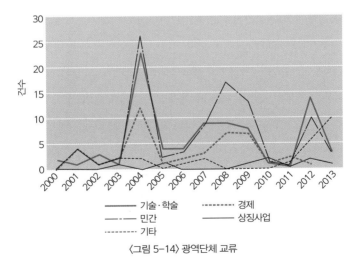

〈그림 5-13〉 기초단체 스포츠 교류

기술·학술	경제
민간	상징사업
기타	

〈그림 5-14〉 광역단체 교류

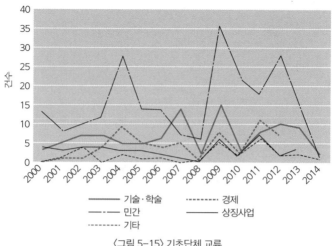

〈그림 5-15〉 기초단체 교류

2013년 이후로는 없으므로 2013년 한 해의 변화만으로 추정할 뿐이다. 나머지 교류 활동들의 경우 건수에 있어서도 광역, 기초를 불문하고 10건에도 달하지 못하고 있으므로 뚜렷한 추세를 찾기 어려울 뿐 아니라 그래프에 나타난다 하더라도 유의미한 데이터라 하기 어렵다.

그렇다면 광역 지자체와 기초 지자체 교류 활동의 합과 비교는 어떠한 경향을 보일까? 〈그림 5-16〉에서 광역단체와 기초단체 전체의 차이를 볼 수 있다. 2006년부터 2008년까지 3년간의 경향이 서로 엇갈리는 것을 제외하고는 두 선이 동기화된 경향을 보이고 있다. 이는 본 데이터가 특정 경향을 잘 반영하고 있음을 말해 준다. 지금까지 광역 데이터와 기초 데이터를 분리해서 살펴본 이유는 기본적으로 두 데이터 시리즈 사이에 규모의 차이가 있기 때문이다. 이것은 〈그림 5-17〉에 잘 나타나 있다. 〈그림 5-16〉에 있는 두 선의 합계를 나타낸 것이 〈그림 5-17〉인데, 그 모양새와 경향이 기초단체의 교류 전체와 거의 동일하다. 광역단체의 교류 전체가 규모에 있어서 기초단체와 비교가 되지 않을 정도로 적기 때문에 통합되었을 때 그 비중이 줄어들었기 때문이다.

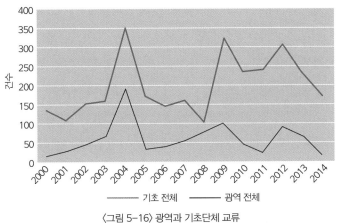

<그림 5-16> 광역과 기초단체 교류

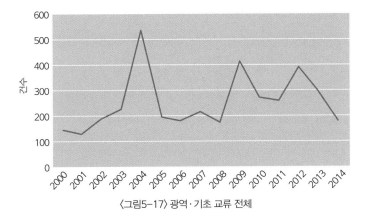

<그림5-17> 광역·기초 교류 전체

VII. 나가며

　〈그림 5-16〉과 〈그림 5-17〉을 보면 최종적으로 한일 지자체 교류는 너무도 명확하게 양국 정부 간 관계를 반영하고 있음을 알 수 있다. 그런데 2014년 광역 지자체 간 행정 교류의 감소만 제외하면, 행정 교류와 인적 교류만이 이러한 전체적인 경향에서 벗어나 있다. 이 두 분야의 경우 2012년 이전

의 데이터는 다른 분야의 교류 경향과 유사한 형태를 보이고 있다. 〈그림 5-2 ~ 5-5〉에서 보는 바와 같이 이들 두 분야의 교류는 2012년 8월 이후의 한일 관계 악화에도 불구하고 유지되거나 증가하는 경향을 보여 준다. 이것은 중 앙정부의 정책과 상관없이 지자체 간의 관계를 유지해 나갈 수 있었음을 의 미한다. 2014년의 광역단체 행정 교류 감소는 계속되는 한일 관계 악화를 뒤 늦게 반영한 것으로 해석할 수도 있으나, 2015년의 급격한 반등을 고려하면, 2014년의 감소가 중앙정부 간 관계의 반영이라고 보는 것도 과대 해석이라 할 수 있다. 행정 교류와 인적 교류가 예외적으로 유지되었던 분야라는 결론 에도 다음의 주의가 필요하다. 즉, 2012년 이전 시기에는 이들 두 분야의 교 류도 다른 분야와 마찬가지로 양국 정부 간 관계에 따라 증가하고 감소한 만 큼 2012년 이후 시기가 예외로 남을 수도 있다는 점이다.

　그렇다면 행정 교류와 인적 교류 두 분야에서의 예외적인 패턴을 어떻게 설 명할 수 있을까? 우양호는 초국경 국제 교류의 원인과 조건들 중 하나로 행 정적 차원의 중요성을 강조한다. '오늘날 도시의 국제 교류는 공식적으로 정 부 활동(government action)이며, 이는 행정적 요소와 절차의 중요성을 말 해 준다. … 도시의 행정수장이자 공식적으로 도시를 대표하는 단체장(head of the local government) 및 관료(bureaucrat)의 행위는 국제 교류에 있어서 가장 중요한 행정 절차상의 요인이 된다.'32) 정용하의 경우에도 부산시의 국 제 교류가 시장의 권한과 영향력이 강화된 행정 주도형임을 지적한다.33) 물 론 이 주장은 단체장이나 관료들의 철학과 신념, 리더십이 모든 형태의 교류 에 중요한 영향을 미친다는 의미일 것이나, 이는 기본적으로 행정 교류가 국 제 교류의 출발점이라는 의미로 해석할 수 있다. 그러므로 이들이 주체가 되 어 지자체 간에 약속이나 계획을 한 것이라면 일차적으로 지켜지고 유지되어

---

32) 우양호. 2011, p.134.
33) 정용하. 2012.

야 하는 엄중함을 갖게 된다. 일단 양쪽의 지자체들이 합의한 교류 관계인 이상, 주변 환경 변화를 이유로 변경하기에는 상대적으로 어려운 부분이라 할 수 있다. 11개 분야 중 단체장과 지자체 관료들이 관련되거나 지자체 사이의 협약이 가장 많이 관련된 분야가 바로 행정 교류와 인적 교류라 할 수 있다.

반면 지자체 간 교류에 영향을 미치는 요인으로 항상 거론되는 것이 국가 제도적 환경 조건이다. 여기에는 두 가지 요소가 있다. 첫째는 지자체의 재정 자립 문제다. 자체 재원이 부족하여 중앙정부의 지원을 받아야 국제 교류가 가능하다면 그것은 당연히 국가 간 외교관계에 종속될 수밖에 없다. 지자체의 국제 교류는 국가 외교를 뒷받침하고 정부가 외교로 달성할 수 없는 국제 협력의 기반을 다지는 역할을 하는 만큼 통제 관계는 아니라 할 수 있으나, 만약 양국 관계가 악화의 길을 간다면 지자체 협력은 정부의 방침을 따르든지 아니면 정부를 대신하여 국가 간 관계 유지의 역할을 해야 한다.

둘째, 최근 확대되어 가는 지자체의 자율성에도 불구하고 중앙정부 간 관계의 악화는 국민 여론의 문제로 확산되고 지자체 교류에 영향을 줄 수밖에 없다. 특히 영토 문제나 역사 갈등과 같이 국민적 공감대가 형성되는 경우에는 지자체도 정부의 정책과 시민단체, 국민 여론으로부터 벗어나는 정책을 집행하기는 어려울 수밖에 없다. 거버넌스가 논의의 대상이 된 것은 중앙정부만이 정책결정 과정을 주도하는 것이 아니라 지자체와 시민단체의 영향력을 무시할 수 없기 때문이다. 그런데 동아시아에서의 민족주의 경향으로 역사, 영토 문제와 관련된 시민단체들의 요구가 중앙정부의 입장과 반대되는 것이 아니라 오히려 중앙정부 간 관계의 악화를 강화하는 경향이 있는 것이 사실이다. 비록 정미애가 예로 든 바와 같이 교과서 문제와 강제 동원 문제에 있어서 한일의 시민단체가 협력을 한 경우도,[34] 일본 정부나 한국 정부 중 어느 한

---

34) 정미애. 2011.

쪽에는 정부의 입장과 반대되나 다른 쪽에는 정부의 입장을 강화하는 역할을 하게 된다. 그렇다면 역사 해석과 국민감정을 반영하는 문화예술 분야와 차세대 교육과 관련된 청소년 교류와 스포츠 교류, 그리고 관광 교류 등은 지자체 입장에서는 일차적으로 정부의 입장뿐 아니라, 시민단체들과 여론의 분위기를 반영할 수밖에 없는 분야라 할 수 있다. 그러므로 행정 교류와 공무원 인적 교류만이 상대적으로 한일 관계 악화로부터 자유로울 수 있었던 것이라 할 수 있다.

그런데 1960년대와 1970년대 교류의 100%를 차지했던 행정 교류가 전체 교류에서 차지하는 비율이 점차 감소하여 2010년대에는 26.9%에 머물렀고, 그 대신 청소년 교류, 스포츠 교류 등의 다른 사업들이 급격히 증가하였다(이진원. 2016). 이들 교류가 한일 우호 관계의 기반을 다질 수 있는 실질적인 지방정부 간 교류라 할 수 있으나, 앞서 살펴본 바와 같이 정부 간 관계에 따라 심한 부침을 겪고 있다.

마지막으로 본 연구는 한일 양국 관계에 대해 중요한 함의를 제시한다. 한일 관계의 단절과 포기가 불가능할 뿐 아니라 바람직하지도 않다면, 관리해 나가는 방안을 찾을 수밖에 없다. 역사와 영토 문제는 앞으로도 상당 기간 해소되지 않고 지속될 가능성이 높은 만큼 정부 간 관계에만 맡겨 둘 것이 아니라 지자체 교류에 관계 회복의 불씨를 남겨 놓아야 한다. 바로 행정 교류와 인적 교류 분야를 더욱 활성화하고 강화함으로써 양국 정부 간 관계가 악화될 경우에도 독립적으로 진행될 수 있도록 하는 것이 해당 지자체의 경쟁력을 강화하고, 양국 관계의 회복과 관리를 가능하게 하는 방안이 될 것이다. 만약 낮은 재정 자립도로 인해 지자체의 교류 행사마저도 중앙정부의 지원하에 이루어지고 있다면 이 분야에서의 재정 자립도 확립이 바람직할 것이며, 시민여론과의 동기화로 교류에 어려움을 겪는 것이라면 행정 분야와 인적 교류 분야만이라도 자율성을 갖도록 하는 것이 바람직하다고 할 것이다.

· 참고문헌 ·

김석준. "동북아 지역 도시간 교류 협력의 전망과 과제: 부산, 상해, 후쿠오카를 중심으로." 『韓國民族文化』 제15호, 2000.

김의영. "굿 거버넌스 연구 분석틀: 로컬 거버넌스를 중심으로." 『한국정치연구』 제20권 2호, 2011.

김장권. "한국과 일본의 분권화 개혁 비교연구." 임혁백·고바야시 요시야키(편). 『한국과 일본의 정치와 거버넌스: 변화와 지속』 서울: 아연출판부, 2005.

김진아. "우리나라 지방자치단체의 국제 교류 현황과 문제점." 한국지방정부학회 2011년 추계학술대회. 울산. 2011.11.

동북아평화협력구상팀. 『동북아평화협력구상』 서울: 오름, 2014.

박철희. "한일갈등의 반응적 촉발과 원론적 대응의 구조." 『한국정치외교사논총』 제29집 2호, 2008.

손기섭. "한일협력의 새로운 패러다임의 모색: 부산시 지방정부 차원의 한일협력을 중심으로." 『정치정보연구』 제19권 1호, 2016.

서울신문. "광복 70년·한일 수교 50년 '한·일 미래상' 연구는 활성화… 실질적 진전은 거의 없어." 2015.8.16.

성태규·이재현. "지방자치단체의 국제 교류실태 및 활성화 연구: 충청남도를 중심으로." 『사회과학연구』 제18권 1호, 2007.

우양호. "우리나라 지방정부의 국제 교류협력에 관한 사례 연구: 해항도시 '부산'과 '후쿠오카'의 초국경 협력." 한국지방정부학회 2011년 추계학술대회. 울산. 2011.11.

이은재·조석주·김종식. 『지방자치단체의 국제 교류에 관한 연구』 한국지방행정연구원 연구보고서, 1990.

이진원. "5장: 지방정부의 교류를 통해서 본 한일협력." 한국일본학회(편). 『경쟁과 협력의 한일 관계』 서울: 논형, 2016.

임정덕·윤성민. "동남권(부산)—규슈(후쿠오카) 초광역권 경제협력의 가능성과 방향." 『지역사회연구』 제18권 2호, 2010.

장제국. "釜山—福岡 초광역 경제권 형성과 한일협력." 『지역사회』 제63호, 2010.

전진호. "후쿠시마 원전사고의 국제정치: 원자력안전 거버넌스와 국제협력." 『국제정치논총』 제51권 2호, 2011.

정미애. "한일 관계에서 시민사회의 역할과 뉴거버넌스." 『아태연구』 제18권 2호, 2011.

정용하. "한일지자체의 로컬 거버넌스 비교: 부산시와 후쿠오카시의 국제 교류·협력을 중심으로." 『21세기정치학회보』 제22권 3호, 2012.

최운도. "세계평화지수를 통해 본 일본 외교정책에 있어서의 협력과 갈등." 이성우 외 (공편). 『세계평화지수연구』 서울: 오름, 2009.

행정자치부. 『지방자치단체 국제 교류현황(지자체별)』 서울: 행정자치부, 2012.

Baldwin, Richard E. "Managing the Noodle Bowl: The Fragility of East Asian Regionalism." *Working Papers on Regional Economic Integration.* 7, Asian Development Bank, 2007.

Evera, Stephen Van. "Primed for Peace: Europe After the Cold War." *International Security.* 15-3, 1990/91.

Freidberg, Aaron. "Ripe for Rivalry: Prospects for Peace in a Multipolar Asia." *International Security.* 18-3, 1993/94.

Ikenberry, G. John. "The Illusion of Geopolitics: The Enduring Power of the Liberal Order." *Foreign Affairs.* 93-3, May/June 2014.

Mead, Walter Russell. "The Return of Geopolitics: The Revenge of the Revisionist Powers." *Foreign Affairs.* 93-3, May/June 2014.

Pempel, T. J. "Introduction: Emerging Webs of Regional Connectedness." In T. J. Pemple(ed.). *Remapping East Asia: the Construction of Region.* New York: Cornell University Press. 2006.

遠藤誠治·遠藤乾. 『シリーズ日本の安全保障 1: 安全保障とは何か』 東京: 岩波書店, 2014.

飯田将史. "東アジアのおける日中関係." 飯田将史(編). 『転換する中国』 東京: 防衛省防衛研究所, 2009.

朝日新聞. "日韓防衛交流, 相次ぎ中止 竹島問題, 広がる余波." 2012.9.4.

제6장

동아시아 지역 정체성의 역사적 변화와 그 국제정치적 함의

이왕휘 · 아주대학교

I. 들어가며

초국적 협력을 위한 가장 중요한 조건들 중의 하나는 협력에 참가하는 국가들의 범위와 협력의 내용을 규정하는 지역 정체성(regional identity, 地域正體性)을 확립하는 것이다. 국경을 공유하는 국가들 사이에도 다양한 종류의 갈등이 존재하는 경우가 많은 것을 볼 때, 지역 정체성은 지리적 근접성만으로 구성되지 않는다는 것을 알 수 있다. 서로 다른 이익을 추구하는 국가들을 초국적 공동체로 묶기 위해서는 정치 경제적 합의뿐만 아니라 사회 문화적 공감이 요구된다. 이 때문에 지역 정체성은 단순한 지리적 개념을 넘어서는 문명적 요소에 대한 사고를 포함한다.

지역 정체성의 중요성은 유럽과 동아시아(East Asia, 東亞細亞)의 비교를 통해 쉽게 확인할 수 있다.[1] 지역 정체성이 확립된 유럽에서는 2016년 브렉시트(Brexit)라는 악재에도 불구하고 정치 경제 통합이 크게 후퇴하지 않고 있다. 반면, 지역 정체성에 대한 합의가 사실상 없는 동아시아에서는 주요 국가들이 자국의 이익을 지키기 위해 제안한 지역기구들이 난립하고 있다. 유럽과 달리 동아시아는 아직도 국가들이 합의하고 공감할 수 있는 지역 정체성을 확립하지 못함으로써 지리적 범주를 벗어나지 못하고 있다.[2]

그렇다면 동아시아에는 왜 지역 정체성이 형성되지 않았는가? 현재까지 가장 일반적인 설명은 유럽중심주의가 동아시아의 지역 정체성 구성을 방해했다는 것이다. 처음부터 동아시아라는 지리적 범주는 동아시아 스스로 인식한 것이 아니라 유럽에 의해 규정되었다. 실제로 동아시아와 관련된 개념들은 유럽과 비교해서 시대에 뒤떨어졌으며, 모욕적이며, 오해하기 쉽다는 문제가 있다. "동아시아를 지칭하는 데 사용되었던 '극동'은 유럽으로부터 정말 멀지만 거기에 사는 사람들에게는 꽤 가깝다고 할 수 있다. '근동'은 미국 외교 용어로 아직도 사용되고 있으며, 아마도 사람들이 중심에 있는 것을 좋아하기 때문에 '중동'은 일상적인 단어이다."[3] 이런 배경에서 한국, 중국, 일본 모두에서 유럽 중심적 오리엔탈리즘(orientalism)의 시대착오성에 대한 문제의식이 공유되고 있다는 점은 전혀 놀라운 일이 아니다.[4]

---

1) Aaron L. Friedberg. "Will Europe's Past Be Asia's Future?." *Survival*. 42-3, 2000.; Franz C. Mayer and Jan Palmowski. "European Identities and the EU: The Ties that Bind the Peoples of Europe." *Journal of Common Market Studies*. 42-3, 2004.

2) 이 문제는 동아시아 담론이 시작되는 시점부터 계속 지적되어 왔다. 한경구. "동아시아적인 것을 찾아서." 『문학과 사회』 제9집 4호, 1996.; 하세봉. "한국학계의 동아시아 만들기." 『부산사학』 제23집, 1999.; 성민엽. "같은 것과 다른 것: 방법으로서의 동아시아." 정재서(편). 『동아시아 연구 글쓰기에서 담론까지』 서울: 살림, 1999.; 이강원. "근현대 지리학의 아시아 연구 경향과 새로운 의제들." 『아시아 리뷰』 제1집 1호, 2011.

3) Economist. "A Menagerie of Monikers." January 7, 2010.

4) 쑨거(孫歌). 류준필 외(역). 『아시아라는 사유공간』 서울: 창작과비평사, 2003.; 김월회(역). "동아시아 시각의 인식론적 의의." 『아세아연구』 제52집 1호, 2009.; 왕후이(汪暉), 이욱연(역). "아시아 상상의 계보: 새로운 아시아를 상상하기 위하여." 『새로운 아시아를 상상한다』 서울: 창작과비평사, 2003.; 한상일. "동아시아 공동체론: 실체인가, 환상인가?." 『한국동양정치사상사연구』 제4집 1호, 2005.; 야마무로 신이치(山室信一). "공간아시아를 둘러싼 인식의 확장과 변용." 『공간: 아시아를 묻는다』 서울: 한울, 2007.; 임형택. "지역적 인식 논리와 새로운 동아시아 학지." 『동아시아 브리프』 제3집 2호, 2008.; 박상수. "한국발 '동아시아론'의 인식론 검토." 『아세아연구』 제53집 1호,

그렇지만 지역 정체성의 부재를 유럽중심주의 탓으로 돌릴 수만은 없다. 비록 처음에는 외부에 의해 규정되었더라도, 나중에 스스로 지역 정체성을 발전시킬 수 있기 때문이다. 동아시아 국가들이 유럽 열강의 식민 지배로부터 탈피하여 독자적으로 발전한 이후에도 스스로 지역 정체성을 확립하지 못한 것은 유럽의 문제가 아니라 동아시아의 문제이다.[5]

실제로 동아시아 국가들 사이에서는 동아시아에 대한 합의가 없었다. 특히 동아시아의 지역 정체성을 형성하는 데 중요한 역할을 할 수 있었던 중국과 일본이 서로 합의할 수 있는 대안을 제시하지 못했다. 서구 제국주의가 규정한 동아시아에 대한 인식이 등장했던 19세기 말 이후 중국과 일본 사이에는 동아시아에 대한 동상이몽(同床異夢)이 사라지지 않았다.

아시아담론이 동아시아 각국의 사상사에서 차지하는 위상이 고르지 못하다는 점이다. 아시아 문제는 문화 대국의 주변부, 즉 '주변국가'에 해당되는 곳에 진정한 문제가 있다고 말할 수 있다. 중심으로 자처하는 중앙의 대국에서 아시아 문제는 기본적으로 오랫동안 문젯거리로 부각된 적이 거의 없었다. 일본사상사는 아시아 문제를 토론할 수 있는 자료를 제공해주지만 중국사상사는 그렇지 못하다는 점은 우연이 아니다.[6]

사실 이 문제의 근원은 중국과 일본 모두에서 지역 정체성에 대한 내부 합

2010.; 오병수. "中·西에 가린 동아시아." 『동북아역사논총』 19호, 2008.; 윤해동. "트랜스내셔널 동아시아의 근대적 변용: 한국사를 중심으로." 『역사학보』 제221집 221호, 2014.; 박승우. "동아시아 공동체 담론 리뷰." 『아세아리뷰』 제1집 1호, 2011.; 고성빈. "동아시아담론: 이론화를 향한 시론." 『국제·지역연구』 제21집 4호, 2012.

5) 2012년부터 동아시아사를 고등학교에서 가르치고 있지만, '통일적 아시아사'와 '비교사적 아시아 지역사'에 대한 논의는 제대로 이뤄지고 있지 않다. 유용태. "한국의 동아시아사 인식과 구성: 동양사 연구 60년을 통해서 본 동아시아사." 『역사교육』 제107집, 2008.; 차혜원. "유동적 역사공간: 근세 동아시아로의 접근." 『역사비평』 79호, 2007.

6) 쑨거(孫歌), 류준필 외(역). 2003. p.61.

의가 존재하지 않았다는 사실에 있다. 문명으로서 동아시아에 대한 사유를 최초로 시도한 일본에서는 동아시아에서 일본의 위상에 대한 합의를 구축하는 데 실패하였다. 탈아론은 일본을 지리적으로만 동아시아일 뿐 문명적으로는 유럽으로 간주하였다. 반면, 흥아론은 일본을 서구 제국주의의 침략을 막는 동아시아 문명의 대표로 자임하였다. 반면, 천하/중화질서(天下/中華秩序)를 오랫동안 유지해 온 중국에서는 '중국의 동아시아'에서 '동아시아 속의 중국'으로 이행에 대한 거부감이 남아 있다. 이런 분위기 속에서 동아시아에서 중국의 위상과 역할에 대한 합의를 찾는 것은 사실상 불가능하였다.

제2차 세계대전 이후 형성된 냉전체제에서 주도적인 역할을 수행한 미국역시 동아시아에 대한 관심은 제한적이었다. 미국은 동남아시아국가연합(ASEAN)을 중심으로 하는 동남아시아와, 한국과 일본의 동북아시아로 구분하여 관리하였다. 이 당시 중국은 동아시아라기보다는 사회주의권으로 간주되었다.

이 연구는 '동아시아'에서 지역 정체성이 어떻게 변화해 왔으며 그 국제정치적 함의는 무엇인가를 탐구한다. 지역 정체성의 역사적 변천 과정에 대한 분석은 21세기 '동아시아'의 지역질서를 재편하려는 주요국들의 구상을 분석하고 평가하는 데 필요한 준거틀을 마련하는 데 도움을 줄 수 있다.[7] 더 나아가 동아시아 지역 정체성에 대한 분석은 우리나라의 시각에서 초국적 협력 방안을 마련하는 데도 교훈을 제공할 수 있다. 부산—북한—러시아—중국—중앙아시아—유럽을 관통하는 '실크로드 익스프레스' 및 전력·가스·송유관 등에너지 네트워크와 같은 초국적 협력은 참여한 국가들이 합의하고 공감할 수 있는 지역 정체성 없이 성공하기 어렵다.

---

7) Amitav Acharya, *Whose Ideas Matter?: Agency and Power in Asian Regionalism*. Ithaca: Cornell University Press. 2009.; Amitav Acharya, "Asia Is Not One," *Journal of Asian Studies*. 69-4, 2011.; Erik Ringmar, "Performing International Systems: Two East-Asian Alternatives to the Westphalian Order," *International Organization*. 66-1, 2012.

이 연구의 구성은 다음과 같다. II절에서는 유럽중심주의를 극복하기 위해 지리적 범주로서 아시아가 언제 어떻게 문명적 범주로 변화해 나가는지 그 과정을 추적한다. III절에서는 천하질서를 중심으로 발전해 온 아시아— 특히 중국 —에서 유럽에서 발전시킨 문명적 범주로서 아시아의 수용을 설명한다. IV절에서는 19세기 중반 서구 열강에 의해 개항을 한 이후 중국, 일본, 한국이 아시아에서 동아시아로 분화되는 맥락을 분석한다. V절에서는 냉전체제의 성립 이후 미국 주도로 동아시아가 동북아시아와 동남아시아로 분할되는 역사를 검토한다. 마지막으로 VI절에서는 지역 개념의 역사적 변용이 가지는 함의를 설명하고 앞으로 연구 과제를 제시한다.

II. 지역의 탄생과 발전: 지리적 개념에서 문명적 개념으로

지역으로서 아시아에 대한 최초의 기록은 세계 최초의 세계지도로 간주되는 밀레투스의 헤카타이오스(Hecataeus of Miletus)의 지도에 나와 있다. 이 지도는 세계를 아시아와 유럽, 리비아(아프리카)로 구분하였다.[8]

헤카타이오스의 제자인 헤로도토스는 이러한 구분이 언제 그리고 어떻게 이뤄졌는지에 대한 헬라스인들과 리디에인들의 주장을 소개하였다.[9]

나는 어찌하여 전체가 하나인 땅에 여성들에게서 기원한 세 명칭이 붙고 또 그 경계가 이이집토스의 네일로스 강과 콜키스의 파시스 강으로 정해

---

8) Jeremy Black. "Visions of the World: A History of Maps, MITCH." 김요한(역). 『세계 지도의 역사』 서울: 넥서스, 2006. p.28.
9) 윤진. "헤카타이오스(Hekataios)와 헤로도토스(Herodotos)." 『대구사학』 제75집, 2004.

〈그림 6-1〉 밀레투스의 헤카타이오스 세계지도(기원전 6세기)
출처: https://global.britannica.com/media/full/259133/110753.

졌는지 짐작할 수 없다. ⋯ 다수의 헬라스인들은 말하기를, 리비에는 그 지역의 토박이 여성인 리비에의 이름에서 따온 것이고 아시에(Asie)는 프로메테우스의 아내 이름에서 따온 것이라고 한다. 그러나 리디에인들은 아시에의 이름이 자기들 것이라고 주장하는데⋯ 마네스의 아들인 코티스의 아들 아시에스의 이름을 따서 불린 것이라고 말한다. 그들은 또 사르디에스의 아시에스라는 부족의 명칭도 그의 이름을 따서 불린 것이라고 말한다.[10]

반면 근대 지리학자 라우텐자흐(Hermann Lautensach)는 『지역지리학(Länderkunde, Ein Handbuch zum Stieler)』에서 아시아와 유럽을 아시리

---

10) 헤로도토스, 김봉철(역), 『역사』, 서울: 길, 2016, p.433.

아어 어원으로 설명하였다. 이에 따르면, 페니키아인들을 통해 그리스로 전해진, 일출을 의미하는 acu와 어둠을 의미하는 irib 혹은 ereb가 Asia(현재 소아시아)와 Europe(현재 그리스)의 어원이라는 것이다.[11] 그리스어 Ἀσία는 그리스 동쪽 지역 또는 '해가 뜨는 땅'을, Εὐρώπη은 그리스 서쪽 지역 또는 '해가 지는 땅'을 의미한다. 라틴어에서도 동양(orientem)이 아시아, 서양(occidentem)이 유럽을 의미한다. 이러한 어원에 대한 설명을 종합해 보면, 아시아와 유럽은 고대 메소포타미아 문명과 그리스 문명이 출범한 지역을 준거로 동쪽과 서쪽을 구분하는 지리적 개념이라고 할 수 있다.[12]

15세기 시작된 대항해 시대는 중세시대까지 계속된 그리스의 아시아 개념을 근본적으로 변화시켰다.[13] 그 출발점은 1569년 발간된 게라르두스 메르카토르(Gerardus Mercator)의 세계지도라고 할 수 있다.[14] '메르카토르는 한 사람의 유럽인에게는 가장 중요할 뿐만 아니라 지도에 옮기기 가장 쉬운 것으로 보였기에 자신이 제작한 세계지도에서 유럽을 한가운데 두었다.'[15]

이후 유럽 중심적 세계지도는 지리에 문명을 중첩시켰다. 영국을 중심으로 한 유럽 국가들의 제국주의가 '유럽 국제사회의 확장'으로 간주되면서, 지리적 개념은 문명 기준(standard of civilization)에 의해 재구성되었다.[16] 즉 유럽은 지리적 개념인 동시에 문명적 개념으로 간주되었다. 두 개념의 결합으로 세계지도의 중심에 있는 유럽은 문명, 주변에 있는 대륙들은 야만이라는

---

11) 이진일. "서양 지리학과 동양인식." 『아시아문화연구』 제26집, 2012. pp.109-110.

12) 가와카츠 헤이타(川勝平太). "아시아 개념의 성립과 변용." 『신아세아』 제17집 3호, 1998.

13) 최창모. "중세이슬람 고지도의 발전과정과 세계이해." 『한국이슬람학회 논총』 제19-3집 3호, 2009.

14) 손일. 『네모에 담은 지구 메르카토르: 1569년 세계지도의 인문학』 서울: 푸른길, 2014.

15) Jeremy Black. 2006. pp.56-57.

16) Hedley Bull and Adam Watson. *The Expansion of International Society*. Oxford: Oxford University Press, 1985.; Gerrit W. Gong. *The Standard of "Civilization" in International Society*. Oxford: Oxford University Press, 1984.; 장인성. "영국학파 국제사회론과 근대 동아시아의 국제사회화에 관한 고찰: 동아시아 국제사회론의 구축을 위한 시론." 『세계지역연구논총』 제27집 1호, 2009.

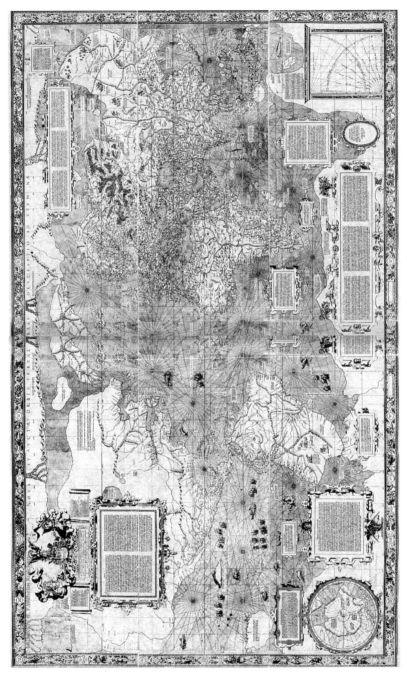

〈그림 6-2〉메르카토르의 세계지도(1569년)

구분법이 정당화되었다. 그 결과 아시아는 지리적 개념인 동시에 문명적—유럽에 비해 열등한 — 개념이 되었다. 이러한 아시아 개념의 전환은 '세계를 이해하고, 경우에 따라서는 지배하고, 조종하고, 통합하고자 하는 일정한 의지나 목적의식'으로 정의된 오리엔탈리즘이라는 현상으로 발현되었다.[17]

아시아라는 용어는 본질적으로 서구식 용어이다. 아시아의 어느 언어에도 그와 동일한 의미의 단어가 없으며 지리적 지식의 영역에도 그런 개념은 없다. 아시아라는 지리적 개념은 다음과 같은 추론을 통해 도출되었다. (종교와 피부색, 공유한 습관, 예술적 표현에 의해 동일시되는) 서양 문명과 유럽인들은 '유럽'으로 불리는 북반구의 특정 지역에서 발견되어야 한다. 그리고 동양 문명과 그 성원들은 명백히 '비유럽적'이다. 다시 말해 둘 중 어느 것도 유럽에서 발견되지 않는다. 따라서 이런 동양 문명과 결합되어 있는 지리적 공간에는 독립된 대륙의 정체성이 부여된다. 유럽인과 대륙으로서의 유럽이라는 두 범주 간의 '사상(寫像) 유형'은 동형이다. 유럽의 경우, 대륙적 통일성이란 개념은 유럽인의 동질성이란 개념에서 도출된다. 그러나 아시아 문명들의 경우, 그들의 비통일성 혹은 뚜렷한 일관성의 결여조차 아시아라는 용어 사용에 대한 반대 논거로 인정되지 않는다.[18]

교역과 전쟁을 통해 접촉과 인식이 심화되면서 유럽은 '아시아'를 더 세분화하였다. 17세기 이후 유럽 국가들(특히 영국)을 기준으로 극동(Far East, 중국에서는 遠東), 근동(Near East), 중동(Middle East) 개념이 차례로 등장하였다.[19] 16세기 말 이후 동인도회사의 진출이 본격화되면서 영국에게 아시

---

17) Edward W. Said. *Orientalism*. London: Penguin, 1978. p.33. Cf. Arif Dirlik. "Chinese History and the Question of Orientalism." *History and Theory*. 35-4 , 1996.; 장인성. "자기로서의 아시아, 타자로서의 아시아: 근대 조선 지식인에 나타난 '아시아'와 '동양'." 『신아세아』 제5집 3호, 1998.; 박용희. "19세기 유럽인들의 동아시아 인식." 『동양사학연구』 제107집 107호, 2009.

18) 쵸두리(K. N. Chaudhuri). 임민자(역). 『유럽 이전의 아시아: 이슬람의 발흥기로부터 1750년까지 인도양의 경제와 문명』 서울: 심산, 2011. p.52.

19) 후쿠다 토모히로. 조명희(역). "중동, 근동, 극동의 기준이 되는 곳은?." 『지도로 먹는 세계사 이야

아는 인도와 그 나머지 지역으로 구분되었다. 극동은 영국에서 동인도 경계 밖에 있는 중국과 일본을 지칭하는 개념으로, 『옥스퍼드 영어사전(Oxford English Dictionary)』에는 17세기부터 용례가 나와 있지만, 1860년대부터 본격적으로 사용되었다. 근동은 지중해 동쪽, 때로는 발칸반도, 동남아시아, 또는 북아프리카를 포함하는 개념으로 1890년대부터 쓰이기 시작했다. 마지막으로 중동은 극동과 근동 사이에 있는 국가들 — 특히 이집트와 이란 — 을 지칭하는 개념으로서 1900년대부터 사용되었다.[20]

III. 지역의 수용: 천하질서에서 아시아로

19세기 말 중국이 외세의 침략에 굴욕을 당하기 전까지 중국에게 지역으로는 물론 문명으로서 아시아 개념은 존재하지 않았다.[21]

중국이라는 복잡한 문명 방식에 따르면, 중심 의식은 자기와 타자의 형태로서가 아니라 반대로 자타가 나뉘지 않는 방식으로 체현된다. … 중국인들이 아시아를 논하지 않는 것은 잠재의식 속에서 중국을 아시아의 중심, 최소한 동아시아의 중심으로 여기기 때문이다. 중국이 아시아를 말하지 않는 것은 탈아를 의미하는 것이 아니라 공교롭게도 아시아라는 모호한 말이 가리키는 바에 내재화되어 버린다는 것을 의미한다.[22]

기」 서울: 팬덤북스, 2016. Cf. http://www.economist.com/node/15213613.
20) *Oxford English Dictionary*. Oxford University Press, 2009.
21) 백영서. "중국에 '아시아'가 있는가?: 한국인의 시각." 『동아시아의 귀환: 중국의 근대성을 묻는다』 서울: 창작과비평사, 2000. p.51~52.
22) 쑨거. "아시아담론과 '우리들'의 딜레마." 정문길·최원식·백영서·전형준(편). 『주변에서 본 동아

근대 이전 중국의 세계관은 '천하질서(天下秩序, Chinese World Order)'에 기반을 두고 있다. 천하질서는 '전 세계의 국가들이 누층적·유기적으로 연결되어 하나의 국제체제 안에서 안정된 질서를 형성하는 상황'23)을 의미한다. 여기에서 유의할 점은 천하질서의 이상과 현실을 구분하는 것이다. 〈그림 6-3〉에 보이듯이, 이상으로서 천하질서는 중원을 다스리는 천자를 중심으로 내신, 외신, 조공국 및 중국 밖에 존재하는 사이(동이, 서융, 남만, 북적)로 구성된다.

그러나 현실로서 천하질서는 이보다도 훨씬 복합적이었다. 역사적으로 중국의 정통 왕조로 인정을 받는 국가들이 항상 주변국들의 우위에 있었던 것은 아니다. 대표적으로 한고조가 평성에 패한 후 흉노와 맺은 화친지약(和親之約), 송 태종이 북벌 실패 후 요와 맺은 전연지맹(澶淵之盟)이 있으며, 송

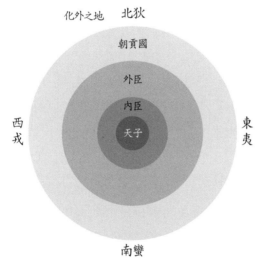

〈그림 6-3〉 중국중심주의의 사이시의도(中國中心主義的四夷示意圖)
출처: 陳慶餘, 2016, 以此為中心的國際秩序! 中國曾有多少藩屬國?, 中時電子報,
https://hottopic.chinatimes.com/20160413004263-260812

시아』 서울: 문학과지성사, 2004, p.281.

23) 김한규, 『천하국가』 서울: 소나무, 2005, p.48.

휘종과 흠종이 포로로 잡힌 후 금과 맺은 정강지변(靖康之變) 이후 중원을 지배한 왕조가 주변 국가들과 형제 관계(송과 요)는 물론 군신 관계 또는 숙질 관계(남송과 금)를 맺었다. 또한 "중국 국가들이 책봉한 내용, 즉 주변 국가들의 군장들이 받은 관작이 실질적인 의미가 없는 '허관', '허작'이었다."[24] 즉 중국은 주변 국가들의 통치자를 옹립한 것이 아니라 승인했던 것이다. 이런 역사적 사실을 고려하면, 사대 질서는 중국 국가의 군현체제로 편입되는 편호제민, 변군으로 편입되는 기미부주체제, 외신으로 책봉되는 조공책봉체제, 인적국으로 인정되는 화친체제 등 다양한 방식으로 존재하였다고 할 수 있다.[25]

이러한 역사적 전통과 유산 때문에 중국은 유럽의 타자(他者)로서 그리고 중국의 상위 개념으로서 '아시아'를 상상할 수 없었다. "'아시아'는 유럽적인 개념으로서, 20세기까지 그 지역에 사는 민족들은 아무도 이 개념을 받아들이지 않았다."[26] 즉 지리적 개념으로서 '아시아'와 문명적 개념으로서 '아시아' 모두 19세기 말까지 아시아에서 적극적으로 수용되지 않았다. 근본적으로 이 문제는 중국이 역사적으로 주변국들과의 관계에서 서구의 주권과 같은 동등한 관계를 형성한 적이 없었다는 사실에서 나온다고 할 수 있다.[27]

물론 중국은 서양에서 간행된 지도를 통해 유럽이 자신들을 '아시아'로 분류하고 있다는 사실을 알고 있었다. 명(明) 만력(萬曆) 30년(1602년) 예수회 이탈리아인 신부 마테오 리치(Matteo Ricci)와 명나라 학자 이지조(李之藻)가 함께 편찬한『곤여만국전도(坤輿萬國全圖)』(그림 6-4)에는 아세아(亞細亞)가 분명히 나와 있다. 중국에 천주교 전파라는 궁극적 목적을 달성하는 데

24) 김한규. 2005. p.29.
25) 김한규. 2005. p.42-3.
26) Peter C. Perdue. *China Marches West: The Qing Conquest of Central Eurasia*. Cambridge: Harvard University Press, 2005. p.14.
27) 배경한.『중국과 아시아: 근현대 중국의 아시아 인식과 아시아주의』서울: 한울, 2016. p.15.

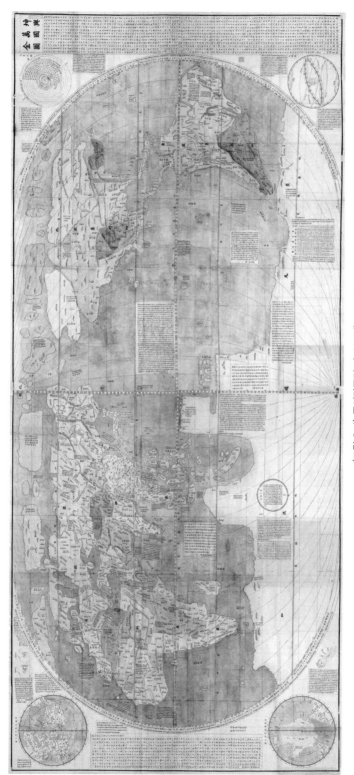

〈그림 6-4〉 곤여만국전도(1602년)

도움을 주기 위해 리치는 중국의 중심성을 격하하기보다는 로마를 부각시키는 전략을 추구하였다. '이를 통해 세계는 중국과 로마를 중심으로 구성되어 동양과 서양 세계가 공존할 수 있음을 설득한 것이다.'[28] 그럼에도 불구하고, 과학자로서 리치는 『곤여만국전도』 서문에서 중국의 천하사상이 근대 천문학과 지리학에 부합하지 않는다는 사실을 분명하게 명기하였다.

(지구에서) 어디를 쳐다보아도 하늘 아닌 곳이 있는가? 우주에서 무릇 (사람이) 발로 서 있는 곳은 곧 아래가 되고 무릇 머리가 향하고 있는 곳은 바로 위가 된다. (그러나 중국 사람들은) 오로지 자기 몸이 서 있는 곳만을 가지고 위쪽과 아래쪽을 구분하는데, 그럴 수는 없다(蓋在天之內, 何瞻非天? 總六合內, 凡足所佇卽爲下, 凡首所向卽爲上, 其專以身之所居分上下者, 未然也).[29]

『곤여만국전도』가 천하사상에 부합하지 않는다는 사실은 중국의 중심성의 부정이 부정되는 것이었으며, 이는 중국 영토가 왜소화되는 데 대한 반발에서 확인된다. 진조수(陳組綬)는 1636년 나홍선(羅洪先)이 제작한 『광여도(廣輿圖)』를 증보한 『황명직방지도(皇明職方地圖)』 서문에서 중화사상의 입장을 명확히 하였다.

옛 제왕들의 宇를 상고하지 않고, 옛 성현의 서적을 상고하지 않고, 옛 오랑캐의 영역을 상고하지 않고, 옛 지리의 멀고 가까움이나 옛 지리의 가운데를 상고하지도 않고, 옛 삼황오제나, 천성만현의 말이 연원한 근거를

---

28) 김기혁, "『곤여만국전도』(1602)의 해양 지명에 표현된 세계의 표상 연구," 『문화역사지리』 제24집 2호, 2012. p.98.
29) 利瑪竇, 朱維錚(主编), 『利瑪竇中文著译集』 复旦大学出版社, 2001. p.174.; 송영배, "마테오 리치의 『곤여만국전도』와 중국인들의 반응," 『문화역사지리』 제24집 2호, 2012. p.5.

상고하지 않으니, 이 상고하지 않은 말로 인하여, 우리 중국이 작아졌으
니, 크게 통탄할 일이다!30)

실제로『곤여만국전도』발간 후에도 중국 관료들이 작성한 지도에서 주변
국들은 중국을 부각시키는 것 이외의 역할을 수행하지 않는다. '중국의 지도
는 중국 본토 중심으로만 자세히 그렸고, 주변 지역인 조선이나 일본 유구 등
은 대략적으로 그려 화이의식에 기반한 지도가 제작'31)되었다. 천계(天啓) 원
년(1621년)에 간행된『무략지(武略志)』의 사이총도(四夷總圖)(그림 6-5)에
는 중국 주변국들의 이름과 특징이 여백 속에 간단히 기록되어 있을 뿐 지도
의 핵심인 국경선과 영토가 확실하게 표현되지 않았다. '이러한 지리적 왜곡

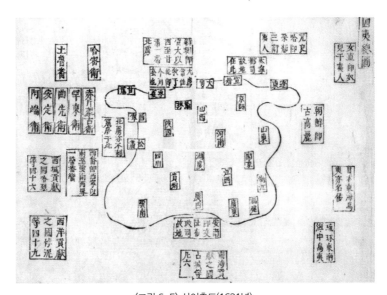

〈그림 6-5〉 사이총도(1621년)
출처: http://tieba.baidu.com/p/2344919269

---

30) 이재신, "마테오 리치의 世界地圖가 中國人의 空間觀에 끼친 影響," 연세대학교 석사학위 논문,
   2008, p.86에서 재인용.
31) 엄찬호, "고지도를 통해 본 한·중·일 경계인식의 변화,"『한일 관계사연구』제39집, 2011, p.23.

은 중화와 바깥 세계의 문화적 위계를 표현하는 효율적인 방법이었다.'32)

선교사의 활동과 대외 교역의 확대로 세계지리에 대한 인식이 심화되었음에도 불구하고, 청에서도 '아시아' 개념은 수용되지 않았다.

심지어 청대의 일부 학자들은 마테오 리치의 『곤여만국전도』에서 중국이 위치하는 땅을 '아세아(亞細亞)', 서양을 '구라파(歐羅巴)'로 번역하는 것이 음험하고 잔인한 마음에서 비롯한 것으로 보았다. '구라파'는 '분명 크게 과장하는 말'인 반면, '아(亞)'는 『이아(爾雅)』의 「석고(釋詁)」에서는 버금 차(次)를 이르며, 『설문해자(說文解字)』에서는 둘째 지지인 축(丑)을 가리키고, 『증운(增韻)』에서는 적을 소(少)를 말한다. '세(細)'는 『설문해자』에서는 작을 미(微)를 가리키며, 『옥편(玉篇)』에서는 적을 소(少)를 말한다. 따라서 '아세아'라는 말은 중국어로는 '두 번째로 작은 두 번째의 대륙(次小次洲)'이라는 뜻이 된다. 이들은 '명대 사람들은 마테오 리치가 거만한 몸가짐으로 업신여기며 하는 말을 기꺼이 받아들이고 그 사실을 알지 못했으니 일찍이 누구도 그 간교함을 깨닫지 못한 것이다.'라고 파악했다.33)

건륭제에게서 강희제 시대 러시아와 맺은 네르친스크조약에서 보이던 조심스러운 태도는 더 이상 보이지 않았다.34) 중화사상의 극치는 1792년 영국 왕 조지 3세(George III)의 친서를 전달한 조지 매카트니(George Macartney)에게 건륭제가 보낸 답신에 잘 드러나 있다.

All European nations, including your own country's barbarian mer-

---

32) 장인성. "토포스로서의 땅: 근대한국의 국제정치학적 상상력." 한국정치사상학회 월례발표회 발표문, 2007. p.1.

33) 쩌우전환(鄒振環). 한지은(역). 『지리학의 창으로 보는 중국의 근대: 1815~1911년 중국으로 전파된 서양지리번역서』 서울: 푸른역사, 2013. p.97.

34) Peter C. Perdue. "Boundaries and Trade in the Early Modern World: Negotiations at Nerchinsk and Beijing." *Eighteenth-Century Studies*. 43-3, 2010. p.14.

chants, have carried on their trade with our Celestial Empire at Canton. Such has been the procedure for many years, although our Celestial Empire possesses all things in prolific abundance and lacks no product within its own borders. There was therefore no need to import the manufactures of outside barbarians in exchange for our own produce(向来西洋各国及尔国夷商。赴天朝贸易。悉于呑门互市。历久相沿。已非一日。天朝物产丰盈。无所不有。原不藉外夷货物。以通有无).35)

너희 나라의 오랑캐 상인들을 포함한 서양(유럽) 각국은 광주의 호시에서 천조와 무역을 해 왔다. 비록 천조가 모든 물산을 아주 충분하게 가지고 있어 국경 안에서는 부족한 상품이 없지만, 수년 동안 이렇게 진행되어 왔다. 그러므로 우리나라의 상품을 교환하기 위해 바깥 오랑캐의 제품을 수입할 필요가 없다.

1840년 아편전쟁에서 중국이 서구 제국주의 국가들에게 패배한 이후 중화사상은 급격하게 흔들리기 시작했다. 이러한 사실을 가장 잘 보여 주는 사례는 영국이 제1차 아편전쟁 이후 '외국인/오랑캐'를 지칭하는 한자 '이(夷)'의 사용을 금지할 것을 요구한 것이다. 영국은 이 글자가 '야만인(barbarian)'으로 번역되고 있다는 사실을 안 이후 이 글자가 중화사상에 가지는 의미를 파

---

35) "Ch'ien Lung (Qianlong)'s Letter to George III (1793)," in E. Backhouse and J. O. P. Bland. *Annals and Memoirs of the Court of Peking*. Boston: Houghton Mifflin, 1914. pp.322–331 에서 재인용. http://academics.wellesley.edu/Polisci/wj/China/208/READINGS/qianlong. html 중국어 원문은 『乾隆实录』卷之一千四百三十五. http://www.cssn.cn/zgs/zgs_sl/201304/ t20130407_345020.shtml. 이 당시 상황은 마크 C. 엘리엇, 양휘웅(역), 『건륭제』 서울: 천지인, 2011. pp.298–313.

악하고 있었다. 또한 영국은 중국과 교류하는 외교 문서에서 사용되는 한자 '품(稟)'이 위계 질서를 전제하고 있다는 것도 알고 있었다. 이러한 위계 질서를 부정하기 위한 영국의 노력은 제2차 아편전쟁의 결과로 체결된 1858년 텐진(天津) 조약의 제51조— 이후 각종 공문은 베이징 내에서든 밖에서든 영국 관리와 백성을 서술할 때 夷 자를 쓸 수 없다 —에 반영되어 있다.[36]

문명적 개념으로서 '아시아'는 1840~1850년대 간행된 위원(魏源)의 『해국도지(海國圖志)』(그림 6-6)와 서계여(徐繼畬)의 『영환지략(瀛環志略)』(그림 6-7)에서 처음 엿보이기 시작한다.[37] 두 책 모두에서 중국은 아세아 대륙

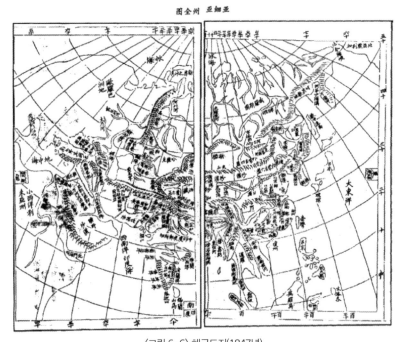

〈그림 6-6〉 해국도지(1847년)
출처: 魏源, 『海国图志』 岳麓书社, 1998. pp.76~77.

---

36) Lydia H. Liu, *The Clash of Empires: The Invention of China in Modern World Making*, Harvard University Press, 2004.; 차태근(역), 『충돌하는 제국: 서구문명은 어떻게 중국이란 코끼리를 넘어뜨렸나』 파주: 글항아리, 2016.

동아시아 지역 거버넌스와 초국적 협력: 현대사적 조명

<그림 6-7> 영환지략(1850년)

출처: 徐繼畬.『瀛環志略』上海書店出版社, 2001. pp.10-11.

의 국가로 분류되어 있다. 그렇지만 중국에서 '아시아'에 대한 문명적 개념의 본격적인 수용은 19세기 말 일본의 아주(亞洲) 개념을 수입한 캉유웨이(康有爲)와 량치챠오(梁啓超)를 중심으로 한 변법자강운동(變法自强運動)에 의해서 이루어졌다고 할 수 있다. 서구 제국의 침탈이 본격화되면서, 일본을 통한 또는 일본과 협력을 위한 '아시아' 개념은 문명으로서 아시아가 아니라 세력권(sphere of influence)으로서 아시아로 변질되었다.[38] 이 사상은 외교관인 황쭌셴(黃遵憲)의 아시아연대론과 신해혁명의 지도자 쑨원(孫文)의 대아시아주의로 발전되었다.

아시아가 쇠약해졌으되 30년이 되기 전에 다시 부흥할 것이라는 그 요점

---

37) 임종태. "서구지리학에 대한 동아시아 세계지리 전통의 반응." 『한국과학사학회지』 제26집 2호, 2004.; 李光來. "『海國圖志』와 근대 동아시아의 지형도(知形図)." 『일본문화연구』 30호, 2009.; 김의경. "위원(魏源)의 『해국도지』에 나타난 서양인식." 『중국사연구』 제5집, 1999.

38) 배경한. 2016.

은 대체 어디에 있겠습니까? 바로 일본에 있습니다. 30년이 되기 전에 외국과 맺은 모든 불평등조약을 폐지하였으니 일본이 불평등조약을 폐지한 그날이 바로 우리 전 아시아 민족 중흥의 날인 것입니다. … 일본이 동아시아에서 독립한 후 아시아의 모든 각 국가와 각 민족은 또 다른 하나의 큰 희망을 갖게 되었습니다. 일본이 불평등조약을 폐지하고 독립할 수 있었으니 그들도 당연히 그렇게 할 수 있을 것으로 생각하고, 여기서부터 용기가 생겨나 각종 독립운동을 전개하여 유럽인의 속박에서 벗어나 유럽의 식민지가 되지 않도록 하고 아시아의 주인공이 되려 했습니다.[39]

1937년 중일전쟁 이후 친일 정부를 구성한 왕징웨이(汪精衛)는 대아주주의(大亞洲主義)를 내세우면서 일본과 협력하는 것을 정당화하는 동아연맹론(東亞聯盟論)을 지지하였다.

중국 여론계가 주의해야 할 점은, 중국의 생존과 독립·자유는 침략주의와 공산주의가 사라진 후에야 비로소 완전 무결해진다는 점이다. 중국이 이 목적을 달성하기 위해서는 일본과 협력하고 각국의 중국에서의 합법적 권익을 존중하며 각국과 우의를 유지해야 한다. … 일본은 동아의 강국으로서 경제·군사·문화에서 착착 앞으로 나아가, 최근 몇십 년간 일본 없이는 동아도 없다고 할 수 있을 정도이다.[40]

21세기에도 중국 중심 질서의 유산은 천하질서에 대한 미련으로 이어지고 있다.[41] 즉 중국의 아시아주의는 중화주의를 완전히 탈색했다고 보기는 어렵

---

39) 쑨원. "대아시아주의." 최원식·백영서(편). 『동아시아인의 '동양' 인식』 서울: 창비, 2010. p.160.
40) 왕징웨이. "중일전쟁과 아시아주의." 최원식·백영서(편). 『동아시아인의 '동양' 인식』 서울: 창비, 2010. pp.181-2.
41) 자오팅양(趙汀陽). 노승현(역). 『천하체계: 21세기 중국의 세계 인식』 서울: 길, 2010.; 왕후이(汪

다. 이런 경향은 '아시아 속의 중국'보다는 '중국 속의 아시아'에 대한 선호로 이어지고 있다.[42]

최근 중국 대륙의 일부 지식인들은 유럽 식민지의 침입을 받기 이전까지의 동아시아 질서인 조공체제를 왕도(王道)라는 윤리적 관념에 기반한 것으로 보고 그 안에서 유럽의 근대 민족국가가 확장된 제국주의의 논리에 대항할 수 있는 아시아적 근대의 내재적인 역사 연속성의 논리까지 찾아내려고 한다… [이는-필자] 조공 질서가 표방하는 이념에 집착함으로써 실제로는 그 기반이 군사적 및 정치적·경제적 영향력이라는 사실을 간과한다.[43]

IV. 지역의 분화: 아시아에서 동아시아로

중국과 달리 일본에서는 문명으로서 '아시아'에 대한 자각이 상대적으로 빨리 이루어졌다.[44] "서양의 침략이 본격화하면서 '아시아' 즉, 동양이 단순한 지리적 구분법에서 문화적 일체성을 갖는 동질적 존재로 자리 잡게 된 것이다."[45] 그러나 일본에서 문명으로서 아시아와 지역으로서 아시아는 항상 일

晖), 송민재(역). 『아시아는 세계다』 파주: 글항아리, 2010.

42) 조경란. "현대 중국 민족주의 비판." 『역사비평』 90호, 2010.

43) 백영서. "주변에서 동아시아를 본다는 것." 정문길·최원식·백영서·전형준(편). 『주변에서 본 동아시아』 서울: 문학과지성사, 2004. p.22.

44) 손열. "일본의 국제정치인식: 지역공간 설정의 사례." 『일본연구논총』 26호, 2007.; 류준필. "일본의 침략주의와 문명론의 아포리아: 福澤諭吉의 『文明論之槪略』과 그 동아시아적 계기." 『한국학연구』 26호, 2012.

45) 이헌주. "1880년대 전반 조선 개화지식인들의 '아시아 연대론'인식 연구." 『동북아역사논총』 23호, 2009. p.312.

치하지 않았다. 이 문제는 일본이 지리적으로는 아시아에 있지만 문명적으로는 서구에 속한다는 인식에 의해 증폭되었다(방광석. 2010). 이 때문에 일본에서는 탈아론(脫亞論)과 흥아론(興亞論) 사이를 왔다 갔다 하는 현상이 반복되었다.[46]

후쿠자와 유키치(福澤諭吉)가 주장한 탈아입구(脫亞入歐)에서 아시아는 문명적 개념이었다. 후쿠자와는 1875년에 출판된『문명론 개략(文明論之槪略)』의 제 2장 서양의 문명을 목표로 삼는 일에서 세계 문명을 유럽 여러 나라와 미합중국이 포함된 최상의 '문명국(文明國)', 터키, 중국, 일본 등 아시아 여러 나라를 포괄하는 '반개국(半開國)' 그리고 아프리카, 호주의 '야만국'으로 구분하였다. 이런 구분에 입각해 그는 일본의 당면 목표를 반개국(半開國)에서 문명국(文明國)으로 전환하는 것이라 규정하였다.

반면, 흥아론은 일본이 아시아 문명을 유럽 제국주의 국가들로부터 보호하기 위한 역할을 자임하는 것을 정당화하는 논리이다. 이 논리의 근저에는 일본을 중심으로 중국과 조선이 연합하여 유럽 제국들의 침략을 막는다는 아시아연대론(連帶論)이 자리 잡고 있다. '아시아주의'·'동양주의'·'삼국공영론'·'삼국제휴론'·'동양평화론' 등으로 발전된 아시아연대론은 일본은 물론 중국과 한국에서도 반향을 불러일으켜, 개화운동에 상당한 영향을 주었다.[47]

탈아론과 흥아론은 당시 일본과 아시아의 상황에 대한 평가가 다를 뿐이지, 그 핵심 가정에는 근본적인 차이가 없다고 할 수 있다. 양자의 공통점은 다음과 같다. 첫째, 탈아론과 흥아론 모두 세계적 차원에서 유럽=문명, 아시아=야만이라는 이분법이 아시아 지역에서는 일본=문명, 기타 아시아=야만으로

---

46) 요네하라 겐(米原謙). "일본에서의 문명개화론: 후쿠자와 유키치와 나카에 쵸민을 중심으로." 『동양정치사상사』제2집 2호, 2003. p.223.

47) 정용화. "근대한국의 동아시아 지역 인식과 지역질서 구상." 『국제정치논총』제46집 1호, 2006.; 백지운. "근대 중국 아시아 인식의 문제성." 『중국현대문학』 63호, 2012.; 金顯哲. "근대 일본의 '아시아' 주의와 민간단체의 한반도 진출 구상." 『한국동양정치사상사연구』 제14집 1호, 2015.

나타난다는 가정을 공유한다. 둘째, 일본을 외부의 침략으로부터 보호해야한다는 지정학적 사고이다. 이런 관점에서 탈아론과 흥아론은 일본의 생존에어떤 것이 더 유리한가라는 공통의 질문을 전제한다. 셋째, 아시아는 유럽을따라야 한다는 것이다. 탈아론은 다른 아시아 국가들- 후쿠자와가 비판하는'아시아 동방의 악우(惡友)'-은 이 가능성이 당분간 없기 때문에 일본이 우선해야 한다는 논리를 가지고 있다. 반면 흥아론은 유럽 문명을 선취한 일본이다른 아시아 국가들을 도와야 한다는 주장이다. 넷째, 아시아에서 유럽 수준으로 발전한 또는 발전하고 있는 국가는 일본이 유일하다는 것이다. 즉 아시아의 맹주는 일본이다. 따라서 아시아의 협력은 일본의 지도력을 필요로 한다. 마지막으로 탈아론과 흥아론 모두 중국의 정체를 가정한다는 점에서 차이가 없다. 즉 두 이론 모두 일본이 아시아에서 주도적인 역할을 하기 위해서는 중국 중심의 전통적 질서를 극복해야 한다는 데 공감하고 있었다(고야스, 2005, 159).

탈아론과 흥아론이 거의 같은 시기에 출현했다는 사실은 그 당시 중국과 서구에 대한 일본의 '이중적 열등감'으로 설명될 수 있다.[48] 서구에 의해 강제로 개방을 당한 후에도 중국에 대한 일본의 전통적 열등감은 바로 사라지지않았다. 때문에, 유럽과 중국에 대한 일본의 인식은 일관되게 정리되지 않았다고 할 수 있다.[49] 중국에 대한 열등감을 극복하는 동시에 아시아(동양)에서중국의 중심적 지위를 부정하기 위해 20세기 초 일본은 중국을 '지나(支那)'라는 명칭으로 부르기 시작하였다.

---

48) Urs Matthias Zachmann, *China and Japan in the Late Meiji Period: China Policy and the Japanese Discourse on National Identity, 1895-1904*, New York: Routledge, 2009.

49) 마쓰모토 겐이치(松本健一), "일본에서의 아시아관 탈아론과 아시아주의의 양극을 둘러싸고," 『신아세아』 제17집 3호, 1998.; 함동주, "明治期 아시아주의의 아시아상," 『일본역사연구』 제5집, 1997.; 김경일·강창일, "동아시아에서 아시아주의 : 1870~1945년의 일본을 중심으로," 『역사연구』 8호, 2000.

근대 일본에서는 대부분의 기간에 다양한 집단들이 이질성을 강조하기 위해 '지나'를 사용했다. 예건대 국학자들은 '중국'이라는 용어에 담긴 야만·문명, 혹은 내부·외부라는 의미에서 일본을 분리하기 위해 '지나'를 사용했다. … 그리고 20세기 초 일본에서 '지나'는 근대 아시아 국가인 일본에 대하여 과거에 빠져 어려움을 겪고 있는 중국을 가리키는 말로 출현했다.[50]

탈아론은 '아시아 연대'라는 지역통합의 명분을 갖고 일본의 대륙팽창정책을 정당화하는 논리로 부상했다. 이 논리의 핵심은 아시아에서 유일한 문명국으로 부상한 일본이 중국과 한국을 비롯한 아시아 국가들의 맹주가 되어야 한다는 후쿠자와의 주장으로 요약될 수 있다. 이 주장에 따라 일본은 아시아 국가들 사이의 관계를 유럽과 아시아의 관계처럼 지배자—피지배자, 지도자—추종자 관계로 개조하고자 하였다.[51]

조야(朝野) 구별 없이 모두 서양 근대 문명을 받아들여 오로지 일본의 낡은 틀을 벗는 것뿐만 아니라, 아시아 전체를 하나의 축으로 하여 주의(主義)로 내세워야 할 것이다. 주의로 하기 위해서는 오직 '탈아'라는 두 글자에 있을 뿐이다. … 수레와 수레바퀴, 입술과 이빨 관계인 이웃나라는 서로 도움이 되는 것이 보통의 예이다. 그렇지만 지금의 중국과 조선은 일본에 조금도 도움이 되지 않는다. 뿐만 아니라 서양 문명인의 눈에는 세 나라가 지리적으로 가까이 있어 동일하게 보고 중국과 조선을 평가하는 것도 일본과 같이 한다. … 그 영향이 간접적으로 우리들의 외교에 장

---

50) 스테판 다나카. 박영재·함동주(역), 『일본 동양학의 구조』 서울: 문학과지성사, 2004, p.18.
51) 윤상인. "지리담론을 통해 본 근대일본인의 심상지리와 아시아인식." 『아시아문화연구』 제23집, 2011.; 방광석, "德富蘇峰의 동아시아 인식: 청일전쟁부터 한국병합 시기를 중심으로." 『동북아역사논총』 27호, 2010.

애가 되는 일이 적지 않다. 일본의 일대 불행이라고 말할 수밖에 없다. 그렇다고 오늘의 꿈을 펴기 위해 이웃나라의 개명(開明)을 기다려 함께 아시아를 일으킬 시간이 없다. 오히려 그 대열에서 벗어나 서양과 진퇴를 같이하여 중국과 조선을 접수해야 한다. 접수 방법도 인접 국가라는 이유만으로 사정을 헤아려 줄 수 없으며 반드시 서양인이 접하는 것과 같이 처분해야 할 것이다.[52]

20세기 초반 일본에게 아시아는 동아시아로 축소된다. 1894년 청일전쟁 승리 이후 맺어진 1895년 4월 시모노세키(下關)조약으로 일본은 중국에 대한 외교적 우위를 확보하였다. 그러나 러시아가 주도한 3국 간섭으로 조선을 보호국으로 만들려는 시도가 실패하자 일본에서는 서구 열강에 대한 반감이 고조되었다. 이러한 반감은 일본의 아시아주의를 탈아론의 문명 개념에서 흥아론의 세력권 개념으로 전환을 촉진시켰다. 이런 분위기 속에서 오까꾸라 텐신이 '아시아는 하나다.'라고 선언하였다.[53]

1905년 러일전쟁 승리 후 일본은 제2차 영일동맹 및 가쓰라-태프트밀약을 통해 조선에 대한 지배권을 국제적으로 인정받는 동시에 중국 진출을 위한 교두보를 확보하였다. 그러나 영국이나 미국과의 협력은 일본에게 '아시아'의 분할을 불가피하게 만들었다. 일본은 우호적 외교관계를 유지하던 유럽 제국주의 국가들(특히 영국)이 식민지를 건설한 지역을 제외한 나머지 지역에 주력하게 되었다. 이 때문에 20세기 초반 이후 일본이 구상하는 지역 정체성은 '아시아'에서 '(대)동아시아(Greater East Asia)'로 변용된다.[54]

---

52) 福沢諭吉. 『脱亜論』 1885.; 김남은. "福沢諭吉의 아시아 인식: 조선인식을 중심으로." 『일본연구』 제27집 27호, 2009. pp.254-255에서 재인용.

53) 오까꾸라 텐신(岡倉天心). "동양의 이상." 최원식·백영서(편). 『동아시아인의 '동양' 인식』 서울: 창비, 2010. p.28.

54) Cf. 유용태. 2008. pp.124-132.

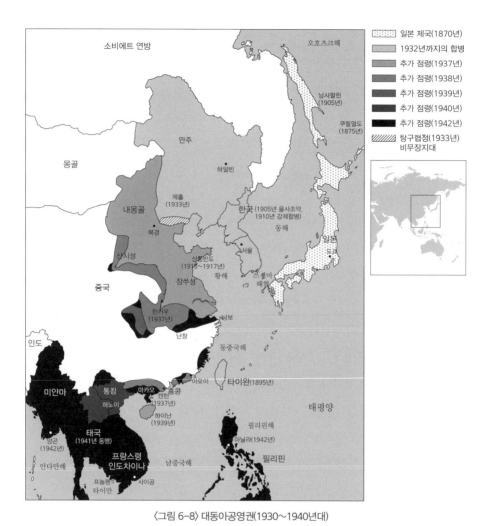

일본 제국(1870년)
1932년까지의 합병
추가 점령(1937년)
추가 점령(1938년)
추가 점령(1939년)
추가 점령(1940년)
추가 점령(1942년)
탕구협정(1933년)
비무장지대

소비에트 연방
오호츠크해
남사할린
(1905년)
쿠릴열도
(1875년)
만주
하얼빈
몽골
제흘
(1933년)
내몽골
북경
한국 (1905년 을사조약,
1910년 강제합병)
동해
일본
산시성
산둥반도
(1915~1917년)
서울
중국
장쑤성
황해
쓰시마
해협
한커우
(1937년)
닝보
난창
동중국해
인도
타이완(1895년)
미얀마
통킹
하노이
마카오
캔톤
(1937년)
아모이
홍콩
하이난
(1939년)
태평양
태국
(1941년 동맹)
양곤
(1942년)
안다만해
프랑스령
인도차이나
프놈펜
타이만
사이공
남중국해
필리핀해
마닐라(1942년)
필리핀

〈그림 6-8〉 대동아공영권(1930~1940년대)

출처: https://upload.wikimedia.org/wikipedia/commons/c/cb/Better_version_greater_east_asia_
japanese_influence.png

1930년대 말 이후 일본 제국주의의 확장은 대동아공영권을 천하질서와 유
사한 위계적 질서로 재구성하려는 시도를 유발했다. "제국 공간에서 일본의
'(대)동아'는 동아시아의 직분적 배치와 가족국가적 관계로 구성되고 일본적
가치와 권력에 의해 규율되는 동아시아로서 상상"55)되었다. 이것의 가장 극

동아시아 지역 거버넌스와 초국적 협력: 현대사적 조명

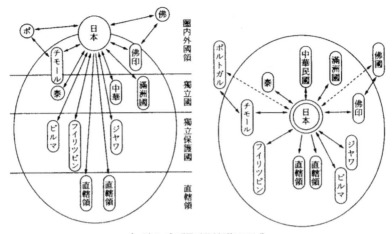

〈그림 6-9〉 대동아공영권(1850년)

출처: 임성모. "대동아공영권 구상에서의 '지역'과 '세계'." 『세계정치』 26, 2005. p.109.

단적인 형태가 대동아공영권(大東亞共榮圈)이다.[56]

　패전 이후 일본은 일본 중심의 아시아를 추진할 수 있는 명분과 능력을 모두 상실하였다. '대동아전쟁'을 '태평양전쟁'으로 재규정하는 데에는 이런 의도가 내재되어 있었다. 미군정 종식 이후 냉전체제하에서 일본은 패권국인 미국이 허용하는 범위 내에서 제한적 자율성을 가지게 되었다. 이런 상황에서 일본은 아시아에 대한 영향력을 회복하기 위해 일본에 대한 반감이 상대적으로 적은 동남아시아와 경제적 교류를 적극적으로 확대하였다. 이런 노력은 1967년 당시 미키 다케오(三木武夫) 외상의 '아시아·태평양구상', 1977년 후쿠다 다케오(福田赳夫) 수상의 '동남아시아 외교 3원칙', 1978년 오히라 마사요시(大平正芳) 수상의 '환태평양연대구상' 등으로 이어졌다.[57]

　일본은 아시아보다는 동아시아를 선호하고 있지만, 아시아를 완전히 포기

---

55) 장인성. "한국의 동아시아론과 동아시아 정체성." 『세계정치』 제26집, 2005. p.13.

56) 김경일. "전시기 일본의 대동아공영권 구상과 체제." 『일본역사 연구』 제10집, 1999.; 박한규. "아시아주의를 통해 본 전전 일본의 동아시아 정체성." 『일본연구논총』 제20집 20호, 2004.

57) 김경일. "전후 일본의 동아시아정책과 지역협력을 위한 과제." 『일본문화연구』 24호, 2007.

한 것은 아니다.[58] 대동아공영권에 비판적인 중국문학 연구자 다케우치 요시미(竹内好)는 전전 아시아주의에 대해 본격적인 재평가를 시도하였다. '지나'라는 명칭을 거부하고 중국을 고집했었다는 점에서 다케우치는 침략주의적 아시아주의의 그늘에서 상대적으로 자유로웠다. 그는 근대 초극론- 정치에서 민주주의, 성세에서 자본주의, 사상에서 자유주의를 초극 을 통해 메이지 유신 이후 일본에 구조화된 이중성- 복고와 유신, 존왕과 양이, 쇄국과 개국, 국체 보존과 문명 개화-을 극복하고자 하였다. 근대 초극론이 대동아공영권의 이론적 기반이었다는 사실을 인정하였지만, 그는 그 안에 있는 아시아 연대의 가능성에 주목하였다. 실존하지 않는 가능성을 발전시키기 위해서 그는 '방법으로서 아시아'를 제시하였다. 여기에서 방법은 주체 형성의 과정을 의미한다.[59]

역사학에서는 전전 시대 황국사관를 극복하고 세계사의 흐름 속에서 일본사를 이해하기 위한 노력이 시도되었다. 우에하라 센로쿠(上原專祿)는 미국의 국제정치적 영향력하에서 일본의 역할을 모색하기 위해서는 아시아·아프리카 각국과 연대할 수 있는 세계사가 필요하다고 주장하였다. 이를 위해서 그는 유럽 중심의 세계사가 성립한 근대 이전의 각 지역에 대한 연구를 촉구하였다. 이러한 문제의식의 연장선상에서 니시지마 사다오(西嶋定生)의 동아시아세계론이 등장하였다. 이 이론의 가장 큰 특징은 동아시아 지역의 기원을 근대 이전으로 소급한 것이다. 그 다음으로 중요한 특징은 전근대 동아시아 지역을 다른 지역에서는 발견되지 않는 고유한 문화(한자, 유교, 불교, 율령)의 자기 완결적 구조로 재구성한 것이다. 이 기준에 따라 동아시아 세계는 중국, 한국, 일본, 베트남으로 한정된다. 그리고 이 세계는 중국 황제와 주변제 민족 군장 사이의 책봉체제라는 위계 질서적 정치 구조로 조직되어 있다.

---

58) 이철호, "일본의 동아시아공동체론과 중국: 구상과 현실." 『일본비평』 제6집, 2012.
59) 다케우치 요시미(竹内好), 서광덕·백지운(역), 『일본과 아시아』 서울: 소명출판, 2004.

동아시아세계론에 대해서, 동아시아라는 개념이 근대 이전에는 존재하지 않았다는 비판이 제기되었다. 이에 대해 아라노 야스노리(荒野泰典)는 18세기 전후 니시카와 죠켄(西川如見)의 『증보화이통상고(增補華夷通商考)』에 '동아시아'라는 용어는 아직 등장하지 않지만 '實態'로서 '동아시아'는 존재한다고 주장하였다. 그러나 이 주장을 입증할 만한 역사적 증거는 충분하지 않다.[60] 또한, 이 이론에는 중국 중심의 동아시아 세계를 자국 중심의 대동아공영권으로 변환하려는 시도에 대한 역사적 평가가 결여되어 있다. 이 문제는 동아시아 세계의 변용 가능성을 평가하는 네 결정적 장애가 되고 있다. 이런 맥락에서 '대동아공영권을 전근대에서 근대로의, 곧 동아시아 세계 질서 구조의 변화로서 비판의 대상으로 삼지 않는다면, 전후 동아시아 지역세계의 제 모순을 드러내는 일은 곤란하다.'[61]

V. 지역의 분할: 동남아시아와 동북아시아

제2차 세계대전— 더 엄밀하게 말하자면 태평양전쟁 —을 통해 본격적으로 개입을 한 미국은 승전 후 아시아 지역의 재편을 주도하였다. 미국의 아시아 재편은 아시아에 대한 기존 인식과 새롭게 등장한 냉전체제라는 두 가지 요인의 영향을 받았다. 전쟁 전 미국의 아시아관은 첫째, 유럽의 시작과 크게 다르지 않았다. 미국의 주류 세력이 유럽 문명에 기반을 두고 있었기 때문에 아시아를 유럽의 '타자'로 간주한 오리엔탈리즘의 영향에서 자유롭지 못했다.

---

60) 신동규. "전근대 일본사 연구 속의 '동아시아' 인식에 대한 고찰." 『역사학보』 제221집 221호, 2014.
61) 이성시. "일본 역사학계의 동아시아세계론에 대한 재검토: 한국학계와의 대화로부터." 『역사학보』 제216집 216호, 2012. p.71.

둘째, 미국은 유럽 제국주의 국가들과 같이 상업적 목적으로 아시아에 접근하였다. 셋째, 미국은 태평양을 통해 아시아에 진출해야 할 필요성을 인식하고 있었다. 이런 맥락에서 미국이 태평양 열강이자 대서양 열강이라는 '이중적 국가 정체성'이 형성되었다. 이러한 기존 인식은 새롭게 등장한 냉전체제에 의해 변모하기 시작하였다. 특히 냉전의 격전지로 부상한 극동(Far East)은 동아시아로 재규정되었다. 이러한 인식은 동아시아 지역학에 대한 연구를 통해 과학화되었다.[62]

　1950년대 이후 동남아시아 국가들이 식민지를 탈피하면서, 동북아시아와

〈그림 6–10〉 동아시아–태평양(1945년)

출처: http://www.state.gov/p/eap/ci/index.htm

---

62) 황동연. "냉전시기 미국의 지역연구와 아시아 인식." 『동북아역사논총』 33호, 2011.; 김경일. "전후 미국에서 지역연구의 성립과 발전." 『지역연구』 제5집 3호, 1996.

동남아시아가 구분되기 시작하였다. 동남아시아라는 표현은 미국인 목사 하워드 맬컴(Howard Malcom)의 『Travels in South-Eastern Asia Embracing Hindustan, Malaya, Siam, and China』에서 처음 사용된 것으로 알려져 있다.[63] 그러나 현재와 같은 의미로 사용된 것은 제2차 세계대전 중 스리랑카에 설치된 동남아사령부(South-East Asia Command)가 처음이라고 할 수 있다.[64]

'동북아시아' 개념의 기원은 17세기 말까지 거슬러 올라간다. 네덜란드 외교관이자 정치인이었던 니콜라스 빗선(Nicolaes Witsen)이 러시아 제국의 동북 타타르(tartary) 지방에 대한 저작을 남긴 것이다. 그 이후 동북아시아라는 용어는 19세기 중반까지 다시 등장하지 않았다.[65]

지정학적 의미의 동북아시아는 1930년대 미국 사학자이자 정치학자인 로버트 커너(Robert Kerner)가 처음 사용했다고 할 수 있다.[66] 커너가 규정한 동북아시아의 범위는 바이칼 호수에서 태평양 연안 사이에 있는 한반도, 만주, 몽고 및 동시베리아 지역이다. 당시 이 지역은 중국, 일본 및 소련에 의해 지배되고 있었다. 냉전 이후 동북아시아는 미국 국무부에 의해 일본과 한국을 지칭하는 개념으로 재규정되었다. 그리고 1990년대 중국의 개혁 개방이 본격화되면서 중국이 동북아시아에 다시 포함되었다.

---

63) 조흥국. "서양인이 규정한 '동남아' 지역 정체성 아세안 중심으로 '하나의 동남아'까지." 『CHINDIA Plus』 3/4월호, 2017.

64) 박장식. "동남아시아 지역성에 대한 인식론적 대비." 『동남아시아연구』 제10집, 2000. pp.227-8.

65) Li Narangoa. *Historical Atlas of Northeast Asia, 1590-2010: Korea, Manchuria, Mongolia, Eastern Siberia*. New York: Columbia University Press, 2014. pp.2-3.

66) Stephen Kotkin. "Robert Kerner and the Northeast Asia Seminar." *Acta Slavica Iaponica*. 15, 1997.

VI. 나가며

지리적 범주로서 동아시아에 대한 역사적 검토는 지역 정체성이 고정불변하는 '상수'가 아니라는 사실을 잘 보여 주고 있다. 지역은 자연적으로 주어진 조건으로서 지리뿐만 아니라 인간의 행위를 통해 구성된 정치·경제·사회·문화의 영향도 받는다. 따라서 지역은 상상의 공동체(imagined community)로서 우리가 만들고 변화시키고 때에 따라서는 폐기할 수 있는 '변수'라고 할 수 있다.

탈냉전 이후 미국의 동아시아에 대한 영향력이 약화되면서 동아시아의 재구성 가능성이 높아지고 있다. 일본은 미국의 아시아 회귀(pivot to Asia) 또는 재균형(rebalancing) 전략에 동참함으로써 '동아시아'에 대한 '환태평양(trans-Pacific)' 또는 '아시아-태평양(Asia-Pacific)'의 우위를 재확립하려는 의도를 보여 주고 있다.[67] 반면, 중국은 동서교역의 통로인 비단길(Silk Road, 丝路)의 역사적 복원에 기반을 둔 일대일로(一帶一路) 구상을 통해 대응 전략을 모색하고 있다. 이 구상의 지리적 범위에서 '동아시아'는 북쪽으로는 중앙아시아를 거쳐 유럽, 남쪽으로는 동남아시아와 중동을 통해 북아프리카까지 포함한다. 실제로 이 구상과 연계된 아시아인프라투자은행(AIIB)의 창립 회원국으로는 역내 37국뿐만 아니라 역외 20국도 참가하고 있다. 이 구상이 성공을 한다면 '동아시아'는 '유라시아'와 '아시아-아프리카'의 결합으로 재편될 수도 있다.[68]

아시아 태평양이든 유라시아-아프리카든, 궁극적으로 동아시아의 해체는

---

67) Saori N. Katada, "At the Crossroads: The TPP, AIIB, and Japan's Foreign Economic Strategy." *East-West Center AsiaPacific Issues*. 125, 2016.; 이승주. "미중일 삼각구도와 한국의 전략적 대응: 환태평양경제동반자협정(TPP)과 역내 포괄적경제동반자협정(RCEP)의 사례를 중심으로." 『미국학』 제36집 2호, 2013.

68) 왕이웨이. 『중국, 그래도 중국』 서울: 서울문화사, 2015.

우리나라 대외정책의 근본적 재편을 초래할 수밖에 없다.[69] 21세기 우리나라가 추진한 대외정책은 제2차 세계대전 이후 미국이 구분한 동아시아의 하위 범주로서 동북아시아(Northeast Asia)에 기반을 두고 있다고 할 수 있다.[70] 노무현 정부의 '동북아시대 구상', 박근혜 정부의 '동북아평화협력구상', 문재인 정부의 '동북아플러스 책임공동체'(가칭) 모두 동북아라는 지역명을 사용하고 있다. 그러나 '한국은 중국의 APT 중심론과 일본의 EAS 중심론, 미국의 APEC과 EAS 양바퀴론 속에서 방향을 잃었다.'[71] 이런 상황에서 주변 국가들이 수용할 수 있는 새로운 지역 정체성을 능동적으로 제시하지 못한다면, 우리는 다른 국가들이 주도하는 지역 정체성을 수동적으로 받아들일 수밖에 없다.

이러한 맥락에서 최근 미국, 중국, 일본, 한국이 냉전체제의 유산이라고 할 수 있는 동(북)아시아 지역을 각국의 비전과 이익에 따라 해체하려고 하는 노력은 시의적절하며 바람직하다고 할 수 있다. 아직까지는 각국 사이에 존재하는 이견을 극복할 수 있는 대안이 존재하고 있지 않다.[72] 이 문제는 누가 더

---

69) 하영선. "복합화 시대의 동아시아 신질서 건축." 『동아시아연구원 EAI하영선칼럼』 2015.; 손열. "위기 이후 동아시아 다자경제제도의 건축 경쟁: 경제적 상호의존, 네트워크 효과, 안보이익." 『국가전략』 제17집 1호, 2011.; 김기석. "동아시아 협력체제의 비전: 다층적 다원주의와 대안적 시나리오." 『국가전략』 제17집 4호, 2011.; 박혜정. "지구사적 관점으로 본 동아시아사의 방법과 서술: 인도양 연구에 대한 비판적 고찰을 토대로." 『동북아역사논총』 40호, 2013.

70) 김기석·김성철·김영작·김호섭·남궁곤·박영준·박홍영·손기섭·이면우·이숙종·장훈·함동주, 『21세기 동북아공동체 형성의 과제와 전망』 서울: 한울, 2006.; Gilbert Rozman. *Northeast Asia's Stunted Regionalism: Bilateral Distrust in the Shadow of Globalization*. New York: Cambridge University Press, 2002.; Charles K. Armstrong, Gilbert Rozman, Samuel S. Kim, and Stephen Kotkin(eds.). *Korea at the Center: Dynamics of Regionalism in Northeast Asia*. Armonk,: New York: M.E. Sharpe, Inc., 2006.; Vinod K. Aggarwal, Min Gyo Koo, Seungjoo Lee and Chung-in Moon(eds.). *Northeast Asia: Ripe for Integration?*. Berlin: Springer Science & Business Media, 2008.; Kent Calder and Min Ye. *Making of Northeast Asia*. Stanford: Stanford University Press, 2010.; Gilbert Rozman(ed.). *U.S. Leadership, History, and Bilateral Relations in Northeast Asia*. New York: Cambridge University Press, 2011.

71) 손열. "지역공간의 개념사: 한국의 '동북아시아'." 하영선·손열(편). 『근대한국의 사회과학 개념형성사 2』 서울: 창비, 2012. p.146.

72) 자오팅양(趙汀陽). 노승현(역). 『천하체계: 21세기 중국의 세계 인식』 서울: 길, 2010.; 고성빈. "중

합리적인 논리를 제공하는가에 의해서만 해결되지는 않을 것이다. 왜냐하면 유럽 통합의 역사가 보여 주듯 국가 이익을 넘어서는 매력적인 비전도 중요하기 때문이다. 이 때문에 새로운 대안의 모색은 강대국의 전유물이 되지 않을 수 있다.

우리가 새로운 대안을 모색하기 위해서는 냉전체제에서 동아시아 지역이 어떤 방식으로 변용되었는가를 구체적으로 고민할 필요가 있다. 지역으로서 동아시아의 성과와 한계를 평가하기 위해서는 역외 세력인 미국이 구성한 동아시아 지역에 대해 역내 세력인 중국, 일본, 한국 및 동남아시아 국가들이 어떻게 대응해 왔는가를 살펴보는 것이 필수적이다. 이를 통해 21세기 동아시아를 해체하려는 시도가 왜 나왔으며, 어떻게 발전해 나갈 것인지를 생각해 볼 수 있을 것이다.

국의 동아시아담론: '포아론(包亞論)'적 사유의 전개." 『국제·지역연구』 제18집 3호, 2009.; 박영준. "일본형 국제질서관의 전개와 아시아정책론의 변화: 『문명론지개략』 1875에서 『새로운 중세』 1997까지." 『국제정치논총』 제51집 4호, 2011.; 박이진. "탈냉전 이후 일본의 동아시아 담론: 일본의 귀환서사 연구지평." 『일본문화연구』 제58집, 2016.; 이재현. "인도-퍼시픽(Indo-Pacific), 새로운 전략 공간의 등장." 『아산정책연구원 이슈브리프』 2015.; Jennifer Couture. *Smarter Naval Power in the Indo-Pacific Region, Alliance Requirements Roadmap Series*. Washington DC.: Center for a New American Security, 2016.

관련 연표

시기	내용
기원전 6세기	밀레투스의 헤카타이오스 세계지도 발간
1569년	메르카토르의 세계지도 발간
1602년	곤여만국전도 발간
1621년	사이총도 발간
17세기 말	니콜라스 빗선(Nicolaes Witsen)이 러시아 제국의 동북 타타르(tartary) 지방에 대한 저작 발간
1847년	해국도지 발간
1850년	영환지략 발간
1860년대	영국에서 극동 개념 등장
1870년대	일본에서 아시아주의 및 흥아론 등장
1875년	후쿠자와 유키치의 文明論之槪略 발간
1885년	후쿠자와 유키치의 脱亞論 발간
1890년대	영국에서 근동 개념 등장
1900년대	영국에서 중동 개념 등장
1930~1940년대	대동아공영권 개념의 등장과 소멸
제2차 세계대전 중	스리랑카에 동남아사령부(South-East Asia Command) 설치
1950년대	미국 국무부 동아시아–태평양국

· 참고문헌 ·

가와카츠 헤이타(川勝平太). "아시아 개념의 성립과 변용." 『신아세아』 제17집 3호, 1998.

고성빈. "중국의 동아시아담론: '포아론(包亞論)'적 사유의 전개." 『국제·지역연구』 제18집 3호, 2009.

_____. "동아시아담론: 이론화를 향한 시론." 『국제·지역연구』 제21집 4호, 2012.

金顯哲. "근대 일본의 '아시아' 주의와 민간단체의 한반도 진출 구상." 『한국동양정치 사상사연구』 제14집 1호, 2015.

김경일. "전후 미국에서 지역연구의 성립과 발전." 『지역연구』 제5집 3호, 1996.

_____. "전시기일본의 대동아공영권 구상과 체제." 『일본역사 연구』 제10집, 1999.

_____· 강창일. "동아시아에서 아시아주의 : 1870~1945년의 일본을 중심으로." 『역 사연구』8호, 2000.

_____. "전후 일본의 동아시아정책과 지역협력을 위한 과제." 『일본문화연구』 24호, 2007.

김기석·김성철·김영작·김호섭·남궁곤·박영준·박홍영·손기섭·이면우·이숙종· 장훈·함동주. 『21세기 동북아공동체 형성의 과제와 전망』서울: 한울, 2006.

_____. "동아시아 협력체제의 비전: 다층적 다원주의와 대안적 시나리오." 『국가전 략』 제17집 4호, 2011.

김기혁. "『곤여만국전도』(1602)의 해양 지명에 표상된 세계의 표상 연구." 『문화역사 지리』 제24집 2호, 2012.

김남은. "福沢諭吉의 아시아 인식: 조선인식을 중심으로." 『일본연구』 제27집 27호, 2009.

김월회(역). "동아시아 시각의 인식론적 의의." 『아세아연구』 제52집 1호, 2009.

김의경. "위원(魏源)의 『해국도지』에 나타난 서양인식." 『중국사연구』 제5집, 1999.

김한규. 『천하국가』 서울: 소나무, 2005.

다케우치 요시미(竹內好). 서광덕·백지운(역). 『일본과 아시아』 서울: 소명출판, 2004.

류준필. "일본의 침략주의와 문명론의 아포리아: 福澤諭吉의 『文明論之槪略』과 그

동아시아적 계기."『한국학연구』 26호, 2012.

마쓰모토 겐이치(松本健一). "일본에서의 아시아관 탈아론과 아시아주의의 양극을 둘러싸고."『신아세아』 제17집 3호, 1998.

마크 C. 엘리엇. 양휘웅(역).『건륭제』 서울: 천지인, 2011.

박상수. "한국발 '동아시아론'의 인식론 검토."『아세아연구』 제53집 1호, 2010.

박승우. "동아시아 공동체 담론 리뷰."『아세아리뷰』 제1집 1호, 2011.

박영준. "일본형 국제질서관의 전개와 아시아정책론의 변화:『문명론지개략』(1875) 에서『새로운 중세』(1997)까지."『국제정치논총』 제51집 4호, 2011.

박용희. "19세기 유럽인들의 동아시아 인식."『동양사학연구』 제107집 107호, 2009.

박이진. "탈냉전 이후 일본의 동아시아 담론: 일본의 귀환서사 연구지평."『일본문화 연구』 제58집, 2016.

박장식. "동남아시아 지역성에 대한 인식론적 대비."『동남아시아연구』 제10집, 2000.

박한규. "아시아주의를 통해 본 전전 일본의 동아시아 정체성."『일본연구논총』 제20 집 20호, 2004.

박혜정. "지구사적 관점으로 본 동아시아사의 방법과 서술: 인도양 연구에 대한 비판 적 고찰을 토대로."『동북아역사논총』 40호, 2013.

방광석. "德富蘇峰의 동아시아 인식: 청일전쟁부터 한국병합 시기를 중심으로."『동 북아역사논총』 27호, 2010.

배경한.『중국과 아시아: 근현대 중국의 아시아 인식과 아시아주의』 서울: 한울, 2016.

백영서. "중국에 '아시아'가 있는가?: 한국인의 시각."『동아시아의 귀환: 중국의 근대 성을 묻는다』 서울: 창작과비평사, 2000.

_____. "주변에서 동아시아를 본다는 것." 정문길·최원식·백영서·전형준(편).『주 변에서 본 동아시아』 서울: 문학과지성사, 2004.

백지운. "근대 중국 아시아 인식의 문제성."『중국현대문학』 63호, 2012.

성민엽. "같은 것과 다른 것: 방법으로서의 동아시아." 정재서(편).『동아시아 연구 글 쓰기에서 담론까지』 서울: 살림, 1999.

손열. "일본의 국제정치인식: 지역공간 설정의 사례."『일본연구논총』 26호, 2007.

_____. "위기 이후 동아시아 다자경제제도의 건축 경쟁: 경제적 상호의존, 네트워크

효과, 안보이익." 『국가전략』 제17집 1호, 2011.

_____. "지역공간의 개념사: 한국의 '동북아시아'." 하영선·손열(편). 『근대한국의 사회과학 개념형성사 2』 서울: 창비, 2012.

손일. 『네모에 담은 지구 메르카토르: 1569년 세계지도의 인문학』 서울: 푸른길, 2014.

송영배. "마테오 리치의 『곤여만국전도』와 중국인들의 반응." 『문화역사지리』 제24집 2호, 2012.

스테판 다나카. 박영재·함동주(역). 『일본 동양학의 구조』 서울: 문학과지성사, 2004.

신동규. "전근대 일본사 연구 속의 '동아시아' 인식에 대한 고찰." 『역사학보』 제221집 221호, 2014.

쑨거(孫歌). 류준필 외(역). 『아시아라는 사유공간』 서울: 창작과비평사, 2003.

_____. "아시아담론과 '우리들'의 딜레마." 정문길·최원식·백영서·전형준(편). 『주변에서 본 동아시아』 서울: 문학과지성사, 2004.

쑨원. "대아시아주의." 최원식·백영서(편). 『동아시아인의 '동양' 인식』 서울: 창비, 2010.

야마무로 신이치(山室信一). "공간아시아를 둘러싼 인식의 확장과 변용." 『공간: 아시아를 묻는다』 서울: 한울, 2007.

엄찬호. "고지도를 통해 본 한·중·일 경계인식의 변화." 『한일 관계사연구』 제39집, 2011.

오까꾸라 텐신(岡倉天心). "동양의 이상." 최원식·백영서(편). 『동아시아인의 '동양' 인식』 서울: 창비, 2010.

오병수. "中·西에 가린 동아시아." 『동북아역사논총』 19호, 2008.

왕이웨이. 『중국, 그래도 중국』 서울: 서울문화사, 2015.

왕징웨이. "중일전쟁과 아시아주의." 최원식·백영서(편). 『동아시아인의 '동양' 인식』 서울: 창비, 2010.

왕후이(汪暉). 이욱연(역). "아시아 상상의 계보: 새로운 아시아를 상상하기 위하여." 『새로운 아시아를 상상한다』 서울: 창작과비평사, 2003.

_____. 송민재(역). 『아시아는 세계다』 파주: 글항아리, 2010.

요네하라 겐(米原謙). "일본에서의 문명개화론: 후쿠자와 유키치와 나카에 쵸민을 중심으로."『동양정치사상사』제2집 2호, 2003.

유용태. "한국의 동아시아사 인식과 구성: 동양사 연구 60년을 통해서 본 동아시아
　　사."『역사교육』제107집, 2008.

_____. "한국의 동아시아사 인식과 구성."『역사교육』제107집, 2008.

윤상인. "지리담론을 통해 본 근대일본인의 심상지리와 아시아인식."『아시아문화연
　　구』제23집, 2011.

윤진. "헤카타이오스(Hekataios)와 헤로도토스(Herodotos)."『대구사학』제75집,
　　2004.

윤해동. "트랜스내셔널 동아시아의 근대적 변용: 한국사를 중심으로."『역사학보』제
　　221집 221호, 2014.

李光來. "『海國圖志』와 근대 동아시아의 지형도(知形図)."『일본문화연구』30호,
　　2009.

이성시. "일본 역사학계의 동아시아세계론에 대한 재검토: 한국학계와의 대화로부
　　터."『역사학보』제216집 216호, 2012.

이승주. "미중일 삼각구도와 한국의 전략적 대응: 환태평양경제동반자협정(TPP)과
　　역내 포괄적경제동반자협정(RCEP)의 사례를 중심으로."『미국학』제36집 2
　　호, 2013.

이재신. "마테오 리치의 世界地圖가 中國人의 空間觀에 끼친 影響." 연세대학교 석
　　사학위 논문, 2008.

이재현. "인도-퍼시픽(Indo-Pacific), 새로운 전략 공간의 등장."『아산정책연구원
　　이슈브리프』2015.

이진일. "서양 지리학과 동양인식."『아시아문화연구』제26집, 2012.

이철호. "일본의 동아시아공동체론과 중국: 구상과 현실."『일본비평』제6집, 2012.

이헌주. "1880년대 전반 조선 개화지식인들의 '아시아 연대론'인식 연구."『동북아역
　　사논총』23호, 2009.

임종태. "서구지리학에 대한 동아시아 세계지리 전통의 반응."『한국과학사학회지』
　　제26집 2호, 2004.

임형택. "지역적 인식 논리와 새로운 동아시아 학지."『동아시아 브리프』제3집 2호,
　　2008.

자오팅양(趙汀陽). 노승현(역).『천하체계: 21세기 중국의 세계 인식』서울: 길, 2010.

장인성. "자기로서의 아시아, 타자로서의 아시아: 근대 조선 지식인에 나타난 '아시아'와 '동양'."『신아세아』제5집 3호, 1998.

_____. "한국의 동아시아론과 동아시아 정체성."『세계정치』제26집, 2005.

_____. "토포스로서의 땅: 근대한국의 국제정치학적 상상력." 한국정치사상학회 월례발표회 발표문, 2007.

_____. "영국학파 국제사회론과 근대 동아시아의 국제사회화에 관한 고찰: 동아시아 국제사회론의 구축을 위한 시론."『세계지역연구논총』제27집 1호, 2009.

정용화. "근대한국의 동아시아 지역 인식과 지역질서 구상."『국제정치논총』제46집 1호, 2006.

조경란. "현대 중국 민족주의 비판."『역사비평』90호, 2010.

조흥국. "서양인이 규정한 '동남아' 지역 정체성 아세안 중심으로 '하나의 동남아'까지."『CHINDIA Plus』3/4월호, 2017.

쩌우전환(鄒振環). 한지은(역).『지리학의 창으로 보는 중국의 근대: 1815~1911년 중국으로 전파된 서양지리번역서』서울: 푸른역사, 2013. p.97.

차태근(역).『충돌하는 제국: 서구문명은 어떻게 중국이란 코끼리를 넘어뜨렸나』파주: 글항아리, 2016.

차혜원. "유동적 역사공간: 근세 동아시아로의 접근."『역사비평』79호, 2007.

최창모. "중세이슬람 고지도의 발전과정과 세계이해."『한국이슬람학회 논총』제19-3집 3호, 2009.

쵸두리(K. N. Chaudhuri). 임민자(역).『유럽 이전의 아시아: 이슬람의 발흥기로부터 1750년까지 인도양의 경제와 문명』서울: 심산, 2011. p.52.

하세봉. "한국학계의 동아시아 만들기."『부산사학』제23집, 1999.

하영선. "복합화 시대의 동아시아 신질서 건축."『동아시아연구원 EAI하영선칼럼』2015.

한경구. "동아시아적인 것을 찾아서."『문학과 사회』제9집 4호, 1996.

한상일. "동아시아 공동체론: 실체인가, 환상인가?."『한국동양정치사상사연구』제4집 1호, 2005.

함동주. "明治期 아시아주의의 아시아상."『일본역사연구』제5집, 1997.

헤로도토스. 김봉철(역).『역사』서울: 길, 2016.

황동연. "냉전시기 미국의 지역연구와 아시아 인식."『동북아역사논총』33호, 2011.

후쿠다 토모히로. 조명희(역). "중동, 근동, 극동의 기준이 되는 곳은?" 『지도로 먹는 세계사 이야기』 서울: 팬덤북스, 2016.

Acharya, Amitav. *Whose Ideas Matter?: Agency and Power in Asian Regionalism.* Ithaca: Cornell University Press, 2009.

_____. "Asia Is Not One." *Journal of Asian Studies.* 69-4, 2011.

Aggarwal, Vinod K., Min Gyo Koo, Seungjoo Lee and Chung-in Moon(eds.). *Northeast Asia: Ripe for Integration?.* Berlin: Springer Science & Business Media, 2008.

Armstrong, Charles K., Gilbert Rozman, Samuel S. Kim, and Stephen Kotkin (eds.). *Korea at the Center: Dynamics of Regionalism in Northeast Asia.* Armonk: New York: M.E. Sharpe, Inc., 2006.

Black, Jeremy. "Visions of the World: A History of Maps, MITCH." 김요한(역). 『세계 지도의 역사』 서울: 넥서스, 2006.

Bull, Hedley and Adam Watson. *The Expansion of International Society.* Oxford: Oxford University Press, 1985.

Calder, Kent and Min Ye. *Making of Northeast Asia.* Stanford: Stanford University Press, 2010.

Couture, Jennifer. *Smarter Naval Power in the Indo-Pacific Region, Alliance Requirements Roadmap Series.* Washington DC.: Center for a New American Security, 2016.

Dirlik, Arif. "Chinese History and the Question of Orientalism." *History and Theory.* 35-4, 1996.

Economist. "A Menagerie of Monikers." January 7, 2010.

Friedberg, Aaron L. "Will Europe's Past Be Asia's Future?" *Survival.* 42-3, 2000.

Gong, Gerrit W. *The Standard of "Civilization" in International Society.* Oxford: Oxford University Press, 1984.

Katada, Saori N. "At the Crossroads: The TPP, AIIB, and Japan's Foreign Economic Strategy." *East-West Center AsiaPacific Issues.* 125, 2016.

Kotkin, Stephen. "Robert Kerner and the Northeast Asia Seminar." *Acta Slavica Iaponica.* 15, 1997.

Li, Narangoa. *Historical Atlas of Northeast Asia, 1590-2010: Korea, Manchuria, Mongolia, Eastern Siberia.* New York: Columbia University Press, 2014.

Liu, Lydia H. *The Clash of Empires: The Invention of China in Modern World Making.* Harvard University Press, 2004.

Mayer, Franz C. and Jan Palmowski. "European Identities and the EU: The Ties that Bind the Peoples of Europe." *Journal of Common Market Studies.* 42-3, 2004.

Oxford English Dictionary. Oxford University Press, 2009.

Perdue, Peter C. *China Marches West: The Qing Conquest of Central Eurasia.* Cambridge: Harvard University Press, 2005.

_____. "Boundaries and Trade in the Early Modern World: Negotiations at Nerchinsk and Beijing." *Eighteenth-Century Studies.* 43-3, 2010.

Ringmar, Erik. "Performing International Systems: Two East-Asian Alternatives to the Westphalian Order." *International Organization.* 66-1, 2012.

Rozman, Gilbert. *Northeast Asia's Stunted Regionalism: Bilateral Distrust in the Shadow of Globalization.* New York: Cambridge University Press, 2002.

_____. (ed.). *U.S. Leadership, History, and Bilateral Relations in Northeast Asia.* New York: Cambridge University Press, 2011.

Said, Edward W. *Orientalism.* London: Penguin, 1978.

Zachmann, Urs Matthias. *China and Japan in the Late Meiji Period: China Policy and the Japanese Discourse on National Identity, 1895-1904.* New York: Routledge, 2009.

福沢諭吉.『脱亜論』1885.

利瑪竇. 朱维铮(主编).『利玛窦中文着译集』复旦大学出版社, 2001.

Backhouse, E. and J. O. P. Bland. "Annals and Memoirs of the Court of Peking." Boston: Houghton Mifflin, 1914. http://academics.wellesley.edu/Polisci/wj/China/208/READINGS/qianlong.html

『乾隆实录』卷之一千四百三十五. http://www.cssn.cn/zgs/zgs_sl/201304/t20130407_345020.shtml.

제3부

결론: 동아시아 지역 거버넌스의
역사적 조명

· 제7장 ·

동아시아 지역 거버넌스 태동기의 특징

김의영, 미우라 히로키 · 서울대학교

I. 동아시아 지역 거버넌스에 대한 역사적 조명

이상, 이 책에서는 각종 지역협력 제도의 발전에도 불구하고 크고 작은 갈등이 반복되는 동아시아에서, 지역 문제를 좀 더 효과적으로 해결하고 지역질서를 개선하기 위한 대안으로서 다양한 층위의 행위자 간 협력 즉, 초국적 협력의 활성화에 관심을 갖고, 이 가능성이나 방향성을 역사적 관점에서 분석했다. 특히 이러한 비전에 대한 구체적 수단이자 분석적 틀로서 '지역 거버넌스(regional governance)'에 주목하며, 이러한 움직임이 동아시아 현대사에서 어떠한 형태나 특징으로 나타났는지에 대해 논의했다. 제1장에서 동아시아 지역 거버넌스의 기본적 특징 즉, 행위자·이슈의 다층성, 과정·원칙의 다양성, 지역적 통합성·연계성과 관련된 광범위한 기존 연구의 동향과 주목해야 할 이론적 쟁점에 대해서 소개했다. 제2장부터 제6장까지는 사례 연구로서 지역 거버넌스와 관련된 5개 이슈를 다루었다.

또한 이 책은 2016년에 시작한 장기적 연구 프로젝트의 첫 단계 성과로서, 각 분야나 이슈의 초기 발전 단계나 역사적 태동 시기에 있어서 앞서 언급한 지역 거버넌스의 특징이나 역동성이 나타난 사실을 포착하는 것에 초점을 두었다. 물론, 이 단계에서의 논의는 지역 거버넌스와 관련된 다양한 사실이나 움직임을 부분적으로 발견하는 수준에 머물기 때문에 이상적인 지역 거버넌스 모델의 구축이나 초국적 협력을 위한 실천적 함의를 도출하는 데 한계가 있다. 이를 위해서는 향후 지속적인 연구가 필요하며, 이는 2년차와 3년차의 과제가 될 것이다.

이와 같이 연구의 중심적 내용은 각 소주제 사례 연구를 통해 동아시아 현대사에 나타난 지역 거버넌스의 태동기적 성격이나 맹아를 찾아보는 것이지만, 이에 앞서 지역 거버넌스 개념과 기존 연구의 흐름을 정리하는 것도 연구의 중요한 과제이다. 초국적 협력과 지역 거버넌스 모두 광범위한 의미나 세부 구성 요소를 가지기 때문에 구체적으로 어떠한 측면 혹은 이론에 주목할 것이며, 기존 연구와 어떻게 연결되는가에 관한 논의는 분명히 필요할 것이다. 이러한 개념적 배경이나 분석 틀에 관해서도 제1장과 각 소주제별 장에서 정리했다. 이 중 특히 연구의 전체 논의나 방향성과 깊이 관련된 지역 거버넌스 개념에 관한 담론의 흐름과 동아시아 지역에 관한 연구의 흐름을 간략하게 재정리하면 다음과 같다.

첫째, 다층 거버넌스(multilevel governance)에 대한 주목이다. 지역 거버넌스란 실질적으로 특정 지역 내에서 다층 거버넌스를 구축하는 것으로 이해된다. 이에는 각국 중앙정부뿐만 아니라 국제기구나 지역기구, 지자체, 비정부기구(NGO), 기업, 개인 등 다양한 행위자가 개입된다. 초국적 협력 또한 이러한 다원적인 정치 과정으로 이해할 수 있을 것이다. 다층 거버넌스의 구체적 모델화에 있어 중요한 쟁점으로서 이른바 Type I과 Type II 거버넌스 유형의 상호 연관성을 들 수 있다. Type I 거버넌스란 중앙정부 간의 공식적인 협상이나 협력제도의 구축을 중심으로 이의 이행 과정에서 지자체나 NGO, 기업 등이 다층적 구조를 구축하는 유형이며, Type II 거버넌스란 정부 및 사회 수준의 다양한 행위자가 협력적인 규범이나 규칙, 제도를 비공식적, 제한적 혹은 자발적으로 실천하여, 이것이 다른 층의 행위자에게도 확산되고 공유되는 것으로서, 주로 개별 이슈마다 형성되는 거버넌스 유형이다.[1] 환언하면, 지역 차원의 제도나 규칙, 규범 등의 형성 과정에서 공식적이며 정부 중심의 하향적인 움직임과 비공식적이며 사회 중심의 상향적인 움직임이 어떻게 상호작용하는지가 특정 지역에서 다층 거버넌스의 특징 형성에 있어서 중요한 요인인 것이다.[2]

둘째, 동아시아에서 지역 다층 거버넌스의 성격이나 비전에 관한 논쟁이다. 세계 각지의 지역 거버넌스를 비교한 페인(Anthony Payne)의 연구에 의하면 유럽에서는 이와 같은 Type I과 Type II가 효과적으로 결합된 다층 거버넌스가 구축되고 있는 반면, 북미에서는 미국을 중심으로 한 비대칭성으로 인해 '허브 앤 스포크(hub and spoke)'식 다층 거버넌스가 형성되고 있으며, 아태 지역은 제도적 발전의 미흡으로 인해 '전 거버넌스(pre-governance)'의 상태로 지적된다.[3] 이 밖에도 유럽의 지역질서를 국제관계의 '노년기'로, 동아시아를 '청년기'로 보고, 결국 동아시아 지역질서의 특징을 후진성이나 미숙함으로 해석하는 시각도 있다. 그러나 과연 동아시아를 이와 같이 유럽적 모델로 나아가기 위한 초기 단계 혹은 보편적인 거버넌스 모델의 미흡한 상태로

---

1) Liesbet Hooghe and Gary Marks. "Unraveling the Central State, but How? Types of Multi-level Governance." *American Political Science Review*. 97-2, 2003. pp.233-243.

2) Brian Bow and Greg Anderson. "Building without Architecture: Regional Governance in Post-NASFTA North America." in Brian Bow and Greg Anderson(eds.). *Regional Governance in Post-NAFTA North America: Building without Architecture*. New York: Routledge, 2015.; Greg Anderson and Brian Bow. "Conclusion: Without Architecture, but Not Without Structure." in Bow and Anderson, 2015.

3) Anthony Payne. "Globalization and Modes of Regionalist Governance." in Jon Pierre(ed.). *Debating Governance*. Oxford: Oxford University Press, 2000.

단순화시킬 수 있는지 또는 고유한 특징을 갖고 특수한 모델이나 비전으로 나아가고 있는지의 문제는 상당히 논쟁적일 것이다. Type I과 Type II 거버넌스의 상호 연관성을 모색하는 논의는 이와 같이 지역적 특수성과 보편성을 충분히 고려하면서 입체적으로 전개해야 할 것이다.

셋째, 동아시아 지역 거버넌스의 내부적 역동성을 규명하는 기존 연구의 증가 추세이다. 페인의 주장과 달리 사실 동아시아 지역을 대상으로, 거버넌스적 현상이나 움직임을 밝힌 기존 연구는 지속적으로 증가하고 있다. 1990년대에 다층적인 행위자나 초국적 이슈, 다양한 방식의 협상 과정이나 대안적인 지역 형성에 관한 기초적 연구가 등장하기 시작했으며, 2000년대에 들어와서는 이러한 특징들의 복합적 관계에 주목하면서 지역 거버넌스의 내부 동태를 분석하는 방향으로 연구가 발전했다.[4] 이 결과 기존 연구의 흐름은 이전과는 상당히 달라졌으며, 최근에는 복합(complex), 다층성(multilevel), 초국성(transnational), 네트워크(network), 창발성(emergence), 공진화(co-evolution) 등과 같은 키워드가 지역질서를 설명하는 데 필수적 요인이나 관점으로서 빈번히 나타나고 있다. 이러한 흐름은 동아시아를 '전 거버넌스 상태'로 해석하는 것보다는 내부 동태에 대한 심도 있는 분석을 통해 그 특수성이나 보편성, 독자적 모델의 가능성 등을 규명하는 것이 중요한 의의가 있음을 시사한다.

넷째, 아직 연구가 미흡한 것으로서, 동아시아 현대사에 나타난 거버넌스적 움직임에 대한 재조명의 필요성이다. 앞에서 언급한 기존 연구들은 특히 19세기 이전 혹은 한국전쟁 이전의 제국주의 시대 또는 2000년대 이후 최근에 이루어진 제도 발전에 주목하는 방식으로, 연구 대상 시기가 양극화되고 있는 것이 현실이다. 이 중간 부분 즉, 동아시아 지역 거버넌스가 형성되기 시작

---

4) 대표적인 국내외 연구 및 연구 프로젝트 사례에 관해서는 제1장 각주 7, 8, 9를 참조.

　동아시아 지역 거버넌스와 초국적 협력: 현대사적 조명

한 현대사적 전개 과정에 대한 연구는 미흡한 상황이다. 물론, 현재 활성화되고 있는 대부분의 협력제도가 2000년대 이후에 형성된 사실을 무시할 수 없으나, 2000년대 이전에도 초국경적 문제나 국가 간의 교류, 교섭, 그리고 지역 정체성에 관한 비전 등은 존재했기 때문에 거버넌스적 움직임이나 양식에 관한 역사적 연속성을 완전히 부정할 수는 없을 것이다. 오히려 이와 같은 현대사적 연속성이야말로 지역적 특수성과 보편성이 혼재돼 있는 동아시아 지역 거버넌스의 현실적 특징을 이해하고 실천적 함의를 도출하는 데 중요한 역할을 할 것으로 보인다.

　이상과 같이 지역 거버넌스를 둘러싼 국내외의 논의 흐름을 바탕으로, 이 책은 동아시아 지역 거버넌스의 역사적 형성 및 전개 과정을 분석하고자 했다. 특히 각 사례 연구에서 협력체계가 형성된 초기 단계의 특징이나 이슈 전체의 특징 등을 분석함으로써 지역 거버넌스 모델이나 초국적 협력의 '단서'를 찾아보았다.

II. 동아시아 지역 거버넌스 태동기의 특징

　각 사례 연구에서 집중적으로 논의한 몇 가지 초국적 움직임 혹은 국가 간 관계의 내부적 역동성을 지역 거버넌스의 관점에서 압축적으로 재정리하면 다음과 같다. 이들은 동아시아 현대사에서 나타난 지역 거버넌스 태동기의 중요한 특징이며, 이 책의 주요 결론이다.

1. 공동 자원에 대한 중앙정부 주도의 평화적 및 소극적 관리 방식

제2장에서는 영토 문제와 해양 질서 문제의 초기 전개 과정에 대해서 특히 한일, 중일 간의 교섭 과정을 살펴보았다. 1960년대에서 1970년대, 유엔 차원에서 해양 질서에 대한 국제적 규칙이 형성되는 과정과 병행하여, 동아시아 주요 국가 사이에서도 교섭이 시작됐다. 이 과정에서 1) 중앙정부 주도의 국가 간 교섭, 2) 영토 문제와 해양 질서 문제의 분리, 3) 해양 질서 문제에 있어서 공동 개발이나 공동 관리방식의 활용 등이 특징으로 나타났다. 이러한 특징의 중요성으로 1) 해결하기 어렵고 갈등을 유발하기 쉬운 영토 및 해양 문제가 이 시기에는 정부 간의 긴밀한 교섭의 결과 오히려 잘 '관리'되었다는 점, 2) 공동 관리나 공동 개발은 상호성이나 적극적인 지원 개발을 위한 협력의 결과라기보다는 '단독 개발의 반대'로서 이루어진 소극적 선택이었다는 점, 3) 특정 양자 간에 성립된 공동 관리방식은 이후 다른 정부 간 교섭에도 영향을 미쳐 이른바 '양자 관계의 다자화'가 나타난 점 등을 들 수 있다. '평화적 관리 방식'이란 이와 같이 몇 가지 중요한 조건이나 특징의 결과 나타난 일종의 거버넌스 모델이라고 할 수 있다.

이 논의는 1960~1970년대 동아시아 지역에서 변형적인 Type I 거버넌스가 나타난 것을 시사한다. 즉, 국교 정상화라는 기본적 질서 형성과 결합된 형태로 정부 간의 공식적 교섭의 결과 지역의 해양 질서에 관한 제도적 네트워크가 형성됨에 따라 민간 행위자(어민, 어업단체, 기업 등)의 사업이나 상호 교류, 교섭 질서(공동수역에서의 어획량 상호 규정 등)가 활성화된 것이다. 그러나 공동 개발에 있어서는 실질적으로 현상 유지를 지향하는 방향으로 제도화되었기 때문에 이는 일반적인 의미로서 문제를 해결하기 위한 '적극적 거버넌스'가 아닌, 문제의 악화 예방에 머무른 '소극적 거버넌스'라고 할 수 있다. 나아가서 이 논의는 최근 사회 여론의 발전에 따라 영토 문제나 해양 문제

동아시아 지역 거버넌스와 초국적 협력: 현대사적 조명

의 관리가 이전보다 어려워졌다는 점에서, 동아시아에서 단순히 Type Ⅱ 거버넌스의 발전이 Type Ⅰ 거버넌스를 보완할 것이라고 낙관적으로 전망하기 어렵다는 것을 시사한다. 해양자원의 개발을 위한 다양한 방법이나 참여의 촉진이 아닌, 단독 개발 저지를 위한 각국 정부의 소극적인 자세가 해양 질서와 영토 문제를 둘러싼 지역질서의 초기 형성 단계에서 중요한 역할을 한 것이다.

제4장의 연구 결과 또한 Type Ⅰ과 Type Ⅱ 거버넌스의 조화로운 융합의 어려움과 관련해 동아시아에서 비국가행위자의 특징이라는 관점에서 시사점을 준다. 한국, 중국, 일본 모두 현대 국가의 성립 직후부터 민간 차원의 조직이 헌법이나 민법, 기타 개별법에 의해 제도화되었으며, 그 규모가 지속적으로 성장해 온 것은 사실이다. 이 중 제4장에서는 특히 중국의 사회단체에 관한 법체계의 형성과 발전에 대해서 살펴보았다. 그러나 동아시아 지역질서 형성에 대한 이들의 기여는 다음과 같은 연속적인 딜레마에 빠져 있다. 즉, 현대사의 초기 단계에서 NGO가 중앙정부에 대한 종속적 성격으로 제도화되면서 성장했기 때문에 초국적인 우호·교류 활동을 자발적으로 주도하려고 하는 의지나 원동력, 교섭의 기술 등을 긍정적으로 발전시키지 못했다. 이후 각국에서 제도적 발전이 시작된 단계에서는 NGO의 성격이나 정체성, 법적 권한의 차이 등으로 인해 상대국 NGO를 동등한 파트너로 보기 어려운 이른바 상호 불신이 조성되었다. 나아가서 이러한 제도 발전의 결과, 정부에 대한 종속성을 벗어나야 교류할 수 있다는 현실이나 인식이 등장했으며, 정부와 대결적인 자세나 주장을 펼치고, 공식적인 정책과 무관한 영역에서 NGO 간 교류 네트워크가 제한적으로 활성화되었다. Type Ⅰ과 Type Ⅱ 거버넌스 융합의 어려움이나 이에 대한 중앙정부의 주도성은 이와 같은 NGO 관련 제도 발전의 현대사적 현실과 무관하지 않을 것이다.

2. 분업적 소지역협력체계와 지자체 간의 독자적 교류 네트워크 형성

제3장에서는 동아시아 내 소지역(sub-region)협력의 형성과 전개, 이론화의 가능성에 대해 논의했다. 동아시아에서는 지속적인 안보 불안이나 군사적 긴장 관계가 각지에서 나타나고 있는 반면, 환동해, 환황해·발해, 광역 두만강, 남동중국, 광역 메콩강 등 소지역 경제권의 발전에서는 주목할 만한 역동성을 볼 수 있다. 이러한 안보와 경제의 디커플링 현상 이면에서는 소지역 경제협력에 관해서 지방 및 기업 간의 경제적 보완성을 높이는 분업적 협력 메커니즘이 작동되고 있던 것이다.

이 논의는 지역 거버넌스에 관해서 두 가지 중요한 시사점을 준다. 첫째, '지역' 거버넌스 형성에 있어서 경제 사회적 수요나 동기는 물론 경제 사회적 발전을 위한 최적화된 협력체계를 모색하려고 하는 의지의 중요성이다. 국제관계를 설명하기 위한 일반적 요인 즉, 힘(power), 이익(interest), 정체성(identity) 중에서 초국경 소지역협력의 추진에 있어서는 '이익'이 우선적 역할을 하게 되며, 이에 따라 '지역'과 '거버넌스'가 형성된다. 즉 불안전한 안보 현황이나 정치적으로 이용되는 지역 정체성에도 불구하고, 삶의 질이나 경제 사회적 요건을 개선하려고 하는 개인, 기업, 지자체 등 현실적인 수요나 의지가 지역 거버넌스 형성의 근본적인 원동력이 되었다고 할 수 있다. 둘째, 동아시아에서 다층 거버넌스를 발전시키기 위한 전략 또는 다층성과 지역성의 결합에 관한 함의이다. 소지역의 경제 사회적 발전을 위한 다양한 행위자의 초국적 협력 이른바 '소다자주의'의 실천과 경험은, 그 역사가 증명한 바와 같이, 동아시아라는 광역 차원에서의 초국적 협력을 촉진하기 위한 계기가 될 수 있다. 이러한 경험이나 사고방식(방법론적 초국가주의)을 어떻게 발전시키고, 학습하여, 확산시킬 것인지에 대한 좀 더 자세한 경로나 실천적 과제에 대해서 향후 연구할 가치가 있다.

지자체의 중요성에 대해서는 제5장에서도 심도 있게 논의했다. 특히 제5장에서는 한일 중앙정부 간에 긴장이 고조된 결과 다양한 문화, 사회, 교육적 교류가 중단된 상황에서도 특히 지자체 간의 행정 및 인사 교류가 지속되고 있는 것을 밝혔다. 이는 지자체장이나 지방 관료들이 어느 정도 독자적 의지나 신념을 가지고 다층 거버넌스에 참여하고 있는 것을 의미한다. 이와 같이 여러 가지 의미로 중요성을 가진 지자체는 향후 동아시아 지역 거버넌스의 개선과 초국적 협력의 활성화에 있어서 주목해야 할 행위자이다.

3. 정치적 의도이자 상상의 공동체로서 '동(북)아시아'의 발전

제6장에서는 지역 정체성의 역사적 발전에 관해서 각국의 정치적 의도나 지배적인 정책 비전 또는 지식이 중요한 역할을 해 왔음을 논의했다. 역사적으로 동아시아란 유럽에서 발전된 문명적 범주로서의 '아시아'가 분화된 결과로서 나타나기 시작한 개념이며, 동아시아 각국의 근대화와 근대적 국제관계의 전개와 전쟁 그리고 냉전으로 이어지는 과정에서 변화해 왔다. 이러한 의미에서 '지역'이란 고정불변한 상수가 아니다. 지역은 지리적 조건뿐만 아니라 개인 혹은 국가적 행위를 통해 구성된 정치·경제·사회·문화의 영향을 받는 상상의 공동체(imagined community)라고 할 수 있다.

지역 및 지역 정체성에 관한 이와 같은 역사적 고찰은 지역 거버넌스에 관해서 다음과 같은 시사점을 준다. 첫째, 위에서 논의한 소지역협력의 활성화가 광역 차원으로 확산해 동아시아 지역협력을 활성화시킬 수 있다는 전망에 대한 제한이다. '지방 도시의 이익과 의지'를 매개로 소지역 차원 또는 도시 간 차원에서 협력체계가 구축되는 반면, 역사적으로 '광역' 범위로서의 동아시아는 각국의 정치적 의도나 정책, 이로 인해 기획된 정체성 등에 의해 규정되어 왔으며, 때로는 국가 간에 전략적 마찰도 일으켜 왔기 때문이다. 이는 소지역협력체계나 지자체 교류의 확대가 일정 수준에 도달한 후에는 국가 간 혹은 중앙정부 간의 합의나 교섭에 의해 보완되거나 수정 또는 거부될 가능성이 있음을 시사한다.

둘째, 이와 같은 논의는 지역 거버넌스의 역동적 발전 과정에 있어서 역시 힘과 이익, 정체성이 복합적으로 작용함을 다시 한번 환기시켜 준다. 어느 하나의 요인으로 이상적인 지역 거버넌스를 발전시킬 수 있는 것이 아니며, 거버넌스의 발전 단계나 이슈의 성격에 따라 다른 요인이 중요하게 되며, 결과적으로 모두가 상호작용하게 된다. 이러한 복합적 과정을 얼마나 효과적으로 관리할 수 있는지의 문제가 지역 거버넌스의 실천적 논의에서 중요한 쟁점이 될 것이다.

III. 지역 거버넌스의 모델 구축과 초국적 협력 촉진을 위한 연구 과제

마지막으로, 이와 같은 동아시아 지역 거버넌스 태동기에 나타난 주요 특징들을 바탕으로, 지역 거버넌스를 개선하고 초국적 협력을 촉진하기 위한 향후의 연구 과제에 대해 고찰한다. 본 연구의 주요 목적과 초점은 위에서 정리한 바와 같이 동아시아 지역 거버넌스의 현대사적 특징을 찾아보는 것이지만, 이러한 특징이 현재와 미래의 지역 거버넌스 그리고 초국적 협력과 어떻게 관계될지에 대한 학술적 전망을 정리하면서 연구를 마무리하고자 한다. 또한 이러한 전망을 자세히 논의하여 실천적 함의 형태로 제시하는 것이 향후 2년 및 3년차 연구의 중요한 주제가 될 것이다.

1. 동아시아 지역 거버넌스의 종합적 특징 탐구

위에서 정리한 특징들은 모두 흥미롭고, 현실적인 현상이라고 할 수 있지만 이것이 동아시아 지역 거버넌스의 전체 모습을 의미하는 것은 아니다. 소주제 연구에서 다루지 못한 기타 부분도 분명히 있을 것이고 무엇보다도, 부분적 동태 혹은 개별 분야의 동태와 전체의 동태가 동일한 논리나 방식으로 움직인다는 보장은 없다. 즉, 지역 거버넌스의 동태를 적절하게 이해하기 위해서는 부분적 특징이나 동태를 해명하는 것도 물론 중요하지만, 동시에 '전체'가 가지는 어느 정도 독자적인 동태에 대해서도 분석할 필요가 있다. 사실, 본 연구에서 도출한 각 특징에서도 상호 모순된 측면이 있으며, 전체로서의 지역 거버넌스가 실제로 어떻게 움직이는가의 문제는 불투명한 채로 남아 있다. 예를 들어, 해양 질서에 관해서는 중앙정부 간의 긴밀한 교섭에 의해 평화적으로 관리가 이루어진 반면, 소지역에서는 현지의 기업, 지자체 등 비국가행위자의 분업적 협력이 이루어졌다. 전자의 사례에서는 비국가행위자의 개입이나 이로 인한 민족주의의 분출을 거버넌스에 대한 위험 요인으로 보는 반면, 후자의 사례에서는 중앙정부 간 세력 갈등의 심화를 위험 요인으로 보고 있다. 이와 같이 개별 사례를 보고, 동아시아 지역 거버넌스의 일반적 모습으로 이해해서는 안 되며, 기타 사례를 포함한 전체적 차원에서 중앙정부나 비국가행위자의 동태나 성격, 역할 등을 함께 고려할 필요가 있다.

요컨대, 지역 거버넌스의 동아시아적 모델이나 초국적 협력에 대한 실천적 함의를 제시하기 위해서는 부분적 특징을 자세히 규명하는 연구와 함께, 종합적 특징의 규명 그리고 부분과 전체가 어떻게 연계되는지에 대한 심도 있는 분석이 필요하다. 이와 같은 관점에서 위에서 정리한 각 특징의 전개 과정을 좀 더 세밀하게 검토하는 것도 중요한 연구 과제일 것이다.

2. 지역 거버넌스의 원칙 또는 목표 가치의 명료화

동아시아 지역 거버넌스의 종합적 특징은 기존 연구에서도 관심을 가져왔던 주제이다. 이 지역에서 행위자, 이슈, 과정, 지역성 등이 모두 포함된 복합적인 동태를 설명하는 것이 과제인데, 이는 물론 쉬운 일이 아니다. 이론적 자원에서는 창발적 속성(emergent property)이나 시스템 효과(system effect) 등 대안적 관점도 제기되고 있으나 아직까지는 이러한 동태나 효과를 통제 가능한 수준으로 구체화시켜서 실천적 함의를 도출하는 단계에 도달하지 못하고 있다.[5]

한편, 지역 거버넌스의 주요 특징이면서도 심도 있는 연구가 이루어지지 못한 것으로서 거버넌스의 원칙이나 목표적 가치를 들 수 있다. 이것 또한 전체적 동태를 설명하고 실천적 함의를 도출하는 데 필수적인 요인이다. 예를 들어 유럽에서 공식적으로 제시된 거버넌스 원칙들 즉, 제도 운영상의 개방성(openness), 광범위한 행위자의 참여(participation), 정책 이행 방식이나 관리자의 책임성(accountability), 문제 해결을 위한 제도의 효과성(effective-ness), 각종 제도 간의 일관성(coherence) 등을 동아시아에도 긍정적으로 적용할 수 있는지에 대한 논의는 미흡한 상황이다. 나아가 지역 거버넌스를 통해서 달성하고자 하는 구체적 목표가 불분명한 채 남아 있다. 협력, 공존, 번영, 평화, 안정 등의 가치가 자주 언급되며, 이를 위한 수단으로서 거버넌스가 논의되는 반면, 이러한 목표의 가치 자체를 지역적 맥락에서 심도 있게 논의한 연구는 드물다.[6]

---

5) 이른바 복잡계의 관점에서 국제정치를 논의한 것으로서 다음 문헌 참조. 하영선·김상배. "복합세계정치론의 탄생과 성장." 2012.; 하영선·김상배(편), 『복합세계정치론: 전략과 원리, 그리고 새로운 질서』 파주: 한울아카데미, 2012.; Robert Jervis. *System Effects: Complexity in Political and Social Life*. Princeton: Princeton University Press, 1997.

6) 이러한 문제 제기에 관한 선구적 연구로는 다음과 같은 사례가 있다. 한용섭. "동아시아 평화체계의

이와 관련해 주목할 만한 기존 연구로서 『동아시아의 긴 평화(long peace of East Asia)』가 있다.[7] 국지전을 제외한 국가 대 국가의 전면적 전쟁의 횟수나 전쟁으로 인한 사망자 수를 통계적으로 봤을 때, 동아시아 지역은 세계 다른 지역과 비교해 1980년대 이후 '평화'가 유지되어 왔다는 주장이다. 이를 동북아 지역으로 제한한다면 한국전쟁 이후 약 60년에 걸쳐 평화가 유지된 것이다. 이에 대한 원인으로 국가 간 내정 비개입(non-intervention)의 원칙이나 경제 발전을 우선시하는 개발주의(developmentalism) 등으로 구성된 ASEAN Way의 확산이 지적되고 있다.[8] 다층적 질서 분석의 선구자인 펨펠(T. J. Pempel) 또한 동북아에서 반복된 안보 위기에도 불구하고 실질적으로 평화가 유지된 점을 지역질서의 중요한 특징 중 하나로 주목하고 있다.[9] 그러나 이 원인에 대해서는 미국을 중심으로 한 동맹 구조와 세력 균형, 경제적 상호의존관계, 외교적 전략 등을 생각할 수 있으나 합의된 바는 없으며, 질문(puzzle)으로 남아 있다.

평화가 유지된 조건에 대한 분석도 중요하지만 여기에서 주목하고 싶은 것은 평화의 의미와 지역질서의 관계에 대한 해석 방식이다. 이것은 전쟁의 부재, 이른바 소극적 평화(negative peace)를 지역질서 또는 지역 거버넌스의 목표 가치로 보는 것이 적절한지 아니면 이를 넘어 인권, 환경, 경제, 삶의 질 등 다양한 과제의 개선을 포함한 이른바 적극적 평화(positive peace)를 중요시할지와 같은 문제이다. 물론, 평화 이외의 목표 가치가 있을 수도 있다. 지

모색." 문정인 외. 『동아시아의 전쟁과 평화』 서울: 연세대학교 출판부, 2006.; 유현석, 『동아시아 지역주의: 평화, 번영, 인간안보의 지역적 모색』 서울: 집문당, 2012.; 전재성. "동아시아의 복합네트워크 규범론과 한국 전략의 규범적 기초." 하영선·김상배(편). 2012.; Mikael Weissmann. *The East Asian Peace: Conflict Prevention and Informal Peacebuilding*. New York: Palgrave Macmillan, 2012.

7) Timo Kivimaki. *The Long Peace of East Asia*. Farnham: Ashgate Publishing, 2014.

8) Timo Kivimaki. 2014. pp.65~73.

9) T. J. Pempel, "Introduction: The Economic-security Nexus in Northeast Asia," in T. J. Pempel (ed.). *The Economy-Security Nexus in Northeast Asia*. New York: Routledge, 2013. pp.7~12.

역 거버넌스가 어떠한 목표 가치를 추구하는가에 따라 이에 대한 요인 분석과 실천적 함의는 크게 달라질 수 있다. 아시아 지역 거버넌스를 분석한 토마스(Nicholas Thomas) 또한 궁극적으로 달성하고자 하는 목표의 명료화를 지역 거버넌스 연구의 중요한 과제로 지적하고 있다.[10]

각 사례 연구에 있어서 제2장은 소극적인 의미의 평화 구현을, 제3장~제5장은 좀 더 적극적인 가치의 구현을, 그리고 제6장은 좀 더 거시적인 문명 차원의 가치 구현을 암묵적 전제로 하면서 '협력'의 전개를 논의했다. 이는 각 이슈에서 거버넌스적 특징을 도출하기 위한 현실적인 이유로 설정된 것이지만, 이러한 목표 가치에 대해서 통합적으로 접근할 경우, 각 소주제에서 나타난 특징이 어떠한 방향으로 재해석될 것일지도 의미 있는 향후 연구 과제가 될 것이다.

---

10) Nicholas Thomas, "Understanding Regional Governance in Asia," in Nicholas Thomas(ed.), *Governance and Regionalism in Asia*, New York: Routledge, 2009, p.23.

· 참고문헌 ·

전재성. "동아시아의 복합네트워크 규범론과 한국 전략의 규범적 기초." 하영선·김
　　상배(편). 『복합세계정치론: 전략과 원리, 그리고 새로운 질서』 한울아카데미,
　　2012.

유현석. 『동아시아 지역주의: 평화, 번영, 인간안보의 지역적 모색』 집문당, 2012.

하영선·김상배. "복합세계정치론의 탄생과 성장." 하영선·김상배(편). 『복합세계정
　　치론: 전략과 원리, 그리고 새로운 질서』 한울아카데미, 2012.

한용섭. "동아시아 평화체제의 모색." 문정인 외. 『동아시아의 전쟁과 평화』 연세대학
　　교 출판부, 2006.

Anderson, Greg and Brian Bow. "Conclusion: Without Architecture, but Not
　　Without Structure." Brian Bow and Greg Anderson(eds.). *Regional Gov-
　　ernance in Post-NAFTA North America: Building without Architecture*. Rout-
　　ledge, 2015.

Bow, Brianand Greg Anderson. "Building without Architecture: Regional Gov-
　　ernance in Post-NASFTA North America." Brian Bow and Greg Anderson
　　(eds.). *Regional Governance in Post-NAFTA North America: Building without
　　Architecture*. New York: Routledge, 2015.

Hooghe, Liesbet and Gary Marks. "Unraveling the Central State, but How?
　　Types of Multi-level Governance." *American Political Science Review*. 97-2,
　　2003.

Jervis, Robert. *System Effects: Complexity in Political and Social Life*. Princeton Uni-
　　versity Press, 1997.

Kivimaki, Timo. *The Long Peace of East Asia*. Ashgate Publishing, 2014.

Payne, Anthony. "Globalization and Modes of Regionalist Governance." Jon
　　Pierre(ed.). *Debating Governance*. Oxford: Oxford University Press, 2000.

Pemple, T. J. "Introduction: The Economic-security Nexus in Northeast Asia." T. J.
　　Pempel(ed.). *The Economy-Security Nexus in Northeast Asia*. Routledge, 2013.

Thomas, Nicholas. "Understanding Regional Governance in Asia." Nicholas

Thomas(ed.). *Governance and Regionalism in Asia.* New York: Routledge, 2009.

Weissmann, Mikael. *The East Asian Peace: Conflict Prevention and Informal Peace-building.* Palgrave Macmillan, 2012.